北京市自然科学基金资助面上项目（编号：9162006）

互联网环境下北京现代农业服务业创新模式研究

李　瑾　马　晨　冯　献／主编

中国经济出版社
CHINA ECONOMIC PUBLISHING HOUSE
北　京

图书在版编目（CIP）数据

互联网环境下北京现代农业服务业创新模式研究/李瑾等主编．
—北京：中国经济出版社，2019.12
ISBN 978-7-5136-5849-2

Ⅰ．①互… Ⅱ．①李… Ⅲ．①互联网络—应用—农业生产—
生产服务—服务业—经济发展—研究—北京 Ⅳ．①F326.6

中国版本图书馆 CIP 数据核字（2019）第 187158 号

责任编辑　叶亲忠
责任印制　马小宾
封面设计　华子图文

出版发行　中国经济出版社
印 刷 者　北京九州迅驰传媒文化有限公司
经 销 者　各地新华书店
开　　本　710mm×1000mm　1/16
印　　张　14.25
字　　数　220 千字
版　　次　2019 年 12 月第 1 版
印　　次　2019 年 12 月第 1 次
定　　价　48.00 元
广告经营许可证　京西工商广字第 8179 号

中国经济出版社 **网址** www.economyph.com **社址** 北京市东城区安定门外大街 58 号 **邮编** 100011
本版图书如存在印装质量问题，请与本社销售中心联系调换（联系电话：010-57512564）

目　录

CONTENTS

表目录

图目录

一、导　论

（一）研究背景

进入21世纪以来，现代农业服务业在推进农业供给侧结构性改革和现代农业建设中的作用逐渐凸显，引起了党中央、国务院的高度重视，并在全国范围内大力推进。2007年《国务院关于加快发展服务业的若干意见》（国发〔2007〕7号）提出构建农村社会化服务体系，明确发展生产农业领域的销售服务、科技服务、信息服务和金融服务。2008年党的十七届三中全会将农业社会化服务体系摆在重要位置，提出“建设覆盖全程、综合配套、便捷高效的新型农业社会化服务体系，作为发展现代农业、提高农业综合生产能力的七个方面举措之一”。2017年农业农村部、发改委、财政部三部门联合发布的《关于加快发展农业生产性服务业的指导意见》（农经发〔2017〕6号）将农业生产性服务业放到建设现代农业的高度，首次界定了农业生产性服务的内涵。党的十九大报告关于乡村振兴战略的描绘指出“支持传统产业优化升级，加快发展现代服务业，瞄准国际标准提高水平，健全农业社会化服务体系”。2018年中央一号文件《关于实施乡村振兴战略的意见》、2019年中央一号文件《关于坚持农业农村优先发展做好“三农”工作的若干意见》均强调了农产品流通服务、农业社会化服务、农村便民服务、农村金融服务等现代服务业在引领农业优先发展中的重要性。此外，《国务院关于激发重点群体活力带动城乡居民增收的实施意见》（国发〔2016〕56号）、《全国农业现代化规划（2016—2020年）》（国发〔2016〕58号）、《乡村振兴战略规划（2018—2022年）》《国家质量兴农战略规划（2018—2022年）》《关于促进小农户和现代农业发展有机衔接的意见》《关于加强和改进乡村治理的指导意见》等战略规划均提到构建农业社会化服务体系，着力推进农产品电商、创意农业、定制农业、会展农业等现代农业服务业新业态的发展。与此同时，各级政府积极推进信息进村入户、农业农村大数据、电子商务进农村、农业电子商务、农业互联网小镇等系列工程，为发展基于互联网环境的现代农业服务业提供了重大政策机遇。

北京“四中心”的功能定位决定了其产业发展以现代服务业为主导、“高精尖”产业引领的产业结构布局。近年来，北京市先后出台了一系列关于农业服务业的政策文件，以农业金融业、农业科技服务业、农业信息服务业、农业流通业等为核心的生产性服务业和以农村流通、休闲农业与乡村旅游服务、农村公共服务为核心的生活性服务业迎来了政策机遇期。《北京市城市总体规划（2016—2035 年）》提出“构建覆盖城乡、优质均衡的公共服务体系，强调现代农业流通、休闲农业与乡村旅游、科技金融等服务”。《北京市“十三五”时期服务业发展规划》提出全面促进服务业提质增效发展，规范发展基于互联网、移动互联网的信息展示、在线交易、众包、众筹、出行共享等分享经济模式和业态，加速服务信息化进程。在补齐农村服务业短板方面，要“大力发展农村金融服务、‘互联网+农业’、现代种业、农村信息化基础设施、农产品质量安全检测等生产性服务业，以及农村物流商贸、农业职业教育、农业旅游业等生活性服务业”。《北京市人民政府关于进一步优化提升生产性服务业，加快构建高精尖经济结构的意见》（京政发〔2016〕25 号）强调了现代农产品流通业、农村电商配套设施、农业金融业、农业会展业的重要性，提出“推动电商物流、冷链物流、农产品物流建设，加快农产品全产业链环节的信息化改造和标准化应用，着力提高农村地区信息、科技、金融、流通等服务能力”。2017 年北京市《加快科技创新发展新一代信息技术等十个高精尖产业的指导意见》中，将人工智能产业、科技服务业、软件和信息服务业等现代服务业列入十大高精尖产业名录中，提出“建立典型农业大数据智能决策分析系统，开展智能农场、智能化植物工厂等集成应用示范”。《全面推进北京市服务业扩大开放综合试点》（国函〔2019〕16 号）进一步强调北京市继续开展和全面推进服务业扩大开放综合试点的重要性，提出“着力打造全面开放型现代服务业发展先行区”。《北京市乡村振兴战略规划（2018—2022 年）》提出“实施数字乡村战略，推进‘智慧乡村’建设和‘信息进村入户工程’，开发适合‘三农’特点的信息技术、产品、应用和服务”。一系列政策文件的出台为服务业引领北京现代农业发展奠定了良好的政策环境基础。

表 1-1 全国现代农业服务业相关政策梳理

发布单位	时间	政策名称	相关内容
农业农村部、财政部	2019-03	关于做好 2019 年绿色循环优质高效特色农业促进项目实施工作的通知	鼓励发展订单农业，推进农业生产社会化服务，按照绿色优质标准，为普通农户提供生产、加工、销售服务
中国人民银行等 5 部委	2019-02	关于金融服务乡村振兴的指导意见	坚持农村金融改革发展的正确方向，健全适合乡村振兴发展的金融服务组织体系
财政部	2018-09	财政部贯彻落实实施乡村振兴战略的意见	推动完善农村金融服务。落实农村金融机构定向费用补贴政策，积极发挥国家融资担保基金作用，激发金融机构服务“三农”的内生动力
农业农村部、财政部	2018-06	关于深入推进农村一二三产业融合发展开展产业兴村强县示范行动的通知	推动做大做强高效绿色种养业、农产品加工流通业、休闲农业和乡村旅游业、乡村产业、乡村服务业等；发展一批专业水平高、服务能力强、服务行为规范、覆盖农业产业链条的生产性服务组织
商务部	2018-05	商务部关于推进农商互联助力乡村振兴的通知	鼓励新型农业经营主体、农产品流通企业加强产地预冷、仓储物流、加工配送、公益性和共享型流通设施建设，完善冷链监控、物流服务、产销对接等信息服务平台，加快特色农产品电商平台建设，加强农产品产地、销地市场信息采集、处理和应用，提升农产品流通信息化水平
财政部	2018-05	关于开展 2018 年电子商务进农村综合示范工作的通知	发挥公共服务中心枢纽作用，合理统筹区域农村电子商务运营、物流、培训和助农扶贫工作，探索“公共服务中心+乡村电商服务站点”、合作社、“供应链企业+贫困户”等帮扶机制，切实增强服务体系可持续发展能力
国务院	2018-01	中共中央国务院关于实施乡村振兴战略的意见	打造农产品销售公共服务平台；培育各类专业化、市场化服务组织，推进农业生产全程社会化服务；健全乡村公共文化服务体系；打造“一门式办理”“一站式服务”的综合服务平台；健全覆盖城乡的公共就业服务体系；开发适应“三农”特点的信息技术、产品、应用和服务；强化农村公共卫生服务；培育发展家庭农场、合作社、龙头企业、社会化服务组织和农业产业化联合体，发展多种形式适度规模经营
国务院	2017-10	国务院办公厅关于积极推进供应链创新与应用的指导意见	鼓励发展农业生产性服务业，开拓农业供应链金融服务，支持订单农户参加农业保险

续表

发布单位	时间	政策名称	相关内容
农业农村部	2017-06	关于推进农业全产业链开发创新示范工作的通知	发展农社对接、农超对接、直销直供等现代流通新业态，探索创新服务农业生产营销新方式。建设产地农产品营销公共服务平台，推广农社、农企等形式的产销对接
财政部	2017-05	关于开展田园综合体建设试点工作的通知	完善综合体社区公共服务设施和功能，为社区居民提供便捷高效服务
国务院	2017-01	国务院关于印发“十三五”促进就业规划的通知	完善政策支持体系，积极发展农业生产性服务业
农业农村部	2016-12	农业农村部关于推进农业供给侧结构性改革的实施意见	总结推广农业生产全程社会化服务试点经验，扶持培育农机作业、农田灌排、统防统治、烘干仓储等经营性服务组织，推进农业服务业发展
国务院	2016-12	国务院办公厅关于支持返乡下乡人员创业创新促进农村一二三产业融合发展的意见	重点发展农资配送、耕地修复治理、病虫害防治、农机作业服务、农产品流通、农业废弃物处理、农业信息咨询等生产性服务业，休闲农业和乡村旅游、民族风情旅游、传统手工艺、文化创意、养生养老、中央厨房、农村绿化美化、农村物业管理等生活性服务业
国务院	2016-12	国务院关于印发“十三五”国家信息化规划的通知	提升农业信息综合服务能力，完善现代农业信息服务体系
国务院	2016-08	国务院关于印发“十三五”国家科技创新规划的通知	建立面向农业生产、农民生活、农村管理以及乡村新兴产业发展的信息服务体系
商务部	2016-07	商务部关于印发《农村电子商务服务规范（试行）》和《农村电子商务工作指引（试行）》的通知	搭建综合性的县域农村电子商务公共服务体系，包括县级农村电子商务公共服务中心、农村电子商务培训体系、农村电子商务物流体系、农产品电子商务供应链管理体系、农村电子商务营销体系和农村电子商务服务站体系
北京市人民政府	2016-06	北京市人民政府关于印发《北京市“十三五”时期城乡一体化发展规划》的通知	完善农业电商综合服务平台，推进互联网成为服务农业全产业链的重要手段，创新农业社会化服务机制，大力培育多种形式的农业社会化服务组织，开展政府向农业经营性服务组织购买公益性服务机制创新试点，提高农村基本金融服务水平，创新农村社区服务，健全完善农村物流服务网络

续表

发布单位	时间	政策名称	相关内容
农业农村部等 8 部委	2016-04	关于印发《“互联网+”现代农业三年行动实施方案》的通知	为新型职业农民提供在线教育培训、移动互联服务等服务，搭建线上农业经营服务体系，建立健全农产品质量安全公共服务体系，加强批发市场信息服务平台建设，建设和完善农村公共服务云平台，鼓励构建面向“三农”的互联网金融服务平台，构建农业“走出去”公共信息服务平台，加强进村入户基础资源信息和服务支撑体系建设
国务院办公厅	2016-04	国务院办公厅关于深入实施“互联网+流通”行动计划的意见	鼓励邮政企业等各类市场主体整合农村物流资源，建设改造农村物流公共服务中心和村级网点，切实解决好农产品进城“最初一公里”和工业品下乡“最后一公里”问题
商务部等 12 部门	2016-04	商务部等 12 部门关于加强公益性农产品市场体系建设的指导意见	推进公益性农产品市场体系建设，有利于补足农产品流通短板，提升服务“三农”能力，推动农业增效、农村发展和农民增收
商务部	2016-03	商务部办公厅关于印发《2016 年电子商务和信息化工作要点》的通知	加快电子商务进农村。加大农村电子商务创新创业扶持力度，实施农村电子商务百万英才计划，开展农村电子商务创新创业大赛，发布农村电子商务工作指引和服务规范。优化全国农产品商务信息公共服务平台功能，发挥行业协会优势，开展专业领域的信息服务
国务院	2015-11	国务院办公厅关于加快发展生活性服务业促进消费结构升级的指导意见	农村生活性服务业要以改善基础条件、满足农民需求为重点，鼓励城镇生活性服务业网络向农村延伸，加快农村宽带、无线网络等信息基础设施建设步伐，推动电子商务和快递服务下乡进村入户，以城带乡，尽快改变农村生活性服务业落后面貌
农业农村部、发改委、商务部	2015-09	农业农村部、国家发改委、商务部印发《推进农业电子商务发展行动计划》	围绕提升新型农业经营主体电子商务应用能力、支持农产品和农业生产资料网络营销、推进农业生产性服务线上交流与交易、壮大农业电子商务企业的发展目标，培育农业电子商务市场主体，推动形成各类市场主体竞相发展农业电子商务的新格局；着力完善农业电子商务线上线下公共服务体系，完善农业电子商务线上线下公共服务体系，为农业电子商务提供公共服务支撑

续表

发布单位	时间	政策名称	相关内容
商务部	2015-08	商务部等19部门关于加快发展农村电子商务的意见	提升农村电子商务应用水平，建设新型农村日用消费品流通网络，加快推进农村产品电子商务，鼓励发展农业生产资料电子商务，大力发展农村服务业，提高电子商务扶贫开发水平；培育多元化农村电子商务市场主体，鼓励各类资本发展农村电子商务，积极培育农村电子商务服务企业，鼓励农民依托电子商务进行创业
国务院	2015-07	国务院关于积极推进“互联网+”行动的指导意见	利用互联网提升农业生产、经营、管理和服务水平，培育多样化农业互联网管理服务模式。鼓励互联网企业建立农业服务平台，规范用好农村土地流转公共服务平台，构建农副产品质量安全追溯公共服务平台。鼓励通过移动互联网为农民提供政策、市场、科技、保险等生产生活信息服务。支持互联网企业与农业生产经营主体合作，为科学决策提供服务
国务院办公厅	2015-07	国务院办公厅关于加快转变农业发展方式的意见	发展产前、产中、产后等环节的生产和流通服务；鼓励引导大宗农产品收储加工企业为新型农业经营主体提供订单收购、代烘代储等服务；加快培育农业经营性服务组织，支持供销合作社开展农业社会化服务，支持农业产业化示范基地开展公共服务平台建设；鼓励农业社会化服务组织向农民提供配方施肥服务；鼓励农业社会化服务组织对农民使用农药提供指导和服务，鼓励互联网企业建立农业服务平台
农业农村部	2015-06	农业农村部办公厅关于印发《2015年信息进村入户试点工作安排》的通知	完善公益服务体系，丰富便民服务内容，推进电商进村落地，提升培训体验效果，探索创新信息监测预警方式，建立健全市场化运营机制，强化风险防控制度建设，加快研发运行全国统一平台
国务院	2015-06	国务院办公厅关于运用大数据加强对市场主体服务和监管的若干意见	在资源利用与环境保护、食品药品安全、健康医疗、劳动保障、中小企业服务、工业制造、现代农业、商贸物流、社会综合治理、收入分配调节等领域实施大数据示范应用工程

续表

发布单位	时间	政策名称	相关内容
国务院	2015-05	国务院关于大力发展电子商务加快培育经济新动力的意见	开展电子商务进农村综合示范，推动信息进村入户，利用“万村千乡”市场网络改善农村地区电子商务服务环境。支持利用电子商务平台宣传和销售地理标志产品，鼓励电子商务平台服务“一村一品”，促进品牌农产品“走出去”。支持林业电子商务发展，逐步建立林产品交易诚信体系、林产品和林权交易服务体系。支持快递服务网络向农村地区延伸
财政部、农业农村部	2015-05	关于调整完善农业三项补贴政策的指导意见	采取贷款贴息、现金直补、重大技术推广与服务补助等方式支持粮食适度规模经营。现金直补与主要粮食作物的种植面积或技术推广服务面积挂钩。对重大技术推广与服务补助，可以采取“先服务后补助”、提供物化补助等方式
农业农村部、发改委、科技部等 8 部委	2015-05	全国农业可持续发展规划（2015—2030 年）	发挥种养大户、家庭农场、农民合作社等新型经营主体的主力军作用，发展多种形式的适度规模经营，加强农业社会化服务，提高规模经营产出水平
国务院	2015-04	国务院关于印发促进大数据发展行动纲要的通知	构建面向农业农村的综合信息服务体系，为农民生产生活提供综合、高效、便捷的信息服务；构建面向农业农村的综合信息服务平台，涵盖农业生产、经营、管理、服务和农村环境整治等环节，集合公益服务、便民服务、电子商务和网络服务，为农业农村农民生产生活提供综合、高效、便捷的信息服务；构建农业资源要素数据共享平台，为各级政府、企业、农户提供农业资源数据查询服务，开发测土配方施肥、统防统治、农业保险等服务；为生产者、消费者、监管者提供农产品质量安全信息服务
国务院	2015-03	中共中央国务院关于深化供销合作社综合改革的决定	拓展供销合作社经营服务领域，更好履行为农服务职责，供销合作社要把为农服务放在首位。推动供销合作社由流通服务向全程农业社会化服务延伸、向全方位城乡社区服务拓展，加快形成综合性、规模化、可持续的为农服务体系，在农资供应、农产品流通、农村服务等重点领域和环节为农民提供便利实惠、安全优质的服务

续表

发布单位	时间	政策名称	相关内容
国务院	2015-02	关于加大改革创新力度加快农业现代化建设的若干意见	强化农业社会化服务，抓好农业生产全程社会化服务机制创新试点，重点支持为农户提供代耕代收、统防统治、烘干储藏等服务。鼓励和引导社会力量参与公益性服务。支持邮政系统更好服务“三农”。创新气象为农服务机制，推动融入农业社会化服务体系。全面深化供销合作社综合改革，坚持为农服务方向，拓展为农服务领域，牢牢坚持立足县域、服务“三农”的定位
农业农村部	2015-02	农业农村部关于扎实做好 2015 年农业农村经济工作的意见	强化农业社会化服务，稳定和加强基层农技推广等公益性服务机构，建立健全农业社会化服务体系，推进农业生产全程社会化服务机制创新试点，开展政府向经营性服务组织购买农业公益性服务机制创新试点，鼓励和引导社会力量参与公益性服务。依托农村经营管理机构健全土地流转服务平台，完善县、乡、村三级服务管理网络。研发运行国家物联网公共服务平台，加快发展农机服务组织，拓展农机作业服务市场
农业农村部	2014-06	农业农村部办公厅关于印发《信息进村入户试点工作指南》的通知	通过一个年度的试点，村级信息服务站在试点县实现全覆盖，12316 服务体系实现横向跨省联通、纵向延伸到乡村。特别是通过统筹“农业公益服务资源、农村社会化服务资源”两类资源，构建“政府、服务商、运营商”“三位一体”的推进机制，整合“公益服务、便民服务、电子商务、培训体验服务”四类服务，实现信息精准到户、服务方便到村
农业农村部	2014-04	农业农村部关于开展信息进村入户试点工作的通知	促使农业信息服务体系进一步健全，农业信息服务“最后一公里”问题初步解决，农村社区公共服务资源接入水平明显提高，普通农户不出村、新型农业经营主体不出户就可享受到便捷、经济、高效的生产生活信息服务，农业农村信息化可持续发展机制创新取得明显成效。建设村级信息服务站，开展 12316 标准化改造支撑，构建全国农业信息服务云平台，探索建立可持续运营机制
商务部	2014-02	商务部关于促进电子商务应用的实施意见	深入开展农村商务信息服务。完善商务部新农村商网功能，建设“全国农产品商务信息公共服务平台”，实现农产品购销常态化对接

资料来源：作者根据相关政策文件整理所得。

表 1-2 北京市现代农业服务业相关政策梳理

发布单位	时间	政策名称	相关内容
中共北京市委 北京市人民政府	2019-06	关于落实农业农村优先发展扎实推进乡村振兴战略实施的工作方案	加强乡镇政务中心建设，打造“一站式”综合服务平台，推广“互联网+服务”模式
北京市科委	2019-04	北京市农业科技园区发展规划（2018—2025 年）	搭建各类研发机构、测试检测中心等重大功能型和科研公共服务平台。引导园区积极开展技术培训、创新创业等一体化服务，加强先进实用技术集成示范
北京市农业农村局 北京市园林绿化局 北京市水务局	2019-01	强化创新驱动科技支撑北京乡村振兴行动方案（2018—2020 年）	加强政策引导，通过市场化机制、专业化服务和资本化途径，有效集成农村创新创业服务资源，增强农业农村自我发展动力；深化农业科技服务体系建设，引领农业农村经济结构调整和产业转型升级，实现农业增效、农村增绿和农民增收的根本目标
国务院	2017-06	深化改革推进北京市服务业扩大开放综合试点工作方案	支持监管评级良好的农村中小金融机构加快金融创新、优化服务方式，提高普惠金融服务水平
北京市农村工作委员会	2017-05	2017 年北京市农业农村信息化重点工作	促进形成线上与线下融合发展的现代农业服务体系。发挥互联网集聚资源的作用，实现农业生产主体与农技、农资、农机、金融等服务机构的有效对接，建立农药减量使用管理系统，完善绿色防控社会化服务试点平台建设，提高农业生产性服务的社会化、专业化和精准化水平
北京市发展和改革委员会	2017-02	北京市“十三五”时期服务业发展规划	大力发展都市型现代农业，推动服务业与农村一二产业交叉融合，提高农民生活质量。大力发展农村生产性服务业。改善农村金融服务，加快农村地区物流、商贸、医疗、文化、体育等服务设施建设，支持农村服务消费发展。着力推动科技、信息、商务、流通等现代服务业与农业深度融合，建立完善农业科技信息化、标准化服务体系，保障农产品质量安全和供给，有效推动现代农业发展
北京市人民政府办公厅	2017-01	北京市“十三五”时期现代产业发展和重点功能区建设规划	强化都市型现代农业综合服务功能。强化农业生态服务、休闲度假、科研科普、城市应急保障等综合服务功能
北京市人民政府	2016-12	北京市“十三五”时期信息化发展规划	深化应用物联网、大数据、北斗导航、智能设备等新一代信息技术，推动农业发展改造升级，实现农业生产、经营、管理和服务的精准化智能化。发展农业农村大数据，推进数据资源开放共享，鼓励社会资本深度开发和利用农业数据资源，增强农业综合信息服务能力

续表

发布单位	时间	政策名称	相关内容
北京市人民政府	2016-12	北京市“十三五”时期信息化发展规划	增强农业综合信息服务能力，构建农产品质量安全追溯公共服务平台
北京市人力资源和社会保障局等4局机关	2016-12	关于深入推进科技特派员工作的实施意见	完善新型农业社会化科技服务体系
北京市人民政府	2016-11	深化北京市供销合作社综合改革实施方案	到2020年，力争全面完成本市供销合作社组织体系、服务体系、经营体系和管理体制等方面的改革任务，努力打造与农民联结更紧密、为农服务功能更完备、市场化运行更高效的合作经济组织，成为服务“三农”和城乡居民生产生活的生力军和综合平台，成为各级政府抓得住、用得上的为农服务骨干力量，切实在首都经济社会发展中发挥更大作用
北京市经济和信息化委员会	2016-08	北京市“十三五”时期软件和信息服务业发展规划	到2020年，软件和信息服务在促进农业、制造业、服务业等产业转型升级方面取得积极成效，健康医疗、教育、交通等民生领域的互联网和大数据应用更加丰富，涌现一批改变世界的创新应用，切实驱动和支撑分享经济发展与新型智慧城市建设
北京市人民政府	2016-07	北京市“十三五”时期城乡一体化发展规划的通知	完善农业电商综合服务平台，推进互联网成为服务农业全产业链的重要手段，创新农业社会化服务机制，大力培育多种形式的农业社会化服务组织，开展政府向农业经营性服务组织购买公益性服务机制创新试点，提高农村基本金融服务水平，创新农村社区服务，健全完善农村物流服务网络
北京市人民政府	2016-07	北京市人民政府关于进一步优化提升生产性服务业，加快构建高精尖经济结构的意见	集成首都科技、信息、金融等优势资源，支持高效节水农业、循环农业发展，加快农产品生产、收储、加工、运输、交易、检验检测等环节的信息化改造和标准化应用。加快农村地区交通、信息等基础设施建设，促进农村电子商务发展，大力发展村镇银行、农业保险等金融机构，着力提高农村地区信息、科技、金融、流通等服务能力

续表

发布单位	时间	政策名称	相关内容
发改委、农业农村部等6部委	2016-06	京津冀农产品流通体系创新行动方案	加强农产品批发市场仓储、物流等公共服务设施建设，增强加工、冷链、配送等综合服务能力，鼓励利用互联网、物联网等先进信息技术，拓展线上交易和线下物流终端配送增值服务，培育一批专业化农产品交易物流服务企业
北京市农村工作委员会	2016-05	2016年北京市农业农村信息化重点工作	完善农业电子商务公共服务支撑，为京郊农民、合作社发展农业电子商务提供“找得着、看得到、有保障”的创业、物流、培训等服务，为农业电子商务提供公共服务支撑；强化农村管理信息化灵活扩展应用与数据共享服务能力，形成多层级、多用户、多功能的综合应用平台；为低收入村户立档建卡，服务于精准扶贫工作。加强农业农村信息化培训服务体系建设，切实提高新型农业生产经营主体信息化水平
北京市人民政府	2016-03	北京市国民经济和社会发展第十三个五年规划纲要	建设美丽乡村，促进基础设施城乡统筹和基本公共服务均等化，推进城市服务管理向农村延伸，推动新型农村社区建设。深化农村金融改革创新，完善农村金融组织体系，创新“三农”金融产品和服务，引导更多金融要素和社会资本支持“三农”发展
北京市农村工作委员会	2015-04	2015年北京市农业农村信息化重点工作	搭建都市型现代农业物联网公共服务平台，为农业生产经营主体提供科学排产、农事管理、病虫害预防、质量追溯等服务；做好标准型和专业型村级信息服务站的建设与运行，建立长效机制；完善北京移动农网、12316与12396服务热线、农村党员干部远程教育平台的信息服务效能，丰富服务内容和服务方式，着力缩小城乡数字鸿沟；搭建良性互动平台，引导城乡之间公共服务便捷、有效运转
北京市农村工作委员会	2014-04	关于扎实做好农业农村信息化工作的意见	加强农村公共信息服务体系建设，满足农村信息服务、信息公开和资金监管等需求，开展智慧村庄试点建设，探索并建立智慧乡村的建设标准和建设规范

资料来源：作者根据相关政策文件整理所得。

1. 现实背景

自20世纪90年代后期北京市提出发展都市型现代农业以来，北京市各区开始重视农业服务业的发展，2003年开始实施以摸清两张底牌（市场需求和农业资源）、搞好两个支撑（科技和资金）、搭建一个平台（农产品信息平台）为主要内容的“221行动计划”，首都现代农业服务业也由此得到快速发展。2005年4月北京“三农”工作会议提出发展“四种农业”，强调籽种农业、循环农业、休闲农业和科技农业，其中三种属于服务业范畴。2010年以来，以农村一二三产业融合、服务业引领现代农业为主线的北京都市型现代农业发展战略逐渐形成。以休闲农业、沟域经济、创意农业、会展农业等为代表的休闲农业与乡村旅游，以农村电商、农产品冷链物流、农产品电商等为代表的现代农业流通业，以及以信息服务、金融、科技服务等为代表的农业生产性服务业，逐渐成为主导现代农业发展的关键性产业。尤其是“互联网+”现代农业行动计划实施以来，大数据、移动互联网、农业物联网、云计算、人工智能等新一代信息技术逐渐向传统农业服务业领域渗透，北京都市型现代农业逐步走入以信息化主导、现代服务引领、“高精尖”结构突出的现代农业发展阶段。

（1）互联网环境下北京市涌现了系列农业服务创新模式

近年来，随着新一代信息技术在农业服务业领域的渗透，北京市积极利用互联网手段创新现代农业服务模式，涌现了以农科城云平台、北京“221”信息平台、北京益农信息社等多种创新模式（见表1-3）。其中，北京“221”物联网应用服务平台引入“智慧农场云”的管理模式，促进物联网从单纯的监控向应用服务的延伸。截至2016年底，“221”平台已有用户545家，覆盖面积41.30万亩，设施总数17085个，安装传感器1189个、摄像头507个，活跃用户占比增长15个百分点。据园区应用效果追踪，产量增加15%~30%、病虫害降低50%~70%、化肥等投入品使用减少30%，人员投入减少70%，管理费用降低30%。北京科委依托国家现代农业科技城实施了农科城农业云服务平台、全国“12396”三农呼叫中心和服务平台、北京“网上供销社”智慧流通服务平台、农业物联网规模化应用云服务平台、种业科技成果托管平台和作物品种权交易平台等互联网工程，在互联网促进农业服务创新探索上实现了突破，涌现了北京农业嘉年华、“京果快捷通”生鲜果品配送优选平台、“网上农高会”“互联网+”休闲农业与乡村旅游、农科城O2O电商、通州现代种业服务业等多种现代农业服务新业态，农业服务范围得到拓宽，服务效能日趋精准化。

表1-3 互联网环境下北京市典型现代农业服务创新

创新模式	典型代表
农业科技信息服务	农科城云平台、绿云格、奥科美农场云
农村信息服务	益农社、农邮通
农业流通服务	密农人家、优农佳品、天安农业、鑫桃源、村村乐
农业定制服务	阿卡农庄
“互联网+”农机服务	兴农天力、农机360网
农业供应链金融服务	大北农
农业互联网金融服务	翼龙贷农村P2P金融、京农贷电商金融、众筹网农业众筹、E农管家

（2）农村信息化基础设施与农户家庭信息化装备不断完善

完备的农业信息化基础设施为首都利用互联网手段实现农业服务业创新提供了技术支撑。2017年全市农村居民家庭移动电话拥有量达244部/百户，电视机数量达138台/百户，计算机拥有量达74台/百户，广播、电视综合人口覆盖率达100%，农村宽带接入用户104.70万户。农村地区移动网络信号覆盖率基本达到100%，部分村庄和农业园区实现主要区域Wi-Fi覆盖，党员远程教育系统、村邮站、文化大院、“三资”管理平台等已经实现部分公益服务、便民服务进村，各种公益性农业农村服务体系对农村辐射面较广。

北京实践表明，通过互联网创新农业服务业的产业形态、商业模式、发展机制，加快形成基于互联网的新产业、新业态，以此引领现代农业创新发展，有利于促进小农现代化和产业结构优化，为全面实现农业现代化提供有力支撑，为乡村全面振兴创造条件。

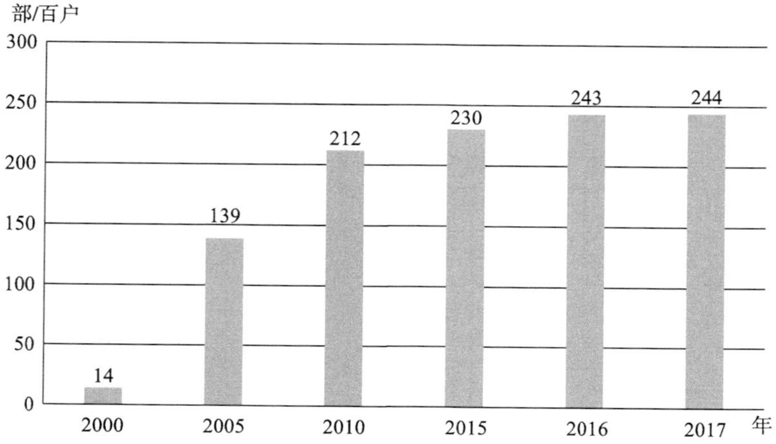

图 1-1　2000—2017 年北京农村居民家庭每百户移动电话

数据来源：北京统计年鉴 2018。

2. 发展契机

（1）服务业扩大开放综合试点城市的批复为农业服务业创新提供了机遇

作为首个服务业扩大开放综合试点城市，今后北京市将通过放宽市场准入、改革监管模式、优化市场环境，促进北京市服务业全方位的主动开放。这意味着北京市将通过服务业创新推动新业态的培育，有利于生产性服务业和生活性服务业高端化、国际化的发展，进一步推进高精尖经济结构的调整。同时，也意味着对市民、外商、企业的影响将不断深远。农业服务业作为服务业的重要组成部分，也是具有巨大创新潜力的产业，伴随市委市政府对农业服务业的关注，这一改革实践为农业流通业、农村金融业等农业服务业行业创新提供了难得的机遇。例如，《全面推进北京市服务业扩大开放综合试点工作方案》提出的支持建立面向国内外市场的农副产品交易市场，支持监管评级良好的农村中小金融机构加快金融创新、优化服务方式，提高普惠金融服务水平等，都为农业服务业创新提供了难得的发展契机。

（2）农业调结构转方式的全面推进为农业服务业创新提供产业基础

自 2015 年北京市被认为国家现代农业示范区以来，北京市以建设国家现代农业示范区为契机，以节水富民、提质增效为落脚点，强化都市农业生态、生活、生产、示范四大功能，基本形成了业态丰富、功能多样、环境友好、特色鲜明的都市现代农业产业体系和支撑保障体系，产业结构不断优化。2018 年，全市三次产业构成 0.4 : 18.6 : 81.0。农业“调转节”扎实推进，250 万亩粮田、菜田、鲜果园落到具体地块并实现数字化管理。2017 年全市实现农林牧渔总产值 308.3 亿元，其中服务业占 3.11%，农村经营收入三次产业贡献比为 21.3 : 4.7 : 74，第三产业逐渐成为农村居民的主导产业。

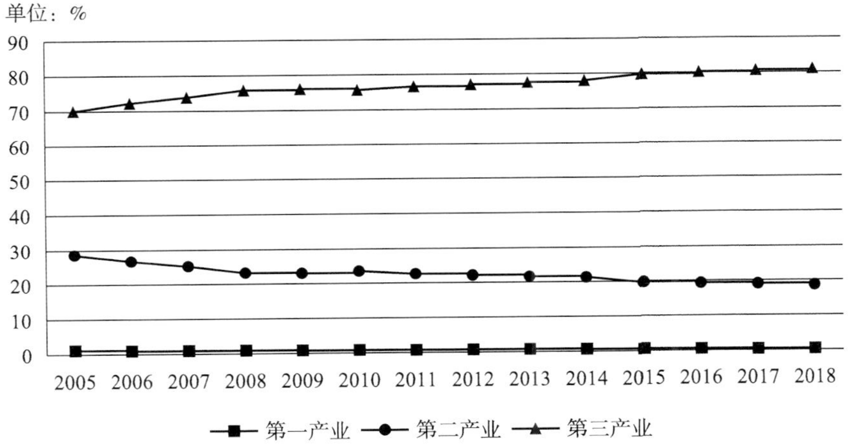

图 1-2　2005—2018 年北京市三次产业结构

数据来源：北京统计年鉴 2018。

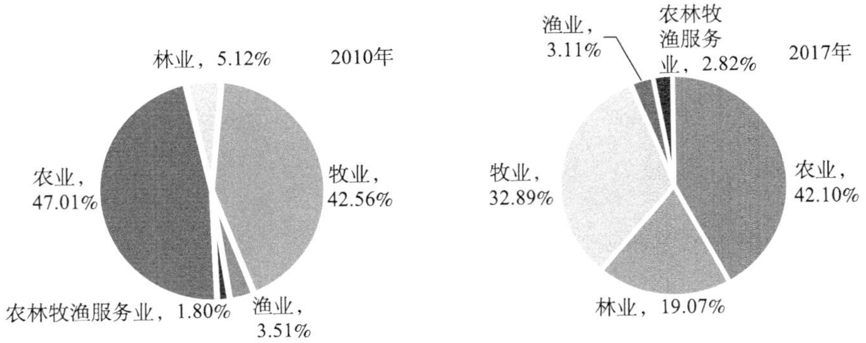

图 1-3　2010 年与 2017 年北京市农业内部结构构成对比图

数据来源：北京统计年鉴 2018。

（3）农业多功能性的有效发挥为农业服务业创新指明了重要方向

当前，拓展首都农业多种功能已成为发展都市型现代农业以及农村产业融合的重要途径，为创新农业服务业指明了方向。目前已出现了蓝调庄园、昌平国家农业科技园、朝来农艺园、酒香之路等一批品牌价值高的特色企业和园区。据统计，2018 年全市观光园和民俗旅游实现收入 40.3 亿元，比 2010 年名义增加 60.56%。2017 年全市农业会展及农事节庆活动共接待游客 450.5 万人次，实现收入 2.40 亿元。第五届农业嘉年华共接待游客 136.9 万人次，比上届增长 2.5%，实现收入 6613.1 万元。同时，北京市已成功举办了世界草莓大会、世界葡萄大会、世界食用菌大会、世界园博会等国际性农业展会，世界休闲农业大会主会场也将于 2020 年落户平谷区，京郊农业的多种功能得到有效拓展，休闲农业与乡村旅游日渐成为京郊现代农业的主要业态。

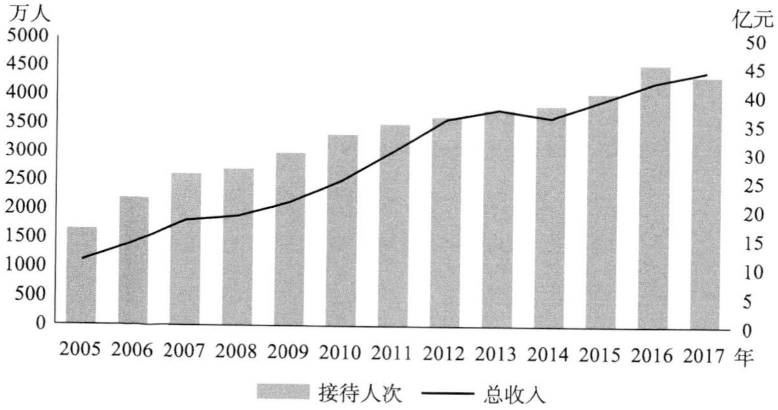

图 1-4　2005—2017 年北京市农业观光园和民俗旅游发展情况

数据来源：北京统计年鉴 2018。

（4）健全的科技基础条件为发展“互联网+”农业科技服务提供基础

全国科技创新中心建设为农业服务业创新提供了资源与平台支撑。作为全国科技创新中心，北京市十分重视农业科技资源与平台的建设。目前，北京市有农林高校和其他相关高校 32 所，国家和省部级农业领域重点实验室、工程技术研究中心和企业研发中心 100 余个，农业政、产、学、研、用一体化协同创新机制不断完善，为农业服务业创新提供了重要支撑。与此同时，北京市人才资源丰富，农业人才支撑体系日益健全。据统计，目前全市农业科技人员达到2万余人，涉农两院院士占全国院士总数的50%，海外高层次农业人才70余名，现代农业产业技术体系创新团队10个，现代农业产业技术岗位专家及技术人员400余人。此外，北京市充分发挥科技资源优势，借力全国科技创新中心与国家现代农业科技城通过数据服务、育种科研服务、植保服务、农产品加工与物流服务等高端服务引领推动了北京都市型现代农业发展和城乡一体化建设，带动了农业服务业的创新发展。

（5）新型农业经营主体的发展为农业服务业互联网创新注入不竭动力

伴随农村产业的组织化、规模化、专业化的发展，以家庭农场、种养大户、农民合作社、农业产业化组织以及各类农业社会化服务组织为主体的新型农业经营主体逐渐成为现代农业建设的引领力量。据原北京市农委统计，2017年，北京市农民专业合作社联合社已达39家，全市在工商登记注册的合作社达到7447家，成员19.6万人，出资总额109.8亿元，辐射带动农户46万户。截至2017年底，全市共有125个乡镇2609个村开展了确权工作，涉及承包土地面积278.5万亩，占全市拟确权土地总面积的98.5%，土地承包经营权确权登记颁证工作主体任务基本完成，通过支持农民开展土地股份合作，引导土地经营权向新型经营主体流转，促进了土地适度规模经营。新型农业经营主体的蓬勃发展，提高了农村产业组织的专业化和农业生产经营的标准化建设水平，加速了互联网技术成果在农业服务业中的应用，为北京市利用互联网手段实现农业服务业创新发展提供了契机。

（二）研究目的与意义

互联网是信息化社会的重要表征，其不断改变着传统产业经营模式和消费趋势，也对社会的各个层面产生了深刻影响。随着都市型现代农业的发展以及北京世界城市建设的推进，农业服务业逐渐成为推进首都农业农村现代化，引领乡村全面振兴的客观需求和有力保障。从北京实践来看，当前北京现代农业服务业主要包括农业信息服务、农业绿色技术服务、农资供应服务、农机作业服务、农产品流通服务、农产品营销服务、农业观光以及农村金融等服务范畴。相对于传统的经营环境，互联网的发展赋予了服务业新的内涵和特征，农业个性化定制服务、现代农业流通服务、农业科技服务、农业大数据智能服务等新的农业服务业态不断涌现，推动着北京农业服务业的高质量发展，也为北京都市型农业提档升级提供了重要平台与支撑。在乡村振兴战略背景下，如何抓住信息化契机，利用互联网带来的组织管理创新、技术创新、业态创新，带动产业价值链的升级，成为北京现代农业服务业创新发展的关键所在。本研究拟深入探析互联网环境下北京现代农业服务业创新发展的内涵、动因、特征与趋势，定量评估互联网对农业服务业创新绩效的影响，提出互联网环境下北京现代农业服务业的创新模式及其实现路径，构建互联网环境下北京现代农业服务业创新发展框架，并提出对策建议。研究成果将为相关部门制定规划、政策提供理论支撑。

1. 理论学术价值

（1）开展互联网促进现代农业服务业创新的理论内涵、动力机制与作用机理研究，有利于丰富服务业创新理论。本研究阐述了互联网环境下现代农业服务业的新内涵、新特点，从系统工程学角度揭示互联网促进现代农业服务业创新的动力机制与作用机理，形成较为系统的互联网与农业服务业创新理论体系，对于丰富我国服务业创新理论具有重要意义。

（2）开展互联网环境下现代农业服务业创新模式分析，有助于拓宽本领域研究的范畴。通过京郊典型案例调研，采用归纳演绎法凝练互联网环境下的现代农业服务业创新模式，并基于此提出有效的实施路径，有助于弥补本领域关于创新模式研究的不足，丰富信息经济学、产业经济学等学科的研究范畴。

2. 实际应用意义

（1）通过调研统计和计量模型分析，测算现代农业服务业企业的互联网应用水平、创新绩效以及互联网对绩效的影响效应，可为企业如何采用信息化手段提高自身产出绩效提供科学依据，同时对企业推广复制成熟的创新模式具有实际指导意义。

（2）研究提出的基于“互联网+”的现代农业服务业创新模式路径设计及其实现路径，对于相关政府部门出台互联网服务引领现代农业、推动北京农业“高精尖”产业结构升级等政策提供决策支持。

（三）国内外研究现状

现代农业服务业是支撑现代农业可持续发展的关键产业，近年来成为国内外研究的热点，涌现了一系列研究成果。相对于传统的社会环境，互联网的发展赋予了服务业新的内涵和特征。在互联网环境下如何实现农业服务业创新发展不仅是国内外现代农业发展的重要实践，而且成为学者们普遍关注的问题。

1. 农业服务业创新

（1）服务业创新

目前国内外对于服务业的概念内涵尚未达成共识，但总体均认为服务业即第三产业。服务业创新的研究始于 20 世纪 80 年代，现已取得了一定的理论成果，涌现了 Barras 的“逆向产品周期”模型、Bilderbeek 的服务业创新四维度模型、Sundbo 服务创新三阶段论等理论体系，为相关学者开展服务业创新体系研究提供了参考。Gallouj 等（1997）把服务创新分为根本性创新、改进型创新、渐进性创新、专门创新、综合式创新和标准化创新六种模式。Blazevic 等（2008）则认为服务创新是企业通过运用服务要素来提高服务质量并创造服务市场价值的过程。国内学者从 2000 年以后开始对服务创新问题展开研究，主要研究成果聚焦于服务创新的内涵、核心范畴、主要特征等。吕飞（2003）认为服务创新是在服务过程中应用新思想和新技术来改善和变革现有服务流程和服务产品的过程，人力资本和技术环境是影响服务创新的关键因素。朱晓青（2007）认为现代服务业创新主要体现在技术、知识等方面的创新。韦福祥、宋琳曦、李金凤（2011）把互联网环境下的服务创新要素归纳为新服务概念创新、新顾客界面创新、新交互方式创新和新技术创新四个，并指出互联网环境下的服务业创新受到了利益相关者更大程度的驱动，网络技术的变革更新驱动了网络环境下服务业创新，网络社区文化极大地影响了互联网环境下服务业创新过程。

（2）农业服务业创新

当前，学界普遍将农业服务业划分为农业科技服务业、农业信息服务业、农业物流服务业、农业旅游业、农村金融和保险等行业，并且结合各自的国情建立了较为完善的农业服务体系。关于农业科技服务业，Stephen（2003）、Ricardo 等（1998）研究表明，农业科技服务业的发展为新技术、新产品等创新扩散与推广提供了重要载体，推动了农技推广的社会化。关于农业信息服务业，Brent 和 Philippe（2006）的研究证实，通过建立农业信息共享平台或利用农业信息服务手段有助于解决农业垄断市场中的不完全信息难题，提高农户生产决策水平以提高产出能力。Ritva 等（2005）以欧盟林业为研究对象，提出林业管理与林业经济方面的信息服务是在林业生产经营中的重要服务需求。在休闲农业与乡村旅游方面，Alexandru 等（2005）分析了农业旅游业与农村发展的关系，认为作为农业与旅游业融合创新的产业业态，农业旅游及其相关经济活动不仅为农民拓宽收入来源提供渠道，同时更为促进城乡融合提供载体，推动农村经济乃至区域经济的持续增长。在农业保险服务方面，Mario 和 Dmitry（2001）提出金融市场创新（如指数基础保险合同）、信息技术创新（如遥感技术助力保险企业精准理赔）为农业保险提供新的服务手段，提升农业服务水平。

对于农业服务业创新问题学者们研究的相对较少。首先农业服务业的概念内涵目前尚没有统一的定义，芦千文（2017）认为农业生产性服务业即农业服务业，是现代农业产业体系的重要组成部分，通过为农业提供中间投入，将科技、信息、资金、人才等有效植入到农业产业链中。杨慧莲（2014）认为农业服务业是贯穿于农业生产的产前、产中和产后环节，为农业企业和其他经济组织提供农业物资供应、新技术推广应用、金融保险、咨询、物流销售等各类中间投入服务的行业。随着信息技术的发展，农业服务业涵盖领域扩大到产前、产中、产后的农资农机农技、育种生产销售、金融培训旅游等子领域，在实践中涌现了一批创新主体、革新模式与全新成果。综合而言，农业服务业包含了生产性服务业与生活性服务业，而农业服务业的创新则是基于各类创新要素，对传统农业服务业在服务观念、服务技术、服务流程、服务产品、服务方式、专业化程度、服务市场等方面进行变革与创新的过程，在这一过程中，专业化是农业服务业创新的重要基础，平台是农业服务业创新的重要介质，融合与共享是农业服务业创新的重要特征，农业旅游业、现代农业流通业、农业科技金融业等是主要形态（马晨、李瑾，2018）。

2. 农业服务业对农业发展影响效应研究

（1）农业服务业在农业发展中的重要作用

农业服务业贯穿于农业产前、产中、产后全链条，在现代农业产出效率提升过程中发挥着实质性作用。国外很早就认识到了服务业对农业发展的推动作用。例如，在经典之作《改造传统农业》一书中，诺贝尔经济学奖得主西奥多·舒尔茨（1964）通过理论和实证研究，阐明了通过对农民进行教育和培训，使他们掌握必要的新技能和新知识，从而将传统农业改造为现代农业的必要性和可行性。又如，Kenneth A. Reinert（1998）把服务业作为直接投入要素，利用农产品产出模型研究了服务业对农业的积极作用。Poster H. Harry（1977）采用投入—产出表的方法测算出加拿大1967—1977年农业对服务业的消耗水平，研究结果表明服务业对农业发展的促进作用逐年增强。Akinoa、Maskatsu、Yujimi Hayam（1975）则强调农作物、家禽等良种繁育服务对农业增产的影响，这种正向的影响或者说社会回报率在发展中国家表现得更加优越。

国内学者在这方面的研究比较丰富。国内相关学者研究表明，农业现代服务业不仅是现代服务业的重要组成部分，而且是提升现代农业建设水平和推动农业农村现代化的关键支撑产业（刘立仁，2005）。从现代农业发展历程与现实需求看，现代农业的发展离不开新的观念与新的模式，建议通过大力扶植农技服务、农资配送、加工流通、农业旅游等农业服务业，以此延伸现代农业产业链与价值链，实现现代服务业引领现代农业高质量发展（周启红等，2010；鲁钊阳，2013）。郝爱民（2015）认为农业生产性服务业发展对创新我国现代农业经营体系，促进农业关联产业集聚加快农村城镇化和提升农业科技进步的贡献率存在较强的溢出效应。他利用1990—2009年间省级面板数据进行实证研究，发现科技、金融等服务在长期内可优化农业产业结构并提高农业效率，而信息、产品营销等服务在短期内能使农民收入得到改善。潘锦云、汪时珍、李晏墅（2011）基于产业耦合的视角，通过运用1978—2009年数据检验了旧农业生产要素（中国农业机械总动力、农业化肥施用量、农田有效灌溉面积等）和新农业生产要素（农业贷款额、农业保险保费收入、农业信息技术）对改造传统农业的影响，发现传统的农业生产要素难以实现农业现代化的持续运转，迫切需要依靠现代农业服务业带来的技术、信息与知识等新生产要素改造传统农业，实现农业可持续发展。

（2）农业服务业对农业经济增长影响的研究

在农业服务业对农业产出影响的经验研究中，大多围绕农业服务业与农业经济增长之间的相互作用关系展开。Jorgenson、Stiroh、Gordon 等（2000）指出美国 35%的劳动生产率增量来源于 ICT 产业具体技术的改变，1980—2004 年 ICT 产业对其他产业的渗透作用对美国总的经济增长贡献大约为 1/4。肖建中（2012）、郭沛沛（2013）、郝爱民（2013）、陈笑艳（2014）等研究发现，农业生产性服务业对农业生产效率提升具有正向作用，且不同区域其作用效果具有一定差异性。肖建中（2012）对浙江省现代服务业对现代农业的外溢效应及其融合发展模式进行了实证研究，发现服务业每增加 1 个百分点其外溢效应可推动农业经济增长 0.40 个百分点。郭沛沛（2013）选取 1999—2010 年全国的数据进行计量模型分析，发现农业生产性服务业的发展对农业经济的发展存在一种长期的互为因果的双向关系，农业生产性服务业的发展对农业经济发展具有明显的冲击效果，冲击比重在 1999 年为 56.58%，此后呈现快速上升的趋势，2010 年达到 70.88%。郝爱民（2013）选用 2004—2011 年全国面板数据，测算了农业生产性服务业对农业生产效率的溢出效应，研究发现农业生产性服务业的发展水平每提高 1%，可直接促进农业生产效率平均提高 10%以上。陈笑艳（2014）以广东省为例，采用 2003—2011 年面板数据构建了农业生产性服务对农业劳动生产率的影响模型，发现生产性服务业对广东农业生产效率的提高具有显著的影响，其中农产品营销服务和金融保险服务的服务水平每提高 1 个百分点，将促进农业劳动生产率分别提升 0.17 和 0.35 个百分点，其次是农技推广，而农资配送服务对农业生产率的提高基本上没有影响或影响很小。实证结果表明，农业服务业对农业生产效率提高具有正向冲击作用。

3. 互联网环境下农业服务业创新研究

当前，互联网已经渗透到社会生活的各个方面，成为影响经济、文化和个人生活方式的重要因素。伴随互联网在农业领域的深度融合与渗透，农业服务业呈现多种经营模式与新型业态，农产品电商、农村电商、农村互联网金融、农业科技信息服务业、会展农业等新兴模式与业态逐渐成为互联网时代农业服务业创新的重要表现（康俊，2016；李晓华，2016；李国英，2016）。总体来看，国内外关于互联网环境下农业服务业创新的研究主要包括三大方面。

（1）影响机理研究

“互联网+”是互联网思维与传统行业融合的进一步实践成果。不断深化互联网技术与传统农业融合，与现有的农业市场、农业经济进行进一步的功能拓展，有助于打破原有的社会结构、关系结构，帮助农户、农村合作社、农业企业加快“互联网思维”导向，提高其对农业服务业的参与度，最终实现“互联网+”与农业服务业“1+1>2”的融合发展。互联网对农业服务业创新的影响机理主要体现在：一是互联网通过与传统农业服务业融合，实现业态创新。互联网以其无处不在、消除时间局限、降低交易成本等特性，改变着商业竞争的基本环境和规则，催生各类现代服务业的发展（Allan，Christopher，2002）。李国英（2016）基于产业链视角，提出互联网与农业产业的深度融合有助于催生农业互联网、农资电商和农村互联网金融等新的现代农业服务业新业态。李明伟（2016）基于“互联网+”的特征，从理论角度提出互联网通过与传统农业服务业的跨界融合发展与技术渗透，推动着现代农业服务业的模式创新与产业升级。黄天龙、罗永泰（2015）认为互联网能够带来诸如平台式泛服务的生态系统式服务，推动生鲜电商、农资电商以及农村电商的发展（如阿里巴巴实施的电商扶贫等），进而确保农村双向流通的畅通性。谢泗薪、张志博（2016）基于互联网的迭代思维和极致思维，发现将互联网思维与科技金融服务业融合，能够促进众筹、“硅谷银行”“商户式”互联网科技金融服务综合平台等科技金融服务业新兴业态创新，而这种创新同样适用于农业农村领域。二是互联网通过技术渗透、新媒体传播、资源整合实现组织管理与商业模式创新。例如，Soriano 等（2012）提出在社交网络和 Web3.0 前提下，农产品市场营销及管理组织将实现创新，催生农业众筹、众包等新型农业服务业模式。Ballon（2004）以技术特性为主考察创新模式，指出 3G 技术下的以服务、协议、平台为中心的三种模式。马秋颖、王秀东（2016）以熊彼特创新理论为基础，对“互联网+”促进农业产业融合发展作用机理、作用机制及影响进行了定性描述，认为互联网环境下形成的现代农业服务业模式创新主要包括以互联网产业链纵向整合和横向融合为基础，形成以农资供应、农产品生产、加工、销售及服务环节等内生一体化为标志的“1+2+3 产业链条发展”模式，以及基于互联网的资金融合、电子商务和服务增值，形成以农业发展引进高新技术产业发展理念、技术成果和管理模式的外生产业化为特点的“1×2×3 产业平台”发展模式。

（2）互联网对农业经济增长的影响作用

互联网对农业服务业创新的影响作用是基于互联网对产业经济影响效应研究基础上延伸出来的。关于互联网对产业经济的影响效应，大多侧重互联网对产业结构转型及部门产出效率的影响进行定量分析。Diego 等（2010）运用一般均衡模型分析了 ICT 产业的发展对美国经济增长的影响，结论表明 35%的劳动生产率增量来源于 ICT 产业具体技术的改变，1980—2004 年 ICT 产业对其他产业的渗透作用对美国总的经济增长贡献大约为 1/4。Md. Shahiduzzaman、Khorshed Alam（2014）对澳大利亚 ICT 技术与国民经济产出的因果关系与收敛效应进行经验研究表明，ICT 对澳大利亚的产出增长具有积极作用，并且其对经济产出增长具有长期收敛作用。颜珍（2014）采用空间面板回归分析表明，互联网对区域经济增长和产业结构具有促进作用与空间溢出效应，且这种效应随时间的增长作用程度越强。白洁（2014）采用误差修正模型和 Granger 因果检验的方法定量研究信息化与农业经济增长的关系，认为农业经济增长与信息化之间存在长期均衡关系，信息化单向影响农业经济增长，信息化水平的提高对农业经济增长具有正向作用。秦德智等（2006）则探讨了农业信息化关于优化农业产业结构的效益增长空间，测算了农业产业结构优化与农业信息化对农业经济增长的合作效应。张鸿和张权（2006）通过日本信息化指数法测算了1993—2002 年我国的农村信息化指数，并将信息化指数纳入农业生产函数中，认为农村信息化对农业经济增长的影响尤其大。

（3）创新模式与创新路径研究

关于互联网环境下农业服务业创新模式与路径方面较为系统的研究显示，学者大多基于某一具体应用展开阐述。祁欢（2017）提出了“互联网+”视域下农村现代服务业的概念和发展路径，即依托互联网和物联网以及大数据、云计算等现代信息技术对农村现代服务进行全面渗透，从而实现一种以互联网为中心的新型农村服务。刁书中（2015）指出“互联网+”集成智能农业技术体系与农业信息服务体系，基于开放数据、开放接口和开放平台，构建了一种“生态协同式”的产业创新，为消除我国农产品农资市场流通提供了一整套创造性的解决方案。农产品电子商务和农业大数据平台被认为是当前农业服务业创新的主要途径。国内最大农资电商平台“农商1号”构建起集“互联网+农业+渠道+技术+服务”于一体的综合平台，重塑了农资产品流通渠道、农资企业的商业模式。大北农集团的智慧养猪平台“猪联网”是基于互联网构建大数据服务平台，其核心功能是连接，以猪联网为核心，将与养猪业相关的所有环节中的企业和从业者聚拢起来，形成一个闭合的互联网金融生态圈，包括生猪资源和养猪数据的猪场，饲料、动保、设备厂商、仓储、配送、服务中间商，收猪、屠宰和市场等资源的屠宰企业，以及贷款、结算、理财等金融机构（薛素文，2016）。

4. 研究述评与展望

（1）研究述评

国内外关于互联网对服务业影响的作用机理、作用效果等方面的研究主要集中在互联网对产业经济增长或对部门劳动生产率提高的影响方面，广泛采用的方法有一般（局部）均衡模型、投入—产出效率模型、结构方程、空间计量等计量经济模型，为本研究开展定量评估提供了重要的方法借鉴。但从研究的内容来看，仍缺乏针对现代农业服务业产业部门全方位、深层次的专门研究，立足互联网环境探索互联网对现代农业服务业商业模式创新与业态创新的机理机制研究仍不够深入，互联网在现代农业服务业领域（或部门）所发挥的作用效果的定量评估研究也相对缺乏，研究的全面性、系统性、渗透性仍需进一步提升。随着服务业理论的不断发展，学术界关于现代服务业概念内涵、效用机制、典型模式等方面的研究也将日益完善。从已有研究来看，目前存在以下三个问题。

一是大多数关于农业服务业，尤其是现代农业服务业内涵边界的范围聚焦于农业科技成果转化、休闲农业与乡村旅游、农业保险三个行业领域，而对于直接影响农业生产如农业信息服务、良种服务、农资连锁经营、农机作业服务、农产品现代物流等方面的生产性服务的全面性研究不多。众所周知，互联网环境下的技术、组织、管理等方面的思维创新将率先在农产品流通业、农业信息服务业、农业科技服务业等现代农业服务业领域实现创新突破，而如何凝练互联网对这些现代农业服务业影响的一般规律、作用机理与作用效果将成为今后本领域研究的前沿问题，这需要结合时代背景，对其进行系统、深入的分析。

二是缺乏基于北京现代农业服务业功能定位与发展现状的相关研究，特别是在互联网环境下，现代农业服务业被赋予了哪些新的概念和内涵？已有文献中没有相关研究。从已有研究看，针对北京现代农业服务业方面的研究多侧重以农业功能拓展为主线的休闲农业与乡村旅游产业研究。事实上，随着互联网思维在农业服务业领域的深入拓展，基于互联网环境下北京市已逐渐形成了以农业大数据、农业众筹、“互联网+”休闲农业与乡村旅游等新兴产业业态，以及以农业云服务、农业电子商务、农产品个性化定制等新兴商业模式。但从学术研究来看，目前关于这方面的研究仍较少，学术研究滞后于实践探索。为此，如何利用互联网环境的新内涵、新特点、新技术，重新对北京现代农业服务业进行准确定位，并对基于互联网环境下现代农业服务业的内涵、特点、模式及运行机制进行理论探讨，将成为本领域研究的理论前沿问题与热点问题。

三是没有充分结合当前互联网环境设计现代农业服务业的创新模式及其实现路径。已有研究表明，互联网对现代农业服务业在技术、产品和商业模式创新方面具有促进作用。但从已有研究来看，关于这方面的研究多侧重表面的描述，缺乏扎实的理论模型推导和实践探索，尤其对于如何借助互联网手段开展产业创新从而实现产业升级和农民收入增长，如何利用互联网手段实现现代农业服务业模式创新的实施方案仍较少。

（2）研究展望

在“互联网+”背景下，农业服务业创新发展应从如何利用互联网、大数据等现代信息技术促进现代农业转型升级，提高农业生产效率出发，后续研究工作在以下三个方面有待进一步深化。

一是现代农业服务业创新发展的动力机制与作用机理研究。全面剖析服务业创新理论体系中关于农业服务业创新的最新进展，科学界定现代农业服务业的范围边界及其创新发展内涵，立足服务业创新过程，从现代农业服务业的主体、客体、内容、形式、价值创造等方面，综合研究现代农业服务业创新发展的一般原理。进一步地，结合互联网 2.0 时代特征，尚需深入研究互联网环境下现代农业服务业创新发展内涵与演化逻辑，探讨构建“农业服务业创新升级理论模型”，明确当前适应互联网环境、满足现代农业需求的现代农业服务业创新发展基本方向、重点领域和推进路径。

二是农业服务业融合发展机理、路径和模式研究。从产业融合的视角，借鉴互联网环境下的大数据、云计算、移动互联网等互联网思维，针对不同区域资源禀赋，从技术创新、组织创新、商业模式创新等方面设计互联网环境下的现代农业科技服务业、农业旅游业、农业流通业等行业的创新模式，深化互联网与农业服务业融合的机理、路径、模式研究将成为本领域研究的一个热点方向。

三是农业服务业创新发展的政策设计及绩效评价研究。从政策工具组合视角，加强促进农业服务业创新发展的投融资政策、技术政策、人才政策等领域研究。从绩效评价视角，加强农业服务业创新绩效评价研究。

（四）主要研究内容

针对已有研究的不足和北京现代农业服务业创新发展对互联网的迫切需求，本研究从以下几方面开展研究。

现代农业服务业概念及内涵。在界定农业服务业、现代农业服务业基本概念的基础上，结合专家意见及北京实际，划分了现代农业服务业分类，提出了现代农业服务业的新特征。进一步结合互联网环境变化以及现代农业发展需求，归纳总结了互联网环境下现代农业服务业创新的内涵、特征与典型模式，形成本研究理论范畴。

互联网环境下现代农业服务业创新发展的动力机制。以服务业创新理论为基础，结合互联网经济理论，本书科学阐述了互联网环境下现代农业服务业创新发展的内生动力与外生动力。进一步地，基于现代农业服务业发展的动因与互联网时代创新的必然性，从互联网带来的主体、技术和资本的升级改造，产业跨界融合、资源高效配置和新型业态培育等方面揭示互联网促进农业服务业创新的内在机理，为本研究开展实证分析提供理论支撑。

北京农业服务业发展历程、现状与趋势。回顾分析了北京市农业服务业发展历史与现状，对农业科技服务业、农产品流通服务业、农村金融服务业、休闲农业与乡村旅游、农业信息服务业等北京市主要农业服务业的发展成效、存在问题进行了剖析，提出了未来农业服务业创新发展的趋势。

北京现代农业服务业创新绩效分析。基于农业服务业的主体（企业、合作社等）调研数据，构建现代农业服务业创新绩效的投入—产出模型。以北京市休闲农庄为例，搭建北京休闲农庄信息化发展水平评价指标体系，测算分析休闲农庄信息化发展水平及阶段。利用 DEA 方法，对北京市休闲农庄创新绩效进行评价，并搭建 Tobit 模型，分析信息化发展水平对休闲农庄创新绩效的影响程度，为休闲农庄创新发展提供依据。

基于互联网的农业科技服务业创新模式分析。基于北京农业科技服务业企业以及益农信息社等典型模式的典型调研，首先从涉农资源汇聚、科技服务平台建设、科技成果推广、科技创业孵化、检验检测认证服务、科普教育服务等方面分析北京市“互联网+”农业科技服务业融合发展现状，提出北京市农业科技服务业关于互联网共享平台的应用需求，结合调研实际，提出益农信息社、农业远程教育服务、第三方中介服务、农业科技众创空间以及“专业服务市场联盟+”等发展模式。

基于互联网的休闲农业和乡村旅游创新模式分析。基于北京市休闲农庄的典型调研，重点从休闲农庄的基础设施、主题网站、电商平台、互联网金融、会展农业等方面分析北京市“互联网+”休闲农业和乡村旅游融合发展现状，针对存在问题从休闲农业规范管理、消费者体验、旅游产品开发、产销信息对接等方面提出休闲农庄的发展需求，在此基础上，结合北京农业嘉年华、密农人家、中粮智慧农场等典型模式，提出基于品牌宣传推介的创意体验模式、基于休闲产品营销的电子商务模式以及基于科技前沿引领的科普展览模式等四类发展模式。

基于互联网的农业金融服务业创新模式分析。基于北京市农村金融服务机构的典型调研，重点从农村金融机构现状、农村互联网金融发展渠道两大层面剖析互联网环境下北京市农村金融服务业创新发展现状及存在的主要问题，针对农村金融服务机构主体的需求调研，凝练农村普惠金融服务、农村金融创新、农村金融生态建设、农村征信体系建设等方面的发展需求，在此基础上，研究提出第三方支付模式、P2P 网络贷款模式以及信息化金融机构模式三类基于互联网环境的北京市农村金融服务创新发展模式。

基于互联网的农业流通服务业创新模式分析。基于批发市场、物流企业、电商企业等主体的典型调研，从批发市场信息化、农产品电子商务、农产品期货、农产品质量安全溯源、农产品物流配送信息化五个方面分析互联网环境下北京市农产品流通服务业创新发展现状与存在问题，提出互联网环境下的农业流通服务业产销对接、流通效率提升、供应链资源整合共享等方面的发展需求，在此基础上提出农产品透明供应链模式、供需主体线上线下相结合交易模式以及期货、拍卖等电子商务模式三类基于互联网环境的农产品流通服务创新发展模式。

现代农业服务业发展的国际比较与经验借鉴。以美国、英国、德国、日本、印度等国为例，归纳了互联网环境下国外现代农业服务业创新的典型模式。针对国外现代农业服务业发展现状，总结其利用互联网提升农业服务业的支持政策、重要措施及对中国的经验启示，为北京市加快提升现代农业服务业发展水平与创新能力提供经验借鉴。

互联网环境下北京现代农业服务业创新模式路径设计。结合实证研究以及国外经验启示，立足首都城市功能定位，提出互联网环境下北京现代农业服务业创新的目标任务与创新框架，进一步以农业科技服务业、农业金融业、农业流通服务业以及休闲农业和乡村旅游业四大新型农业服务业为重点，从农业服务业+大数据、农业服务业+信息平台、农业服务业+社会化网络终端以及农业服务业+智能芯片四个方面提出互联网促进北京现代农业服务业创新的具体实施路径与模式选择。

互联网环境下北京现代农业服务业创新发展的对策建议。结合以上研究，基于互联网促进现代农业服务业创新发展角度，从制度安排、科技支撑、产业培育等方面提出了互联网环境下北京现代农业服务业创新的相关对策建议。

（五）研究方法和技术路线

1. 主要研究方法

本研究主要采用理论与实证相结合、定量与定性相结合、问卷与座谈相结合的方法，分别对现代农业服务业概念、模式与机制，以及互联网促进现代农业服务业创新发展等方面进行考察，并从归纳演绎、计量模型、比较分析、制度经济等方面深入剖析互联网促进现代农业服务业的互动原理、影响效应、典型模式、国际比较、制度安排等，主要采用的研究方法有：

（1）文献分析法。广泛收集了21世纪以来关于互联网促进现代农业服务业方面的文献，对国内外具有代表性的研究进展与成果进行了深入分析，总结了其研究特征并提出了当前本领域研究中存在的一些问题及未来研究方向，为本研究提供理论基础和评价方法的参考。

（2）理论分析法。通过综合运用信息经济学、系统工程学、区域经济学、发展经济学、城市经济学、管理学、信息技术等相关理论，界定了互联网环境下现代农业服务业创新的内涵、特征与典型模式，揭示了互联网促进现代农业服务业创新发展的动力机制与作用机理。

（3）综合评价法。通过构建能客观反映北京休闲农庄信息化发展水平的评价指标体系，采用层次分析法对81家北京市休闲农庄信息化发展水平进行评价、分析与比较，进一步揭示当前北京休闲农庄信息化发展的发展阶段、特征及趋势。

（4）超效率DEA-Tobit模型。为揭示互联网对北京现代农业服务业创新绩效的影响程度，本研究选择北京休闲农庄作为决策单元，运用超效率DEA方法来估计企业创新绩效。然后采用Tobit模型分析互联网对北京农业服务业创新绩效的影响效果。采用超效率DEA模型与Tobit模型相结合测算互联网对企业创新绩效的影响效果；然后构建结构模型，度量企业（或合作社）对互联网技术产品采纳意愿的影响因素。

（5）典型案例分析法。通过实证调研，对互联网促进北京现代农业服务业创新发展的现状、影响因素进行分析，并总结归纳基于互联网的农业科技信息服务业、休闲农业和乡村旅游业、农业金融服务业、农业流通服务业等农业服务业领域的发展需求、创新模式及相关经验启示。

2. 技术路线

本研究采取“理论分析—定量测算—模式分析—路径设计”的逻辑思路，首先基于相关基础理论对互联网促进农业服务业创新的理论内涵、动力机制与作用机理进行理论分析；然后基于二手资料分析法对北京市农业服务业发展历程、现状与问题进行剖析，与此同时比较典型国家农业服务业创新的主要做法与经验；进一步基于问卷调查数据采用定量模型方法对北京农业服务业企业的创新绩效、互联网应用水平进行评价，分析互联网促进北京农业服务业创新绩效的影响程度；基于典型案例分析法凝练总结互联网促进四类北京现代农业服务业的创新实践模式，最后结合相关研究结论设计互联网促进北京现代农业服务业的路径并提出对策措施。

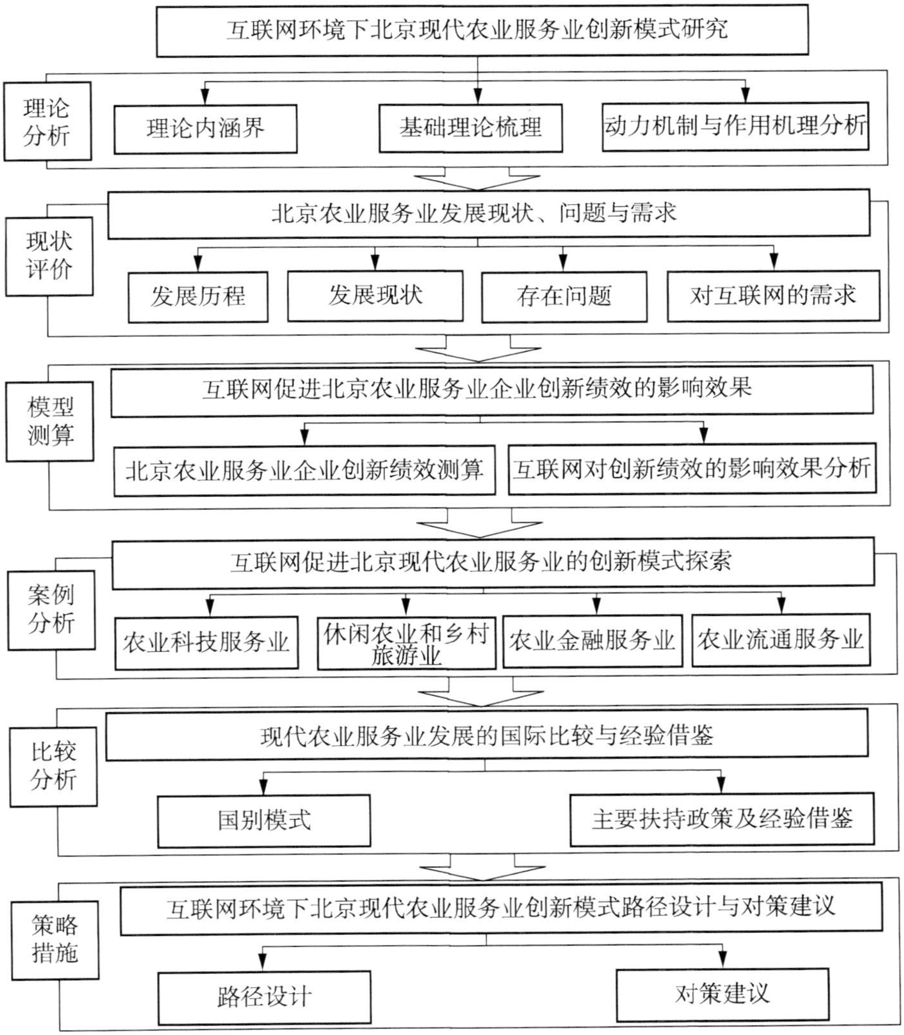

图 1-5　技术路线图

参考文献

[1] R. Barras. New technology and the new services towards an innovation strategy for Europe [J]. Futures, 1986, 18 (6): 748-772.

[2] Pim Den Hertog. Service in innovation: Knowledge Intensive Business Service (KIBS) as co-producers of innovation [J]. International Journal of Innovation Management, 2000, 4 (4): 491-528.

[3] Sundbo J., Gallouj F.. Innovation as a loosely coupled system in service [J]. International Journal of service technology, 2000, 1 (1): 15-36.

[4] Gallouj F., Weinstein O.. Innovation in service [J]. Research policy, 1997, 26: 537-556.

[5] Blazevic V., Lievens A.. Managing innovation through customer coproduced knowledge in electronic services: An exploratory study [J]. Journal of the Academy of Marketing Science, 2008, 36 (1): 138-151.

[6] 吕飞，许庆瑞．服务创新初探 [J]. 经济管理，2003 (6): 39-43.

[7] 朱晓青．现代服务业的特性 [N]. 中国财经报，2007-06-19.

[8] 韦福祥，宋琳曦，李金凤．互联网环境下中国服务业创新模式研究——以天津滨海新区服务业为例 [J]. 现代财经（天津财经大学学报），2011 (7): 101-107.

[9] 芦千文．我国农业生产性服务业的业务范围、供给模式和发展对策 [J]. 农林经济管理学报，2017 (2): 199-206.

[10] 杨慧莲，霍学喜，王征兵．农业服务模式创新研究——陕西“大荔模式”运行机制及创新价值评价 [J]. 科学管理研究，2014 (6): 103-106.

[11] 马晨，李瑾．“互联网+”时代我国现代农业服务业的新内涵、新特征及动力机制研究 [J]. 科技管理研究，2018: 1-7.

[12] Reinert K. A.. Rural conform development: A Trade Theoretic View [J]. Journal of International Trade and Economic Development. 1998 (4): 1-17.

[13] Poster H. H.. Factor content of canadian international trade : an input-output analysis [J]. Journal of International Economics, 1977 (2): 209-211.

［14］鲁钊阳．农业生产性服务业发展对城乡收入差距的影响［J］．南京社会科学，2013（2）：23-29.

［15］郝爱民．提升农业生产性服务业外溢效应的路径选择［J］．农业现代化研究，2015（4）：580-584.

［16］郝爱民．农业生产性服务业对农业的影响——基于省级面板数据的研究［J］．财贸经济，2011（7）：97-102.

［17］潘锦云，汪时珍，李晏墅．现代服务业改造传统农业的理论与实证研究——基于产业耦合的视角［J］．经济学家，2011（12）：40-47.

［18］Dimelis S.，Papaioannou S.．ICT growth effects at the industry level：A comparison between the US and the EU［J］．Information Economics & Policy，2011，23（1）：37-50.

［19］Dale W. Jorgenson，Kevin J. Stiroh，Robert J. Gordon，et al. Raising the Speed Limit：US Economic Growth in the Information Age［J］．Brookings Papers on Economic Activity，2000，1：125-235.

［20］肖建中．现代农业与服务业融合发展研究［D］．武汉：华中农业大学，2012.

［21］郭沛沛．农业生产性服务业与农业经济增长互动关系实证研究［J］．商业时代，2013（7）：126-127.

［22］郝爱民．农业生产性服务业外溢效应和溢出渠道研究［J］．中南财经政法大学学报，2013（6）：51-59.

［23］陈笑艳．生产性服务业对农业劳动生产率的影响［J］．中国商贸,2014（7）：152-153.

［24］［美］阿兰·奥佛尔，克里斯托福·得希．互联网商务模式与战略理论和案例［M］．北京：清华大学出版社，2002.

［25］李国英．“互联网+”背景下我国现代农业产业链及商业模式解构［J］．农村经济，2015（9）：29-33.

［26］李明伟．“互联网+”发展的动力和关键要素研究［J］．技术经济与管理研究，2016（10）：65-69.

［27］黄天龙，罗永泰．互联网服务业平台式泛服务化创新内涵与模型构建［J］．财经问题研究，2015（3）：24-32.

［28］谢泗薪，张志博．基于互联网思维的科技金融服务业发展模式与

攻略［J］. 中国科技论坛，2016（3）：55-61.

［29］DR Soriano，TB Ribera，RL Alcamí，et al. Social networks and Web 3.0：their impact on the management and marketing of organizations［J］. Management Decision，2012，50（10）：1880-1890.

［30］P. Ballon. Scenarios and business models for 4G in Europe［J］. Info，2004，6（6）：363-382.

［31］马秋颖，王秀东．"互联网+"对农业六次产业化发展的影响及推进策略［J］. 农业展望，2016（10）：48-52.

［32］祁欢．"互联网+"视域下农村现代服务业发展研究［J］. 农业经济，2017（2）：45-47.

［33］刁书中．"互联网+"形势下的农业信息服务探讨［J］. 农业技术与装备，2015（5）：17-18.

［34］薛素文．农信互联：打造农业互联网平台生态圈［J］. 农经，2016（2）：49-51.

［35］北京：创建优质"都市型现代农业示范区"［N］. 农民日报，2017-01-04.

二、互联网环境下现代农业服务业创新内涵、动力机制与作用机理

（一）现代农业服务业基本概念

1. 农业服务业的基本概念

农业服务业，是指为农业生产各个环节提供服务的行业，包括良种、农资、农技、信息、流通、金融、保险等多方面服务，主要由良种服务、农资服务、农技服务、培训服务、信息服务、流通服务、休闲服务和金融服务八个方面构成。其中，良种服务是通过对优良种子的筛选和标准化服务为粮油、畜牧等提供优质种子服务；农资服务是通过配送各种品牌好、质量高的农药、化肥、种子等农业生产资料，为农民提供优质农业生产物资的服务；农技服务是以科研院所、农机服务公司、农业专业性服务组织等为主要载体，通过电话、视频、实地访问等形式解决农民的生产科技需求；培训服务是通过现场和互联网视频等形式，为农民提供涉及农业生产、农业加工、农业电商、农业生态保护和农业设备使用与维护等领域的培训，普及农业科学知识，培育新型农业文化业态，培训符合时代发展要求的新农人；信息服务是为各类农业生产主体提供各项农业政策、农业技术、新品种推介、动植物疫病防控、农业气象等市场急需的信息服务；流通服务是通过将农产品收购、运输、储运、包装、配送、分销等功能的有机结合，为农业生产主体提供优质安全的农产品交流平台和服务；休闲服务融合观光、休闲、体验、科普、采摘等功能，满足城乡居民的文化娱乐需求；金融服务是通过金融手段和政策手段，为农业生产主体融资、投资、储蓄、信贷、保险、金融信息咨询等服务，促进农业经济的发展。

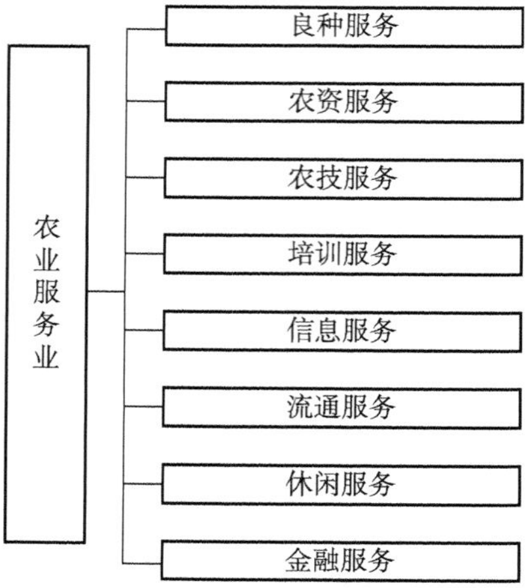

图 2-1　农业服务业的基本架构

2. 现代农业服务业的新内涵

目前，我国学术界对于现代农业服务业没有直接的定义。在现有的文献中，黄佩民等（1997）最早提出现代农业服务业这一概念，并指出农业社会化服务业与“现代服务业改造传统农业”密切相关。在研究现代农业服务业的学者中，对于概念的表述存在两种观点：第一种观点认为农业现代服务业是建设现代农业的一个重要切入点；第二种观点认为现代农业服务业是既继承了传统农业服务业的特点，又与市场机制和高新技术相适应的新型农业服务业。两种观点既有区别又有联系，它们都突出了现代农业服务业的重要作用。但不同的是，前者将现代农业服务业作为一个独立的个体，更加强调其在现代农业建设中的作用；而后者更加强调对传统农业服务的依附，即认为传统农业是现代农业的基础，现代农业服务业是传统农业服务业的传承与创新。

总之，在传统农业服务业的基础上，现代农业服务业借助现代科技、信息技术和现代管理理念等先进要素，改造传统的农业服务业，以适应经济新常态下市场机制发展需要。笔者认为，所谓现代农业服务业是指以现代科学技术，特别是以物联网、大数据、云计算等为代表的互联网信息技术为主要支撑，建立在新的产业技术、管理模式、经营理念、服务方式基础之上的农业服务产业。

3. 现代农业服务业的新分类

在相关文献中，国内外学者依据不同的标准，将现代农业服务业进行了不同角度的划分。经济学家依据服务功能，将服务业划分为生产服务业、流通服务业、社会服务业、个人服务业；国家统计局根据《国民经济行业分类》（GB/T 4754—2002）将服务业划分为批发和零售业、交通运输、仓储和邮政业等 15 类。具体到农业服务业，陈俊红等（2015）从“为农业提供生产性服务”和“农业自身为消费者或其他产业提供的服务”两个层面，将农业服务业划分为四大类 12 种产业。我国农业经过原始农业、机械化农业、现代化农业等一系列发展历程，在不同的农业发展时代，对农业服务业会产生不同的发展需求。因此，本文结合现代农业发展的内涵，依据我国农业发展历程将农业服务业分为三大类 13 种产业。

（1）传统农业服务业

传统的农业服务业是以服务农业生产为主的服务业，包括良种服务业、农业用水服务业、农技服务业、动植物疫病防控服务业。①良种服务业，是指通过为农业生产者提供优良品种、繁育基地等服务［包括为农业种植业生产提供作物种子、种苗、种球，为畜禽生产提供仔雏、种畜、种禽及动物的冷冻精液与胚胎，及提供亲鱼（含鱼苗）及微生物的菌种等服务］而形成的产业。②农业用水服务业，是指通过建设农田水利基础设施及养护，农村水利设施管理与监督，基层税务管理队伍建设等为农业农村用水提供相关服务的产业。③农技服务业，是指通过建立通过在农村进行农业生产新技术、新成果推广和示范，农村公共农情监测和预警，农村技术人员的培训和队伍建设等而形成的相关服务产业。④动植物疫病防控服务业，是指通过监控和预警农业畜禽疫病和重大有害生物，防控人畜共患疾病，监督检测兽药使用情况等而形成的相关服务产业。

（2）新兴农业服务业

自 1978 年我国改革开放和 2001 年加入 WTO 以来，农业经营、管理业也日益繁荣。新兴农业服务业是指与农业经营相关的服务业，包括农资生产经营服务业、农机经营服务业、农产品流通服务业、农产品质量安全监管服务业以及农业中介和咨询服务业。①农机经营服务业，是指通过为农民和农业合作组织提供农业投入品的生产、经营服务，为其提供农资技术服务，建设农资市场等而形成的相关服务产业。②农机经营服务业，是指通过为农民和农业合作组织提供农机具租赁使用服务和维修服务，建立农机销售市场等而形成的相关服务产业。③农产品流通服务业，是指为农户和农村合作组织提供农产品收购、加工、包装、运输等服务，为农产品经营者提供贮存、冷藏等服务，建立农产品流通市场，公开农产品价格信息等而形成的相关服务产业。④农产品质量安全监管服务业，是指通过检测和抽查流入与流出的农产品质量安全，提供无公害农产品、绿色农产品、有机农产品的生产技术指导，对销售的农产品提供质量安全追溯服务等而形成的相关服务产业。⑤农业中介和咨询服务业，是指为农业经营者和管理者提供建设规划、市场竞争策略，为农村劳动力提供中介服务，为农业工程建设提供咨询服务等而形成的相关服务产业。

（3）现代农业服务业

随着计算机在农村的逐渐普及，在国家“互联网+”行动的引领下，农业服务业也与现代科技产业逐渐融合，继而形成了以互联网、物联网等新型技术的应用为主要特征的现代农业服务业，包括农业信息化服务业、农产品电子商务服务业、休闲农业与乡村旅游业和农业金融服务业。①农业信息化服务业，是指通过加大互联网等信息技术在农业生产领域的运用，建立农业信息采集处理系统、农业生产模拟系统、农业生产决策系统、农业计算机网络等而为农民和农村合作组织提供服务的相关服务产业。②农产品电子商务服务业，是指通过电子数据开展农产品交易活动，为农民和农村合作组织提供网上农产品电子交易平台，帮助农产品电商建立适合的农产品电商模式，为返乡青年提供创业创新平台等而形成的相关服务产业。③休闲农业与乡村旅游业，是指通过对外开放农民和农村合作组织的农业生产场所和家庭居住场所吸引城市市民来休闲、度假、采摘、销售、餐饮，并以此来提高农民的收入，扩大农村影响力等而形成的相关服务产业。④农业金融服务业，是指依托互联网等信息技术和平台，为农民和农村合作组织提供存贷款、结算、保险等在内的各种农业相关领域金融服务而形成的服务产业。

表 2-1　现代农业服务业新分类

分类	相关农业服务业	分类依据
传统农业服务业	良种服务业	与农业生产相关的服务业
	农业用水服务业	
	农技服务业	
	动植物疫病防控服务业	
新兴农业服务业	农资生产经营服务业	与农业经营相关的服务业
	农机经营服务业	
	农产品流通服务业	
	农产品质量安全监管服务业	
	农业中介和咨询服务业	
现代农业服务业	农业信息化服务业	与“互联网+”等信息化技术相关的服务业
	农产品电子商务服务业	
	休闲农业与乡村旅游业	
	农业金融服务业	

4. 现代农业服务业的新特征

2015 年，国务院提出了“互联网+”的行动计划，重点推进以互联网、大数据、云计算和物联网等新一代信息技术与现代生活性、生产性服务的融合创新，对现代农业服务业的发展也提出了新的要求。传统的农业服务业在与互联网跨产业、跨领域、跨业务结合以后，吸收了互联网资源共享、实时交互、超越时空、信息密集的特性，展现出了新内涵、新特征和发展的新需求。

（1）现代农业服务业的高增值性

通过互联网的优化、集成等功能向农业服务业不断地进行技术渗透，农业服务业在潜移默化中改变了固有的服务模式，展现出智能化、精准化、节能化的高增值性，以更少的人力、物力创造出更大的社会价值。以农机经营服务为例，传统的农机经营服务包括农机具的作业服务、维修服务、机具经销服务和农机供油站点服务等，如何提高农机服务对农作物信息的感知、农业数据的传递、系统的优化与农业生产智能决策一直是农机经营服务的困境。而物联网技术就是信息感知、数据传输、智能处理和优化决策等关键技术与互联网技术的综合集成体系，能够满足农机经营服务的需求，在注重服务质量、配套技术集成应用的同时，帮助农机服务向精准化、智能化、节约化方向发展，提高农机经营服务的水平，全方位满足农户不断提高的服务需求。

（2）现代农业服务业的高渗透性

互联网与现代农业服务业深度融合是科学技术发展的新业态，是知识社会创新推动下的互联网形态演进及其催生的经济社会发展新形态，是互联网思维与传统行业融合的进一步实践成果。通过互联网的技术渗透，现代农业服务业在自身增值的同时也在向周边相关行业、产业渗透、辐射，带动相关产业发展。以农业流通服务为例，传统的农产品流通服务业主要包括批发市场、农贸市场、农产品配送中心、物流中心等建设，由于农产品附加值低、保鲜度低、对贮藏的要求高，一直以来都是农业服务业体系中比较薄弱的环节。而在互联网、大数据、云计算等为代表的新一代信息技术的推动下，为了不断满足农户、经销商和消费者日益增长的需求，逐步开发出了电子商务、全程可监控冷链运输、农产品质量安全追溯等一系列应用平台和移动 App，在帮助农产品流通服务业转型升级的同时，还推动了农产品销售业、快递业、网上商城等相关行业的发展，帮助农民增加了经济收入，帮助农村提高了经济效益，为返乡青年提供了创业创新平台，有力地推动了城乡一体化的进程。

（3）现代农业服务业的强外部性

通过与互联网的融合，可以发挥其网络经济的特性，对创新点的现代农业服务模式进行大量的示范和传播，在帮助现代农业服务业实现规模递增的同时，实现明显的收益递增。以农业技术服务业为例，传统的农业技术服务业通过建立健全农技推广队伍和服务体系，推广新技术、新成果，但是很多农村地区由于经济条件的限制，农业生产新技术在该区域的示范效果有限，农业技术服务推广难度大。而在互联网的环境下，农业技术服务部门可以将研发的农情监测系统、农业生产预警系统、农业公共信息系统、农业投入品监管系统等系统，移动终端通过互联网、物联网技术向农村地区推广，农村地区只要投入少量的硬件设施费用，就可以享受免费的系统服务，从而免去了高成本的系统开发工作，大大节省农业技术服务成本，提高服务效率，使农业技术服务实现规模式零成本传播，更好地服务于大众。

（二）互联网环境下现代农业服务业创新发展特征与新模式

1. 互联网环境下农业服务业创新的内涵

服务创新的研究始于20世纪80年代，1986年Barras提出了“逆向产品周期”模型，部分揭示了服务产业创新活动的演进规律。我国学者从2000年以后开始对服务创新问题进行深入研究，主要围绕现代服务业的特征、作用及内涵等方面，并形成较为成熟的理论体系。但在农业服务业创新方面涉足较少，已有研究大多聚焦于农业信息服务创新、农业科技服务创新、农业金融服务创新等农业服务业子领域创新方面。随着信息技术的发展，“互联网+”环境下的农业服务业不断创新，农业服务业涵盖领域扩大到产前、产中、产后的农资农机农技、育种生产销售、金融培训旅游等子领域，在实践中涌现了一批创新主体、革新模式与实践成果。

笔者认为，农业服务业创新指基于各类信息技术，对传统农业服务业在服务观念、服务技术、服务流程、服务产品、服务方式、专业化程度、服务市场等方面进行的变革与创新，以便更好地将信息、科技、资金、人才等要素引入农业行业，转变农业发展方式，实现供给侧结构性改革和促进现代农业发展。

2. 互联网环境下农业服务业创新的特征

农业服务业创新作为错综复杂的系统创新，具有以互联网技术平台为基础、创新周期短、发展潜力大等特征。

（1）*以互联网技术平台为基础*

信息的低成本、便利性和及时性，以及能够突破时空阻隔、实现信息有序快速扩散等特性为农业服务业创新奠定了基础。基于IT技术的长尾效应和标准化运营模式，农业服务实现低成本高效率运行，在运行模式和管理机制上实现了创新。

（2）创新周期短

一是由于农业服务业企业的业务流程属于用户需求导向型，而且农业细分领域众多，在与不同客户进行频繁沟通与不断互动过程中，从客户、界面到模式的创新持续推陈出新；二是农业服务业需要基于互联网信息技术创新，不断地开发新产品或新服务，创新周期也随之缩短。

（3）发展潜力大

相对于我国农业的基础地位与广大农民群体，目前农业服务业开发的业务和受众只是少数，行业内大部分细分领域的市场格局尚未定型。随着现代农业的发展实践，农业服务业将拓展新的产品和更进一步细分市场，具有很强的成长性。

3. 互联网环境下农业服务业创新的典型模式分析

（1）共享模式

①设备共享。农业生产环节的农机设备，如激光平地机、精量播种机、联合收割机等，一般具有专用性、大型性、高值性和时令性，与农户的刚性、低频作业需求及购买力低下特征相互矛盾。传统的设备共享是以农机合作社作为基础的，但随着现代信息技术的普及，农机设备共享逐步市场化、移动化，并出现了一批第三方农机合作平台。以农忙网为例，突破了原有的农机服务商与农户的原始田间拦截对接方式，根据农业服务商提供的服务信息，结合地图功能、土地测量功能及报价功能，让农机服务商与农户流畅对接，目前已有近 15 家农业服务商入驻农忙网。类似的服务平台还包括农机帮、帮农忙、e 田科技等。此外，设备共享还包括运力共享，如“乡村货的”和“云鸟”等手机配货软件，定位于县到村级 40～4000 斤的零担货运市场，致力于解决农村配货、为车主找货、货主找车的信息服务。

②人力共享。由于农业劳作的时令性这一根本原因，针对农闲时期的过剩劳动力，基于“互联网+”的相关应用将劳动力需求方与农民工对接起来，并增加了技能培训等内容，优化了以往粗放接工方式，提高了对接

效率和农民收入。人力共享模式最早是由德国社团组织 Maschinenring 发起的，目前德国 55%的农民在 Maschinenring 社团注册提供人力服务。我国目前类似的人力共享平台包括淘力、农民贡、吉工家等。这些服务平台均着眼于蓝领招工信息对接，整合培训服务与资金流转功能，后续发展以围绕用户群体多维需求进行延伸服务为方向。

③土地共享。在土地流转被放开、规模化与集约化农业发展提上国家战略的大背景下，土地流转成为农业共享经济的重要板块。农业农村部统计数据显示，截至 2016 年 6 月底，我国承包耕地流转面积达到 4.6 亿亩，超过承包耕地总面积的 1/3。在一些东部沿海地区，流转比例已经超过 1/2。目前国内土地流转方面的服务平台较多，涉及土地流转的规模电商平台有土流网、土地资源网、地合网、地呱呱、聚土网等 10 家左右，这类平台的核心是提供交易平台，发布土地流转信息等，但在具体的交易模式和服务模式上略有不同。

与其他组织和行业的发展类似，农业的生产、经营、管理、流通也需要关键资源与要素支撑，且农业产业链条长、涉及主体多、各类需求更多。为满足这些需求，共享经济由于能让物、人变得全面流通，把沉积资源带动起来满足多方需求，是农业进一步发展的有效推动力，尽管当前在农业设备、人力与土地方面进行了一些共享的探索，但尚有大片空白需要填补。

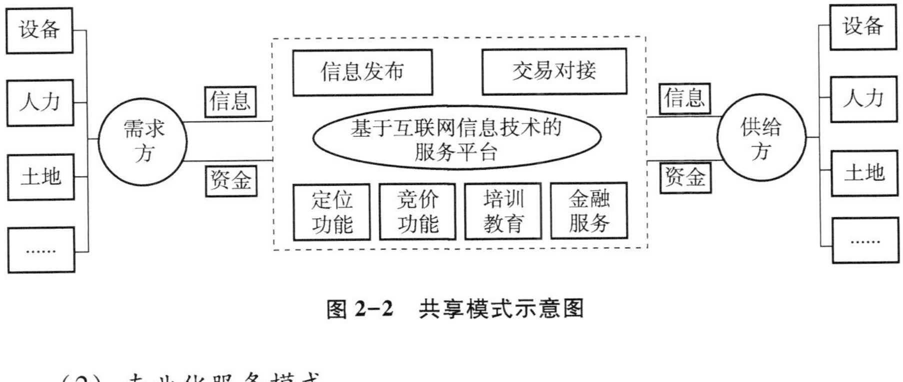

图 2-2　共享模式示意图

（2）专业化服务模式

随着信息技术与农业装备水平的不断提升，各类农业专业服务逐步兴起，如激光平地机、商品化育秧、测土配方施肥、无人机植保、全程托管等，这些专业服务结合移动互联网，大大提升了服务效率。例如，激光平地机，其通过传感和控制系统利用光学原理进行土地平整，大大减少水土流失，提高劳作效率。又如，无人机植保，通过在飞行平台上集成导航飞控与精准喷洒技术，改善了植保机械和人工作业进地难、效果差等不足，提升了植保作业效率与资源的集约化利用程度。同时，信息技术创新和网络海量资源对接，为农业服务企业开展精准专业服务奠定了基础。例如，江苏省如皋市宏远稻麦种植专业合作社通过信息服务平台实现农资统购配送、机耕机播、育秧插秧、植保和肥水的统一管理；互联网企业农田管家服务平台以打造无人机喷洒农药服务垂直应用生态圈为切入点，专注于为农户提供植保飞防服务，促进农产品的安全流通。此外，海量互联网订单在很大程度上解决专业飞防队作业周期短、跨省作业成本高、全年收入少等问题。

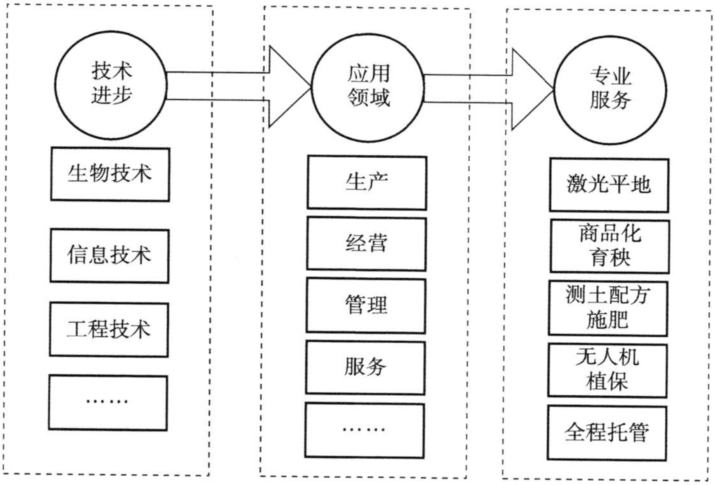

图 2-3　专业化服务模式示意图

（3）平台化服务模式

由于多方原因，我国农技推广在基层和农户层面的服务水平仍较低，农技服务不够“接地气”，农技服务人员缺口仍然较大。农业服务企业针对这一难题，以农民技术需求为切入点，以对接需求为己任，汇集专家资源，推出各类具有一定用户黏性的信息服务平台，如绿云格、云种养、农医生、农保姆、农管家等，实现农业服务的平台化服务。其中，“绿云格”

平台是一个以设施物联网接入、农技问诊、生产经营系统化管理为核心的服务平台，其整合工厂化智能育苗数据、高产栽培相关数据、病虫害防控诊断、质量安全追溯数据等生产经营数据并依据农业模型做出种养决策。此外，具有数据共享性质的种质资源平台也是平台化服务模式的典型应用。例如，金种子服务平台，实现大数据、物联网等现代信息技术与传统育种技术的融合创新，在系统平台上提供种质资源管理、试验规划、性状采集 App、品种选育、品种区试、系谱管理、数据分析、全程追溯等服务，帮助各科研院所和种业企业实现商业化育种，并在隆平高科、山东圣丰种业等种业企业得到成功应用。

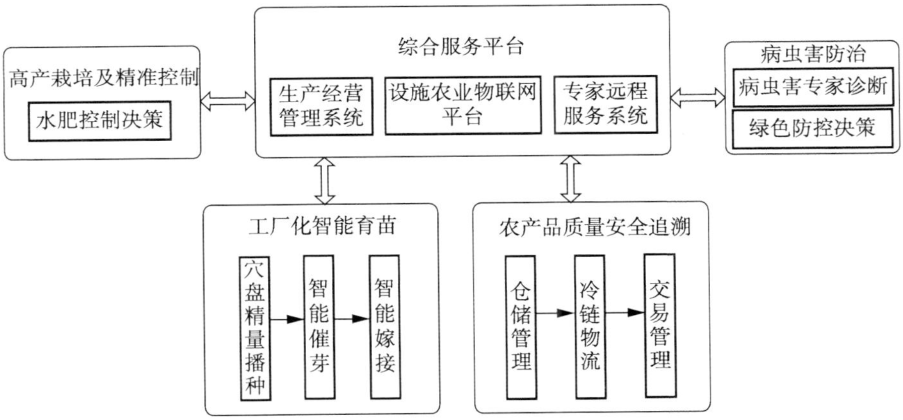

图 2-4　以“绿云格”平台为例的平台化服务模式示意图

（4）产业融合的服务模式

农业服务业的产业融合创新服务模式指“互联网+”环境下，通过树立全产业链思维，推动互联网与农业服务业各子领域的全面融合，以融合促进创新，最大限度地汇聚各类市场要素，提供产业服务的一种创新模式。其典型应用是“农业金融服务业+互联网”和“农业休闲旅游+互联网”。“农业金融服务业+互联网”起源于 2015 年提出的“互联网+”金融行动计划，通过信息技术支持，以众筹、P2P 网贷、移动支付、大数据金融、抵押物创新等策略革新传统农业金融服务揽收吸储、担保征信、贷款发放等业务板块。由于具有资金需求强烈、盈利模式明晰的特点，“农业金融服务业+互联网”这一模式不仅涌现了大量如翼龙贷、云联牧场、农金圈、麻布袋、乐钱网、91 金融、PPmoney 等网贷平台，更吸引了阿里巴巴、京东、苏宁等为首的电商巨头以及大北农、新希望等农业龙头企业的介入，以市场化的方式提高了“三农”和小微企业金融服务渗透率和覆盖度。“农业休闲旅游+互联网”则指以休闲农业为主要内容的互联网商业模式。例如，去农庄、花儿农场、住两天等 App 将“互联网+”融入休闲农业的生产、经营、宣传推广各个环节，通过互联网提供的平台、技术和资源，改造传统休闲农业的生产经营模式，形成实时性、在线化和交互化的运营管理方式与服务模式，从而实现休闲农业提质增效、创新发展。

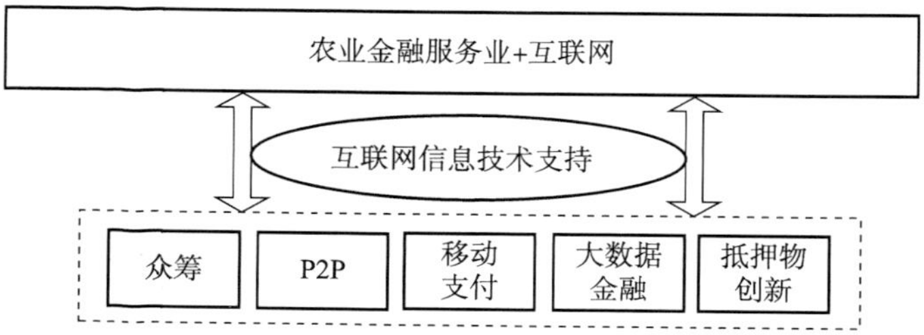

图 2-5 以“农业金融服务业+互联网”为例的产业链融合创新服务模式示意图

（5）服务主体升级模式

在信息技术与“双创”理念的双重支撑下，“互联网+”环境下的农业服务主体进一步泛化，以农业生产经营、流通、服务为职业，具备相当的文化水平与技术知识，运用互联网思维，拥有创新创业精神的新农人及其他涉农电商从业者不断涌现，农业生产组织模式、商业经营模式、消费体验模式也随之不断升级创新。以新农人为例，在各级政府举办的创业培训、创业大赛等服务内容支持下，基于星创天地等创新创业孵化平台，目前我国有近 200 万新农人电商企业以个体经营型、合作经营型或企业经营型等形式存在，采用社区支持农业、农产品 O2O 电商等经营模式使农产品供给更加契合消费需求。以耕客 ICSA 平台为例，其采用线上线下结合方式，开展社区支持农业实践，在打造供需对接平台、连通 CSA 农场与追求高品质生活消费社群的基础上，进一步采取线上线下相结合的方式进行用户拓展，如线上的社群运营，线下的社区活动推广和企事业单位合作，目前个人用户已达 9000 多人。

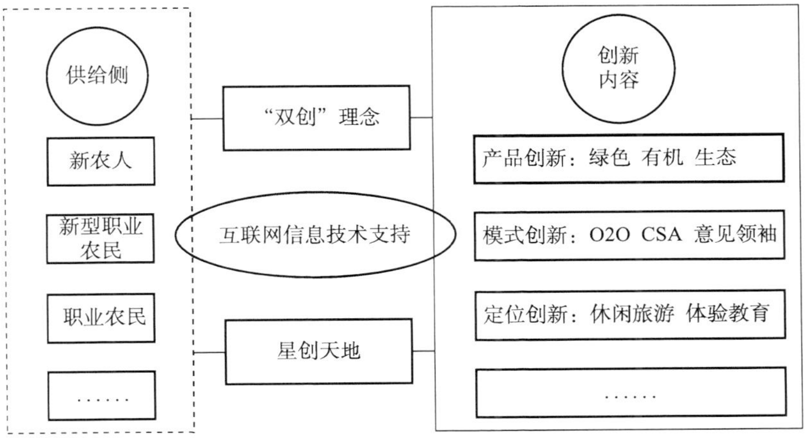

图 2-6　农业服务业主体创新模式示意图

（三）互联网环境下现代农业服务业创新发展的动力机制

1. 现代农业服务业创新发展的内生动力

（1）各类服务主体的需求是现代农业服务业创新发展的根本动力

政府、科研机构、企业以及合作社是农业服务的主要提供者。作为一种典型的公共物品，各级政府在相当长的时间内是农业服务的主导者，针对政务服务面临的服务意识不强、协调管理难、服务效率低下、监管不到位等问题，迫切需要通过改革创新来提升服务品质，提高服务效率。对于农业企业来说，农业服务业的创新将大大优化资源配置，减少资源浪费，改善农业服务产品的研发成本、提高客户体验，最终促进行业的良性发展。在科研机构层面，农业科研服务与政府、农业企业等的“政产学研用”一体化创新将大大增强农业科研服务的辐射示范推广力度。对于农业合作社来说，大多面临农户分散、规模参差不齐、经营不规范、承担风险能力差等问题，因此也迫切需要创新驱动来引导、培训、扶持，扩大其经营范围，提高其加工、销售、流通能力，提升农业合作社运行效率和效益。

（2）现代农业服务业规模化、专业化发展的需求

随着现代农业领域的细分化，农业服务业逐步向精细化和专业化方向发展，亟须通过创新提高服务效率。首先，农业规模化、产业化发展会导致中间服务和服务产品的层次增多，参与农业服务业的主客体都会产生新的需求来维持中间服务的正常运转，从而为农业服务业创新发展创造空间。其次，随着专业知识与技能的积累，参与农业服务业的主客体都会对农业服务业未来的发展产生预期，从而衍生出对农业服务业创新发展的需求。最后，随着农业服务业分工的细化，必然会增加中间服务的交易成本和监管成本，这就促使其产生创新需求以保证分工协作、优势互补，提高交易效率。

（3）现代农业服务业结构优化升级的需求

当前，我国正处于经济转型的关键时期，服务业发展面临以研发、设计、金融、物流、营销等为代表的生产性服务业发展滞后的突出问题，制约了我国经济的发展。我国生产性服务业占 GDP 的比重只有 15%左右，大大低于先进制造业强国德国 45%～50%的水平，我国的生产性服务业还有很大的上升空间。面对当前由生产型制造为主向服务型制造为主转型升级的大趋势，我国农业服务业必须要加快结构调整，加强与农机、信息软硬件等产业发展的深度融合，提高农业服务业产值规模。

2. 现代农业服务业创新发展的外生动力

（1）相关政策的出台为现代农业服务业创新发展提供了良好的外部发展环境

近年来，我国在促进农业服务业转型升级方面出台了一系列政策，为农业服务业创新发展提供了强有力的支撑和良好的外部环境。2012 年至今，发布的中央一号文件中都关注了农业服务业的发展，均强调要“加强公共农业生产性服务体系建设”“提高农业生产性服务的供给能力”，对农业服务业的发展给予了高度关注。国务院办公厅、农业农村部、财政部等部委相继发布了一系列指导意见，前瞻了农业服务创新的发展重点，瞄准薄弱、关键环节补足“短板”，具体指导不同类型服务主体分工协作、优势互补，引导农业产业链各环节生产性服务协调发展。一系列相关政策的

出台，体现了政府对农业服务业创新的良性干预，为农业服务业创新提供了直接的外部推动力。

（2）农业现代化进程需要农业服务业创新来实现其共享、创新与合作

在由发展中国家向高收入国家迈进的过程中，我国城乡居民生产、生活方式正逐步发生着变化，农业现代化进程明显加快，对农业信息、基础设施、资金等方面的共享、创新与合作需求进一步加大。首先，推进城乡一体化，必须打破城乡间分割壁垒，统筹城乡规划和功能分区定位，提高土地规模化和集约化利用水平。城乡生产要素将会在空间上不断地聚集和扩散，以保证区域内从中间产品到劳动力的高品质、低成本供给，实现区域规模效应，在这过程中为农业服务业创新提供了广阔的外部发展空间。其次，面对农业发展内外部条件深刻变化和长期粗放式经营累计的深层次矛盾，要推进农业供给侧改革，实现农业现代化，就必须加大创新力度，形成适应现代农业发展的体制机制。促进农村一二三产业融合发展，是提高农业劳动力充分就业程度、实现农业现代化的出路之一，这就要求在发展过程中要不断加强农业服务业创新力度，以第一产业为融合的起点，加快二、三产业的增值发展，推进农业现代化的实现。

（3）信息技术等高新科技的变革为农业服务业创新发展提供了重要支撑

首先，移动互联网、大数据、云计算等新一代信息技术的发展缩短了农业服务业供需双方之间的距离，消除了农业服务供需双方的信息不对称，避免了由此可能导致的农业服务业中的逆向选择和道德风险，降低了农业服务业的交易成本，推动了农业服务业创新发展。其次，以农产品电商、农资电商、农村互联网金融为代表的“互联网+”农业服务产业迅速兴起，延伸了产业链，重构了供需双方之间的利益联结机制，为农业服务业的创新发展提供了外在的发展动力。

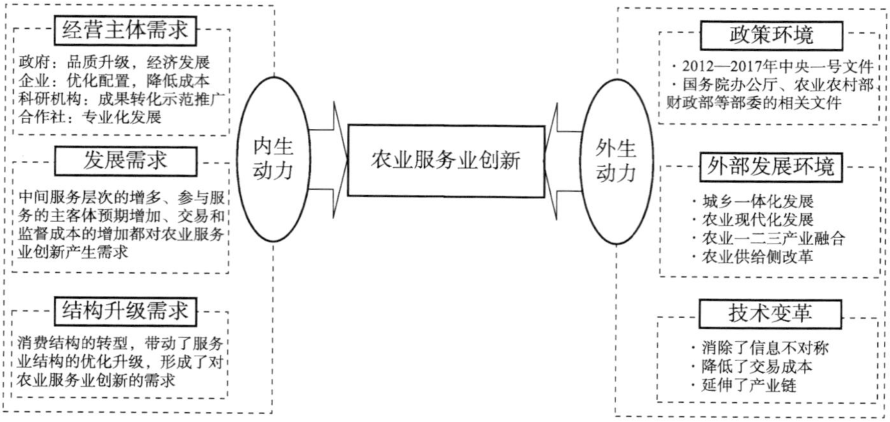

图 2-7　农业服务业创新的动力机制

（四）互联网推动现代农业服务业创新的作用机理

1. 互联网带来了主体、技术和资本的升级与改造，创新农业服务模式

（1）互联网变革了传统的信息传递方式，造就了一批有文化的新农人

互联网对参与农业服务业主客体的提升主要体现在两个方面：首先，互联网发挥自身的特性，缩短了信息的传递距离和传递时间，减少信息传递成本和传递损失，激发了参与农业服务业的主客体对信息服务的需求，改变了传统的交流、沟通方式。加之近年来国家出台了一系列智能手机、电脑补贴政策，在政策的惠及下，农民逐步学会了利用互联网搜索信息、查看农情灾害、了解农产品市场行情的方法，便捷地汲取了科学知识，提高了自身的素质。其次，移动通信技术的发展，推动了教育培训体系的提升，在互联网的环境下，产生了农民大讲堂、在线课堂、互动课堂等一系列新型教育平台，变革了传统的培训教育地点、环境和方式，加强了对农业服务业参与主客体的培训力度，培养了一批有文化的新农人。

（2）互联网突破了传统农业服务业的技术“瓶颈”，推动了精准化、个性化服务的普适应用

新一代信息技术在农业领域的运用，特别是农业传感器、农业航空技术和精准农业技术等前沿技术的推广应用，突破了传统的农业服务业技术“瓶颈”，农业物联网智能服务系统能够为作物的生长提供长势监测、灾害预警、远程决策控制等服务，实现农业服务的智能化与精准化。此外，在互联网的背景下，利用数据挖掘技术，能够及时发现农业服务客体的个性化信息，根据其种植类型和种植习惯定时、定量推送相关服务和信息，实现农业服务的个性化、多样化发展。

（3）互联网改变了传统的农业资本运营方式，创新农业金融服务模式

传统的农业金融服务不能满足当前农业资本的需求，其中最主要的原因在于我国当前农业资信体系不健全。互联网根据其自身的特性，有效地消除了借贷双方的信息不对称，对传统的农业金融服务方式产生了颠覆性的影响。首先，互联网拓宽了传统的农村金融服务渠道，随着移动互联网技术的发展和互联网、智能手机的普及，传统的柜台式农村金融服务模式逐步被手机银行、网络金融、网上理财等模式所替代。其次，互联网改变了传统的农业资本运营方式，信息技术的发展催生了金融借贷平台的发展，P2P 借贷和众筹融资等新型金融服务平台有效地解决了农村市场主体贷款难问题，为农业经济发展提供了强有力的资金支撑。最后，互联网还颠覆了传统的支付方式，在支付宝、余额宝、微信等第三方支付平台的支持下，农业服务的供需双方通过手机、电脑就能为农产品交易付费，提升了农业服务效率。

2. 互联网带来了产业跨界融合、资源高效配置和新型业态，创新农业服务内涵

（1）互联网打破了行业壁垒，实现了农业一二三产业间的跨界融合

互联网作为一种能够跨越时空的服务型工具，为农业服务业的分工协作创造了良好的条件。随着互联网技术的逐步渗透，农业一二三产业在部分领域之间的界限越来越模糊，互联网与一二三产业间的跨界深度融合实

现了“1+1>2”的效果，丰富了现有的农业服务业体系。以农机服务为例，传统的农机服务是由农机服务站等农机服务组织和农机户提供机耕、机播、机收、排灌、植保等各类农机作业服务，以及农机维修、供应、中介、租赁等有偿服务。而在互联网环境下，诞生了农业全程机械化云服务平台这种新型农机服务模式，该平台能够实现农机的定位跟踪、作业监管、远程调度、决策管理、大数据分析等全程物联云服务，为农业现代化的实现提供了强有力的技术支撑。

（2）互联网提升了农业资源的配置效率，推进了城乡一体化发展

首先，在互联网的链接下，现有的农业生产资源、信息资源、科技资源、人力资源、服务资源等得到了有机整合，冲破了传统的城乡间地域限制，以多样化的形式为农业产业发展服务。其次，互联网加快了信息流、物流、资金流的纵向整合，形成了集三流于一体的农业服务业全产业链模式，拓展了农业服务业的门类范围，推动了城乡公共资源的均衡配置，实现了农业服务业的跨区域创新。

（3）互联网催生了一系列农业服务新业态

基于企业内部价值链和外部产业链环节的分化、融合以及嫁接信息及互联网技术，互联网与休闲观光农业、会展农业、生态循环农业、私人订制等相互作用形成了现代农业服务新业态和新模式。首先，互联网降低了农业服务业的运营成本。随着线上线下的交易渠道得到进一步的整合，价值链上各环节得到优化集成，供应链上的中间环节得到压缩简化，农业服务业效率得到大幅提升，大大降低了运营成本。其次，互联网提升了农业服务产品品质。新一代信息技术的聚合、积累和挖掘能力，有效地降低了市场的交易风险，掌握了客户的内在需求，为客户量身制定适合其特性的发展规划，最终为农业服务业市场提供满足需要的高品质服务和产品，猪联网、云农场等一系列新型服务业态应运而生，大大激发了现代农业创新活力，对实现我国农业现代化和农业经济提质增效具有重要的促进作用。

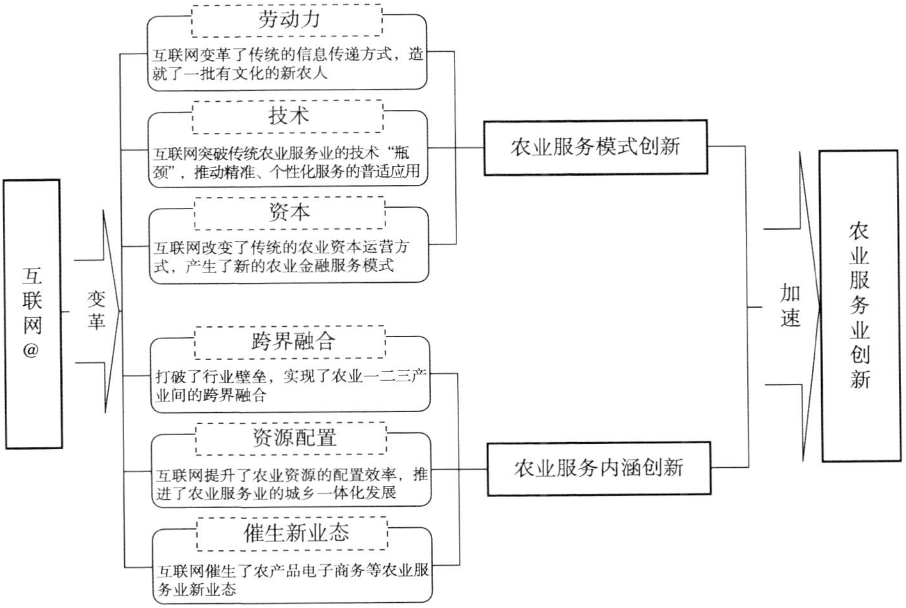

图 2-8　互联网推动农业服务业创新的内在机理

（五）本章小结

本章以互联网、物联网、大数据等信息化前沿技术对农业服务业发展的影响与驱动为切入点，基于对现代农业服务业基本概念的界定，探索了现代农业服务业的基本概念、新分类、新特征，以互联网环境下现代农业服务业创新发展的特征与模式，界定了本研究的研究范畴。并在理论分析的基础上，分别从内生动力、外生动力和内在机理三个方面，深入分析了互联网环境下农业服务业创新发展的机理机制。本章为后文基于互联网的农业科技信息服务业创新模式、休闲农业与乡村旅游创新发展模式、农村金融服务创新模式和农产品流通服务业创新模式的研究提供了重要思路。本章的主要结论如下：

（1）界定了现代农业服务业的基本概念、分类与特征。本章基于对农业服务业概念内涵的界定，深入研究“互联网+”时代我国现代农业服务业发展的新形式，创新性地提出“互联网+”环境下我国现代农业服务业的新内涵；重新梳理我国现代农业服务业的分类，分别从传统农业服务业、新兴农业服务业和现代农业服务业三个维度将现代农业服务业分为三大类13种产业；深入剖析现代农业服务业在与互联网跨产业、跨领域、跨业务结合以后表现出高增值性、高渗透性和强外部性的新特征。

（2）提炼出互联网环境下现代农业服务业创新发展特征与新模式。本章从创新的角度界定“互联网+”环境下农业服务业创新的研究范畴，提出农业服务业的创新发展是基于各类信息技术，对传统农业服务业在服务观念、服务技术、服务流程、服务产品、服务方式、专业化程度、服务市场等方面进行的变革与创新，以便更好地将信息、科技、资金、人才等要素引入农业行业。它具有以互联网技术平台为基础、创新周期短、发展潜力大等特征，形成了共享经济、专业化服务、平台化服务、产业融合服务、服务主体升级等典型服务模式。

（3）剖析了现代农业服务业创新发展的内生动力和外生动力。在内生动力方面，作为一种典型的公共物品，政府、科研机构、企业以及合作社等各类服务主体的需求是现代农业服务业创新发展的根本动力，此外，规模化与专业化发展的需求和农业服务业结构优化升级的需求也是农业服务业创新发展的内生动力。在外生动力方面，我国在促进农业服务业转型升级方面出台了一系列政策，为农业服务业创新发展提供了强有力的支撑和良好的外部环境，此外，农业现代化进程与技术进步则构成农业服务业创新发展的外生动力。

（4）创新性地提出互联网推动现代农业服务业创新的内在机理。本章的内在机理主要从两方面展开：一方面，互联网变革了传统的信息传递方式，造就了一批有文化的新农人，突破了传统农业服务业的技术“瓶颈”，推动了精准化、个性化服务的普适应用，改变了传统的农业资本运营方式，创新农业金融服务模式；另一方面，互联网打破了行业壁垒，实现了农业一二三产业间的跨界融合，提升了农业资源的配置效率，推进了农业服务业城乡一体化发展，催生了一系列农业服务新业态。

参考文献

［1］黄佩民．建设有中国特色的现代化农业［J］．农业科技管理，

1997，16（2）：14-18.

［2］潘锦云，汪时珍，李晏墅．现代服务业改造传统农业的理论与实证研究——基于产业耦合的视角［J］．经济学家，2011（12）：40-47.

［3］潘锦云，李晏墅．农业现代服务业：以工促农的产业路径［J］．经济学家，2009（9）：61-67.

［4］刘立仁．农业服务业：建设现代农业的重要切入点［J］．中国禽业导刊，2005（18）：6-7.

［5］曾维维．农业与现代农业服务业的融合发展模式：以生鲜农产品为例［J］．科技管理研究，2013（3）：107-110.

［6］胡亦琴，王洪远．现代服务业与农业耦合发展路径选择［J］．农业技术经济，2014（4）：25-33.

［7］李铜山．论现代农业服务业的发展取向［J］．中州学刊，2003（4）：41-44.

［8］李铜山．我国现代农业服务业发展研究［J］．农业经济，2011（3）：41-43.

［9］陈俊红，陈慈，王铭堂．以服务业的发展引领农业现代化［J］．农业经济，2015（3）：7-9.

［10］Barras R.. Towards a Theory of Innovation in Services［J］. Research Policy，1986（15）161-173.

［11］姜长云．关于发展农业生产性服务业的思考［J］．农业经济问题，2016（5）：8-15.

［12］郝希亮．农业服务业的涵义及其拓展空间［J］．开发研究，2008（6）：85-88.

［13］陈杏姗．共享经济下的新农业时代［J］．农经，2017（2）：89-91.

［14］马秋颖，王秀东．“互联网+”对农业六次产业化发展的影响及推进策略［J］．农业展望，2016（10）：48-52.

［15］祁欢．互联网+视域下农村现代服务业发展研究［J］．农业经济，2017（2）：45-47.

［16］李志起．“互联网+农业”开创农业企业营销新机遇［J］．农业工程技术，2015（23）：59.

[17] 高华．新形势下北京农业科技服务体系建设研究 [J]．农业现代化研究，2016 (6)：1029-1034.

[18] 董欢，郭晓鸣．生产性服务与传统农业：改造抑或延续——基于四川省501份农户家庭问卷的实证分析 [J]．经济学家，2014 (6)：84-90.

[19] 迟福林．以转型改革加快“十三五”服务型经济发展 [N]．光明日报，2015-10-28 (15).

[20] 段炼．我国生产性服务业产业结构优化研究 [J]．经济纵横，2014 (4)：51-53.

[21] 杨建利，邢娇阳．我国农业供给侧结构性改革研究 [J]．农业现代化研究，2016 (4)：613-620.

[22] 胡铭．我国生产性服务业与农业协同发展效应研究 [J]．农业经济问题，2013 (12)：25-30.

[23] 姜长云．农业产中服务需要重视的两个问题 [J]．宏观经济管理，2014 (10)：37-39.

[24] 何一鸣，罗必良，高少慧．农业要素市场组织的契约关联逻辑 [J]．浙江社会科学，2014 (7)：47-53.

[25] 孟丽，钟永玲，李楠．我国新型农业经营主体功能定位及结构演变研究 [J]．农业现代化研究，2015 (1)：41-45.

[26] 冯小．新型农业经营主体培育与农业治理转型——基于皖南平镇农业经营制度变迁的分析 [J]．中国农村观察，2015 (2)：23-32.

[27] 刘奕，夏杰长．以服务业促进农业现代化：思路之辨与路径选择 [J]．宏观经济研究，2014 (5)：11-18.

[28] 农业部关于大力推进农机社会化服务的意见 [EB/OL]．2013/10/12，http：//www. moa. gov. cn/govpublic/NYJXHGLS/ 201310/t20131012_3628395. htm，2017/12/19.

[29] 刘楠，张平．我国农业生产性服务业发展存在的问题及对策 [J]．经济纵横，2014 (8)：65-68.

[30] 薛素文．农信互联：打造农业互联网平台生态圈 [J]．农经，2016 (2)：49-51.

三、北京市农业服务业发展进程、现状与趋势

在我国，北京的农业服务业发展起步较早，以1951年成立互助社为标志，先后经历了农业服务业发展的萌芽期、初步发展期、深入改革期、稳步发展期和高速发展期。特别是自20世纪90年代后期北京市提出发展都市型现代农业以来，北京市各区开始重视农业服务业的发展，在各级政府的主抓下，农林牧副渔服务业产值稳步增加，区域发展特色明显，以生产性服务业为主的农业经营主体格局基本形成。

（一）农业服务业发展历史阶段

1. 萌芽期（1951—1977年）：以合作农业经济为基础的初级合作组织成立

从1951年到1958年，中国农民先后经历了互助组、初级社和高级社三个历史阶段：互助组在农业生产合作化运动中发展成为初级农业生产合作社；初级社统一进行集体劳动，生产资料由社统一安排，分配原则采用按劳分配；1956年由初级社逐步发展成高级社，高级社仍然实行按劳分配，但是农具、牲畜和土地等生产资料归集体所有，同时取消了土地报酬。到1956年底，农业生产合作社发展到75万个，参加高级社的农户占全国总农户的88%。1958年9月全国发动人民公社化运动，直至年底实现了公社化。从互助组到公社化这一阶段可以认为是农业服务组织体系建立的雏形期，在该时期北京市郊区县也涌现了一些农民合作组织、资金互助组织，为“生存型”的农区型农业提供了生产性服务基础。1949年北京实施了郊区土地改革政策，为响应党中央和北京市委号召，于1951年提出发

展临时互助组和季节性互助组。并于1952年成立了第一个温室合作社，合作社运行效果较好，此后北京市农业合作社不断发展壮大，实现了郊区为首都服务的良好局面。

2. 初步发展期（1978—1984年）：家庭联产承包责任制推进下的公共服务体系微观重构

家庭联产承包责任制是20世纪80年代初期在农村推行的一项重要改革。我国第一个关于农村工作的一号文件于1982年1月1日出台，文件中明确了包产到户、包干到户的生产形式是社会主义集体经济的生产责任制。1983年和1984年连续两年的中共中央一号文件均对家庭联产承包责任制做出了高度评价，并强调要将包产到户稳定化、长期化、合理化、规范化，正式确立了家庭联产承包责任制度。随着集体经济向包产到户的转变以及农村畜牧养殖、水产养殖等多种经营的开展，农民对涉农技术服务、生产资料服务等社会化服务的需求不断增加，但其发展相对缓慢且有滞后性，在一定程度上阻碍了农业生产的发展。为了促进农业生产的专业化、多样化，进一步提高农业经济发展活力，政府提出建立健全农业科技研究推广体系和农村建设人才培养教育体系，同时动员和组织各方力量建立比较完备的商品生产服务体系。虽然政府已经认识到农业社会服务的重要性，并着手开展生产经营、管理培训等服务体系建设，但这一阶段与向农民提供系统完善的社会化服务差距还很大。

在此阶段，北京市针对粮食丰年有余、副食品生产由“普遍短缺”转变为“结构性短缺、总体上供大于求”，以及人民生活水平不断提升对产品多样化需求等问题，提出了“建设城郊型农业”的设想，与之相匹配的农业生产性服务业逐渐开始起步，但休闲农业、农村益民健康养老业等产业业态尚未形成。

3. 深入改革期（1985—1997年）：以产业化经营为核心要素的农业社会化服务体系建设向纵深推进

1985年中央一号文件提出了国家、集体、个人均可参与农村一切加工、供销、科技等服务性事业，地区性合作经济组织要积极办好机械、水利、植保、经营管理等服务项目。1986年中央一号文件再次强调了要改善农业生产条件、组织产前产后服务的工作重点。而1991年中央一号文件首次出现了农业社会化服务体系的概念，同年《国务院关于加强农业社会化服务体系建设的通知》中则对农业社会化服务这一概念进行了详细阐述，提出了其建设的形式、内容和原则，并计划在第八个五年计划期间在全国农村大多数地区建立起以乡镇为重点，贯通县、乡、村三级功能完备的农业社会化服务体系。《中共中央关于建立社会主义市场经济体制若干问题的决定》中则进一步强调要从农民实际需要出发，发展多样化的服务组织，形成各种服务主体和组织相结合的服务网络。这是中央第一次在纲领性文件中提倡和鼓励发展农业产业化经营，此举具有划时代的历史意义。这一阶段清晰明确地回答了如何建立健全我国农业社会化服务体系，公共服务机构启动体制机制改革，服务职能和范围由公益服务逐步转向市场服务。

与此同时，北京市农业服务业也进入深入发展阶段，1998年提出发展“籽种农业、精品农业、创汇农业、观光农业、设施农业、加工农业”六种农业以调整郊区农业结构，籽种农业、观光农业成为北京市农业服务业的主要产业之一。

4. 稳步发展期（1998—2008年）：公益性服务体系不断健全，各类农民专业合作组织和农村服务组织逐步发展壮大

1998年，中共中央明确了我国农村经济体制的性质，强调了家庭承包经营的基础地位，以及农业社会化服务体系、农产品市场体系和农业支持保护体系的支撑地位。随后国家“十五”“十一五”规划均对农村服务业、农村社会化服务体系建设提出了具体要求，从科技、生产、信息、金融等不同服务领域以及农业产前、产中、产后等不同服务环节不断完善农业社会化服务体系。2007年《国务院关于加快发展服务业的若干意见》提出了加快发展服务业的重大意义，并重点提出要积极发展农村服务业。2008年3月《国务院办公厅关于加快发展服务业若干政策措施的实施意见》提出，着力强化农业科技和服务体系支撑，并从科技研发推广、农村实用人才培养、农民合作社和服务组织发展以及农村市场体系建设等方面提出了具体做法，并提出积极推进农村信息化建设。国家一系列政策文件的颁布极大地促进了农业社会化服务组织体系建设，推动了农业服务由公益性服务向

市场服务的转变。

在这一阶段，北京市农业服务业的发展以推动农村产业融合为主线，籽种农业、休闲农业与科技农业得到较快发展，农业生产社会化服务水平不断提高。2005 年 4 月北京“三农”工作会议提出发展籽种农业、循环农业、休闲农业和科技农业四种农业；2007 年，中共北京市委、市政府提出“跳出农业看农业，开发（生产、生态、生活、融合）四种功能”；2009 年提出重新认识“三农问题”，这些政策文件均意味着休闲农业与乡村旅游等农业生活性服务业逐渐成为北京市郊区现代农业发展的重点内容。同期，北京市各类农业组织也不断发展壮大，2000 年起农业产业化组织数量便以年均 28.6%的速度递增，到 2007 年其总数已达 3627 个，2009 年市级以上农业龙头企业达到 106 家。全市工商登记注册的农民专业合作社达到 3406 家，覆盖从事第一产业农户总数的 66%。到 2008 年全市农业服务业实现总产值 6 亿元，占农业总产值的 2%。伴随着北京市进入都市型现代农业发展阶段，以摸清两张底牌（市场需求和农业资源）、搞好两个支撑（科技和资金）、搭建一个平台（农产品信息平台）为主要内容的“221 信息平台”建设意味着以现代农业科技服务业为主要内容的北京市现代农业服务业进入创新发展初期，“221”信息平台作为互联网环境下的农业服务业创新模式得到初步探索。

5. 高速发展期（2008 年以来）：信息技术与农业服务相结合，实现农业全产业链服务

2008 年，党的十七届三中全会提出了我国农村改革发展的目标，并将农业社会化服务体系建设摆在重要位置。《中共中央关于推进农村改革发展若干重大问题的决定》把建设覆盖全程、综合配套、便捷高效的新型农业社会化服务体系，作为发展现代农业、提高农业综合生产能力的七大举措之一。自 2005 年至 2007 年连续三年的一号文件提出“加强农业信息化”以来，我国对农业信息化的重视程度已上升至战略层面。“金农工程”“三电合一工程”、农村信息化示范和农村电子商务信息服务等重大工程建设方案相继出台，信息技术在农业生产各领域广泛应用，农民信息获取能力不断提升，农村信息服务体系建设全面推进。2012 年党的十八大报告首次把信息化与工业化、城镇化、农业现代化并列，做出了“四化同步”发展的战略部署。2015 年 7 月国务院发布《国务院关于积极推进“互联网+”行动的指导意见》，提出“互联网+”现代农业行动计划，强调利用互联网提升农业生产、经营、管理和服务水平，培育多样化农业互联网管理服务模式。同年底《农业部关于推进农业农村大数据发展的实施意见》发布，鼓励各类经营性农业信息服务组织开发基于 App 应用的农业大数据信息服务产品，为农民提供精准化、个性化信息服务。2016 年进入“服务业”“互联网+”相关政策发布的集中期，“十三五”规划纲要提出推动信息技术与农业生产管理、经营管理、市场流通、资源环境等融合，鼓励互联网企业建立产销衔接的农业服务平台，加快发展涉农电子商务。农业农村部、商务部等部委相继发布相关政策，深入推进信息技术与农业领域的全面融合。随着大数据在“三农”领域的推广和应用、农业云平台的建立、产业流量的导入、农村金融的快速渗透，移动互联网、物联网、电商平台等信息化手段正广泛渗入到农业生产经营管理和服务的全过程，加速我国农业现代化发展进程。

在此阶段，伴随信息技术的进一步发展，基于都市型现代农业对服务引领创新的需求，北京市农业服务业也进入以信息化引领的现代农业服务业阶段，农业社会化服务体系不断健全，休闲农业、特色小镇、农业电商、农村互联网金融、农业信息服务业等逐渐成为北京市现代农业服务业体系的重要组成部分。与此同时，北京市积极推进郊区农产品集散中心建设，开通近 80 个“农邮通”服务站，促进了本市农产品优质优价。此外，北京市加大力度推进农村电商发展，2016 年启动了“一村一品一电商”示范工程，2016 年在顺义、房山、大兴、密云、平谷等区共组织农民电子商务营销培训 500 人次，进一步提高农民电商意识，促进农产品销售。在社会化服务组织体系建设方面，截至 2016 年底，全市工商登记注册的农民专业合作社达到 7168 个，创建市级示范社 216 家，组建联合社 31 家。

（二）北京市农业服务业发展总体概况

1. 农林牧渔服务业产值稳步增加

根据 2017 年执行新《国民经济行业分类标准》，农业服务业总产值被统计在农林牧渔总产值（绝对数按现价计算）中。研究显示，在整体经济的产业结构中，农业服务业比重偏低。虽然农林牧渔服务业的产值呈现不断上升趋势，从 2005 年 6.4 亿元增长到 2017 年的 8.7 亿元，农业服务业总产值占农林牧渔总产值比重也从 2003 年的 2.67%上升到 2.82%，基本处于稳定状态。

表 3-1 北京市农林牧渔服务业产值（2005—2017 年）

单位：亿元

年份	农林牧渔总产值	其中：农业服务业总产值	比重
2005	239.3	6.4	2.67%
2006	240.2	6.0	2.50%
2007	272.3	6.5	2.39%
2008	303.9	5.0	1.65%
2009	315.0	5.3	1.68%
2010	328.0	5.9	1.80%
2011	363.1	6.6	1.82%
2012	395.7	7.5	1.90%
2013	421.8	8.0	1.90%
2014	420.1	8.4	2.00%
2015	368.2	8.7	2.36%
2016	338.1	8.7	2.57%
2017	308.3	8.7	2.82%

数据来源：2005—2018 年北京统计年鉴（2005—2018 年）。

2. 农业服务业区域发展特色明显

从地区布局上看，北京农林牧渔服务业集中于城市发展新区和生态发展涵养区。据统计，2017 年北京市农林牧渔服务业实现的 8.69 亿元总产值中，城市发展新区、生态发展涵养区分别为 5.76 亿元、1.80 亿元，占全市农业服务业产值的 66.52%、20.47%。从各区县占比情况看，城市发展新区的顺义、房山、通州和大兴农林牧渔服务业产值排在 13 个郊区县的前四位，这些区县主要以发展科技服务业、现代种业、观光休闲业、农产品流通业为主。从增长速度看，丰台、海淀这两个近郊区县，由于人口密集、经济水平较高，农业服务业增长速度，在全市占绝对优势。

表 3-2 北京市郊区县农林牧渔服务业产值（2011—2017 年）

单位：万元

区县	2011 年	2012 年	2013 年	2014 年	2015 年	2016 年	2017 年	七年平均产值
全市	66000. 0	74600. 0	87049. 4	84191. 6	87049. 4	87390. 3	86858. 3	81877
城市功能拓展区	8387. 0	9733. 2	11355. 2	11031. 2	11355. 2	11394. 4	11319. 4	10653. 7
朝阳区	2897. 8	2799. 1	3024. 3	2939. 1	3024. 3	3024. 3	3004. 3	2959. 0
丰台区	948. 7	1196. 2	1415. 1	1371. 2	1415. 1	1415. 1	1415. 1	1310. 9
海淀区	4540. 5	5737. 9	6915. 8	6720. 9	6915. 8	6955. 0	6900. 0	6383. 7
城市发展新区	44745. 3	49848. 5	57629. 5	55946. 2	57629. 5	57895. 4	57565. 4	54465. 7
房山区	10169. 6	11870. 8	13420. 9	13209. 5	13420. 9	13486. 0	13385. 0	12709
通州区	8048. 3	8596. 5	9928. 1	9573. 9	9928. 1	9949. 2	9891. 2	9416. 5
顺义区	14140. 7	15388. 9	17861. 4	17191. 0	17861. 4	17987. 8	17911. 8	16906
昌平区	5821. 6	6363. 5	7521. 3	7274. 0	7521. 3	7541. 1	7511. 1	7079. 1
大兴区	6565. 1	7628. 8	8897. 8	8697. 8	8897. 8	8931. 3	8866. 3	8355. 0
生态涵养发展区	12867. 7	15018. 3	18064. 7	17214. 2	18064. 7	18100. 5	17973. 5	16757. 7
门头沟区	671. 0	741. 6	882. 5	865. 2	882. 5	882. 5	877. 5	829. 0
怀柔区	719. 3	766. 1	881. 9	868. 9	881. 9	881. 9	874. 9	839. 3
平谷区	1038. 9	1158. 2	2010. 7	1491. 8	2010. 7	2010. 7	2010. 7	1676. 0
密云区	6455. 6	7588. 8	8727. 7	8593. 6	8727. 7	8748. 0	8668. 0	8215. 6
延庆区	3982. 9	4763. 6	5561. 9	5394. 7	5561. 9	5577. 4	5542. 4	5197. 8

数据来源：2008—2017 年北京统计年鉴（2008—2017 年）。

3. 以生产性服务业为主的农业经营主体格局基本形成

北京市现代农业服务业形成了以农民专业合作服务为代表，以生产性服务业为主、政府公共服务事业和产业化龙头企业服务、其他社会力量为补充的发展格局。截至 2016 年底，全市工商登记注册的农民专业合作社达到 7168 个，创建市级示范社 216 家，组建联合社 31 家。其中，种植业和畜牧业的专业合作社数量占 80%以上，是农民专业合作社的主体，服务型的专业合作社占 6%左右。

表 3-3　北京市农民专业合作社数量统计表（2007—2016 年）

单位：家

	2007 年	2008 年	2009 年	2010 年	2011 年	2012 年	2013 年	2014 年	2015 年	2016 年
农民专业合作社数量	1203	2082	3518	4353	4972	5179	6010	6157	6832	7168
年增长量	722	879	1436	835	619	207	831	147	675	336
年增长率	150. 1%	73. 1%	69. 0%	23. 7%	14. 22%	4. 16%	16. 05%	2. 45%	10. 96%	4. 92%

数据来源：北京市经管站。

在产业服务方面，主要以农业产业化龙头企业为主。截至 2016 年底，北京市市级以上龙头企业已达 180 家，其中顺鑫、三元、大北农等品牌价值超过 1000 亿元。建有专门质检机构的龙头企业 151 家，通过 ISO 9000、HACCP、GAP、GMP 等质量体系认证的龙头企业 177 家，获“三品一标”认证的生产基地面积 47 万亩（2014 年底数据）。“公司+农户”“合作社+农户”“公司+合作社+农户”“公司+合作社+基地+农户”等利益联结机制不断完善。

（三）北京市农业服务业发展现状

结合上一章对现代农业服务业重点领域的界定，本研究重点对北京市农业科技信息服务业、农产品流通业、农村金融服务业、休闲农业和乡村旅游四大产业发展现状进行分析，以期找出制约北京市农业服务业创新发展的关键因素。

1. 农业科技信息服务业

（1）农业科技信息网络设施建设完善

北京农村信息网络设施以企业建设为主，在广播电视、电信网络建设基础上，政务专网光纤网络“村村通”覆盖率基本达到 100%。同时，移动网络建设应用步伐加快，郊区移动信号区域覆盖率达 99. 95%。北京涉农网站约 2000 个，农业农村信息系统（平台）近 70 个，建立了较为完善的农村信息服务平台群。例如，覆盖北京全部村级服务平台的“北京市农村管理信息系统”，为郊区涉农企业和专业合作组织提供信息服务的“北京现代农业信息网”，服务于农村土地流转的“北京市农地流转信息网”，以宣传郊区民俗旅游接待村、接待户、观光农业园区，为市民出游提供信息查询渠道的“北京乡村旅游网”。2018 年，北京移动农网全市共有信息机 188 台（其中市属涉农单位 5 台），农信机 4902 台，为基层提供农业生产、防灾预警、气象信息等服务发送实用信息 3109. 7 万条。

（2） 涉农信息资源建设逐渐完善

在涉农信息资源建设方面，已搭建了互联网数据采集系统、基础信息管理平台、数据共享交换平台三个子系统，构建形成了“4 大基础库+10 大主题库+N 个服务库”的数据库体系；实现“221”信息平台、村庄规划系统、农村实用人才等 14 个应用系统，以及地理空间数据的接入和存储管理；建立了资源数据的关联，形成了 110 个数据目录类、138 万条数据；完成专题地图和基础地图服务功能的开发，搭建了数据交换与处理基础平台，建立了资源共享机制和技术规范。其中，平谷区搭建了区农村管理信息化平台，以地理信息系统为载体，结合农村土地承包经营权数据入库，以农村土地的综合信息化管理为基础，结合三资管理、合同清查、项目统筹、规范审批、土地利用管理等多项内容开展信息化平台建设，辅助农村土地经营管理。大兴区建设了本区农业产业基础数据系统采集录入园区、民俗村和一村一品等相关信息，通过平面图和卫星云图的形式，来展示大兴区农业产业的基础信息。

（3） 服务主体多元化趋势明朗

北京市农业科技服务业的主体多元，不仅有公益性服务主体，如科研院校、农技推广队伍等，还有提供市场化服务的社会化服务组织、中介机构、科技园区等。据不完全统计，北京现有农林高校和其他相关高校 32 所，国家级、市级农业科技创新机构 44 家，国家和省部级农业领域重点实验室、工程技术研究中心和企业研发中心 100 余个。这些研发中心与龙头企业、科技创新企业等组建形成系列专业化产业技术创新服务联盟，形成了政、产、学、研、用紧密结合的协同创新机制，实现了科技创新、机制创新和商业模式创新的有机结合。通过以“局院合作”“院区合作”“校区合作”、科技示范园区建设等公益性推广项目为依托，合力推动了农业科技成果产业化的格局初步形成。

（4） 基层农技推广服务体系不断健全

当前，北京市政府基本建成了以市、区、乡镇三级公益性推广机构为主体，科研院校、新型农业经营主体、产业园区、现代农业科技园区、全科农技员等多元服务主体共同参与的多元化农业科技服务体系，形成了“市农技推广总站—区县农业行业服务中心—区县农业站（所）—乡镇农业综合服务中心—全科农技推广员”公益性农业科技服务推广系统，在种植业、畜牧兽医、渔业、农机化、经营管理五大行业发挥着重要的公共服务作用。

益农信息社成为农业信息服务的重要载体。近年来，北京市联合了北京市土肥所和植保所等农业技术推广服务单位、北京周边规模化生产农场和农业专业合作社、京合农品等电商平台以及社区生鲜供应商等多方力量，基本建成了以“智慧农场管理系统+农业生产技术信息服务+农场渠道对接+质量安全溯源”模式为代表的较为完善的益农社精准服务模式。随着农业农村部信息服务进村入户工程的深入推进，自2014年以来，北京市农业农村局先后在昌平、延庆、通州、大兴、顺义、密云等区推动村级益农信息社建设，现已投入运营200多家，覆盖31个镇12万农村人口，先后开展公益服务11.3万次、便民服务17.91万次、电子商务35万次、培训服务0.62万次，采集农业农村大数据49万余条，在推动互联网振兴农村、物联网振兴农业、信息化振兴乡村方面取得一定的成就。延庆区87家标准型益农信息社，做到了每社都有网页、独立微信公众号、微营销平台、服务村民微信群，信息社显示屏上单独设计并显示了本村特色风貌——“益村秀”。通过网页平台发布信息395条，微信公众号发布信息673条，朋友圈发布信息1862条，微信群发布信息6376条，累计销售“益农信息社”72种商品，销售总额达95.69万元。

（5）基于互联网的服务模式创新效果凸显

在探索形成农业科技服务联盟、“首席专家+岗位技术指导员+全科农技员、科技示范户”包村联户技术责任制、区域性农业科技综合服务试验站、农民田间学校等农业科技服务模式创新基础上，北京市大力推广互联网手段在农业科技服务业创新中的应用，推动形成了“221”信息平台、“12396”北京新农村科技服务热线、“12316”农业服务热线和农村党员干部现代远程教育平台等一系列农业科技信息服务平台，推广了基于免费IP电话、农业微信群、技术服务QQ群、农业科技服务动态微博、农业科技服务技术博客，手机App等服务手段的“互联网+”农技推广农业科技服务模式，提高了农业科技服务业信息化水平。其中，“12316”和“12396”

服务平台在全市 13 个区、400 多个乡镇、700 多个生产经营主体进行了推广应用。2018 年，“12316” 热线受理假劣农资投诉举报 200 多例。热线依托区县分中心特色农业专家先后为广大用户提供农业信息咨询 2.4 万次。热线专家值班 500 多人次，到场率达到 81.5%，解答各类技术问题 1800 多次，解答问题满意率达 100%。

（6） 农业科技国际合作加快发展

互联网环境下，北京市建立了首都农业国际合作知识成果服务平台，平台搭建了农业科技资源知识产权数据库以及农业技术价值评估系统，汇集种植业、养殖业、林业、农资等国内外涉农科技信息资源，为涉农知识产权提供服务。北京国家现代农业科技城组织成立了北京农科城国际合作服务联盟，为我国以及北京市相关涉农企业和科研单位建立科技合作沟通机制提供中介服务。此外，北京以世界级农业大会展示窗口，推动“互联网+” 现代农业新技术、新产品、新品系、新设施“走出去”。通过组织召开世界草莓大会、世界葡萄大会和世界种子大会等国际会展活动，推介农业先导技术，展示农业新品种、新成果、新技术，引导国内外企业进行合作，促进农业高端技术、成果在北京落实转化，推进了农科城建设的国际化进程，提升了农科城的资源凝聚力和国际影响力。

2. 农产品流通服务业

（1） 初步形成以新发地为核心的“1+8” 批发市场格局

据北京新发地市场统计，2018 年交易量达到 1698 万吨，交易额为 1080 亿元人民币，在全国 4600 多家农产品批发市场中，新发地市场交易量、交易额已连续 14 年双居全国第一，是首都名副其实的大“菜篮子”和大“果盘子”。此外岳各庄、中央批发市场、京西的锦绣大地，京东的大洋路、八里桥，京北的顺鑫门、水屯、回龙观等，以及 809 个连锁超市店铺、282 家社区菜市场、310 多家农贸市场、230 多家社区菜店、2500 多家直配企业和商户共同组成的农产品流通体系，较好地保障了北京市城乡居民不同层次的需要。北京市外地蔬菜来源地相对集中，根据北京市农业局对八大批发市场调研，河北、山东、北京、辽宁四省市对北京蔬菜市场的供应比例分别为 27.9%、25.9%、10.1%、8.8%，总计占到 73%，其中，大宗的白菜、土豆、姜、蒜、黄瓜、番茄等消费品主要集中在河北、山东周边地区。

（2）农产品物流体系逐渐健全

北京市初步建成了以农产品生产基地和产地批发市场为源头，以销地批发市场为枢纽，以城市物流为链条，以社区菜市场、菜店、超市等为终端的多渠道、多层次、多样化农产品流通体系。建成了首农（北京）安全食品仓储、物流中心群、超市发生鲜配送中心等一批城市物流配送项目，试点推行了农产品物流全程跟踪、监控，城市农产品物流保障能力不断增强。启动了肉菜流通追溯体系试点建设，猪肉追溯覆盖 11 家生猪定点屠宰企业、7 家肉类批发市场和 22 家连锁超市 319 个门店、99 家规范化菜市场、106 家肉品专卖店、4 家连锁餐饮企业，蔬菜追溯在 1 家批发市场、2 家连锁超市以及石景山区 50 家蔬菜零售市场进行试点。2016 年全市农产品社会物流总额达到 286. 5 亿元。与此同时，北京市不断拓展农产品国际物流发展空间，初步形成了以首都机场空港口岸为核心，北京西站铁路口岸、朝阳口岸、丰台口岸、北京平谷国际陆港为重要补充的布局合理、功能齐全的口岸体系。

（3）农产品零售网点规范化、连锁化水平不断提高

在农产品流通设施建设持续加强基础上，北京市农产品零售网点布置逐渐实现城区全覆盖。2018 年 5 月，北京市政府办公厅印发了《关于进一步提升生活性服务业品质的工作方案》，2018 年底前实现全市平均每个行政社区蔬菜零售网点数量不少于两个。2020 年底前力争在所有“一刻钟社区服务圈”实现蔬菜零售、便利店（社区超市）、早餐等基本便民商业服务功能。据北京市商务委数据显示，截至 2018 年 10 月全市已有菜市场、菜店、生鲜超市、便利店搭载、蔬菜直通车、智能售菜柜等各类蔬菜零售网点 8500 个，全市 2400 余个社区具备两个以上蔬菜零售网点。

（4）农产品电子商务蓬勃发展

近年来，北京在自身区位优势、技术优势和市场需求优势的基础上，逐步探索出了具有本地特色的 O2O、B2C、B2B2C、O2O+B2B2C、O2O+B2C 等多种农产品电子商务发展模式共同发展的道路，涌现了爱鲜蜂、任我在线、智农宝、慢生慢品、鲜来鲜品等新生农产品电商企业，以及生产和经营北

京本地特色农产品的本土化农业电商，如利民恒华、密农人家、天安农业、阿卡农庄、北菜园、爱农京承等合作社、农业企业，并逐步形成了以中粮我买网、沱沱工社、本来生活等为代表的垂直电商模式，以分享收获、哈斯农场、自然乐章、好农场等为代表的社区支持农业电商模式，以及以阿卡、梅子淘源、有机农夫市集等为代表的微商营销模式。根据2016年零点调查公司的调查，全市农业电商3000家左右，其中企业电商占71%，合作社电商占29%。从产品来源看，85%的农业电商主要产品来源地为北京本地。从销售端看，销售地区以北京为主，遍布全国各地。总体而言，全市30%的农业电商处于盈利状态，其中乡村旅游、休闲农业模式电商的盈利表现最好，利润率均高于40%。

在批发市场方面，大型传统农产品批发市场开始向“集散批发+物流配送+电子商务”转型，目前已经建成了大洋路农副产品批发市场、八里桥农产品中心批发市场、城北回龙观商品交易市场等多个有电子结算功能的综合性市场，对猪肉、水果、蔬菜等品种应用电子结算交易。其中，八里桥农产品中心批发市场建有66座规范化交易厅、棚，并投入巨资建设了现代化电子结算系统、电子监控系统、先进的农产品质量检测中心、智能IC卡管理系统、废弃物处理中心，还有专为商户设立的网络服务站和其他服务设施，建立了市场网站和市场管理信息系统，使市场基本实现了管理信息化和收费电子化，极大地提高了工作和服务效率。

此外，北京还推广了“‘一村一品’+电商”区县农产品电商模式，选取了15个示范乡镇，启动“一村一品一电商”App建设工程，通过电商发展扶持农村特色产业，在郊区形成了大兴直供直销电商平台、怀柔供销社“网络+体验店”、通州生鲜超市电商宅配、密云个体微商营销等多种模式。其中，集京郊“三品一标”优质农产品、休闲农业观光、电商企业推广等内容于一体的“优农佳品”本土优质农产品产销综合服务平台，联结了150余家优品企业、40余家优品电商、60余个农产品品牌，为农业企业、合作社、生产大户提供了信息发布、产品展示和信息获取的平台，拓展了供销渠道。

3. 农村金融服务业

（1）商业性金融大力支持涉农重点项目建设

近年来，北京农村商业银行、中国农业银行北京分行、中国农业发展银行北京分行等，在业务上不断加大对新农村建设、涉农经济、城乡一体化建设的支持力度，拓展了农户小额贷款等涉农金融产品。截至2016年末，辖内中资商业银行涉农贷款余额1818.52亿元（不含农发行总行营业部）。其中，都市型现代农业贷款余额198.83亿元，较年初增长52.5%。其中，中国工商银行北京市分行面对农村建设、涉农小微企业和农村用户的金融需求，积极引导信贷资金向支持农业产业化、高端化和精细化发展，累计发放涉农贷款超过700亿元，并积极探索表外理财直投、创新担保方式等手段，有力地支持首都城乡一体化发展和农业产业结构调整。北京农商银行立足“三权分置”农村制度改革，推出了集体经营性建设用地入市专项融资产品、农村承包土地经营权抵押贷款产品等，率先为大兴狼垡地区农村集体经营土地上市试点项目提供了34亿元的授信资金支持，为怀柔区田仙峪村乡居项目建设提供3500万元授信，为北京推进土地承包经营权、林权抵押担保贷款、农村集体经营性建设用地抵押融资提供了重要借鉴。

（2）农村普惠金融服务深入开展

自党的十八届三中全会明确提出发展普惠金融以来，北京市政府加强金融服务农业基础设施建设，各大商业银行、政策性银行，开发性、合作性等各类金融机构纷纷在农村实施普惠金融政策，农村金融服务水平得到明显提升。北京市“十三五”时期金融业发展规划（京金融〔2016〕265），推动数字普惠金融发展，推进土地承包经营权、林权抵押担保贷款、农村集体经营性建设用地抵押融资试点。2016年《关于加大农业领域贷款贴息等金融扶持的办法（试行）》（京政农函〔2016〕58号）提出积极发展普惠金融，放大财政支农效应，缓解我市“三农”领域“融资难”“融资贵”的问题。据北京银监局统计，截至2016年末，辖内村镇银行网点总数达到38个，实现村镇银行对北京市10个远郊区的全覆盖。在银行卡、网银、互联网等技术对行政村宽口径、全覆盖的基础上，辖内各银行机构各类电子机具对行政村的覆盖比例达到59.1%，网点（含简易网点）对行政村的覆盖率达29.3%。在商业银行实践方面，北京农商银行发放“养老助残卡”近百万张，方便农村地区居民特别是老年人就诊；中国银行北京市分行为密云区农户发放约29万张新农合卡，覆盖所有参合农户，持卡农户就医可实现农合费用分割，实报实销。北京银行在京郊构建起涵盖41个营业网点、31家精品富民直通车金融服务站、256家“村村通”

助农取款点、7000 个 M-POS 商户的惠农服务网络，累计发放贷款超过 1200 亿元，服务居民、农民超过 850 万人次。

（3）商业性保险、政策性保险和合作制保险共同发展

自 2007 年 5 月北京市正式建立政策性农业保险制度以来，近年来继续扩大政策性农业保险覆盖面，鼓励各区制定配套政策，对通过区级政策性农业融资担保机构获得贷款的，给予担保费补贴，推进了创新型“三农”保险示范区试点工作。截至目前，北京市政策性农业保险已经覆盖全市 13 个郊区和首农集团等国有农口企业，险种由 12 个增加到 2018 年的 27 个，部分农产品的农业保险金额和保险费率也做了提高调整。截至 2018 年底，北京市政策性农业保险累计为 171 万户次农户提供风险保障 1993.1 亿元，支付赔款 44.3 亿元，惠农作用显著。此外，北京商业性农业保险的市场主体又增加了中国人寿财产保险公司和平安财产保险公司，北京地区开展农业保险业务的承保公司由 5 家增加到 7 家。此外，政府还建立了巨灾风险准备金，提高风险防范能力。可见政府参与了从补贴农户、补贴保险公司再到集体打包风险投保再保险以及建立农业巨灾风险准备金各个环节，将农业保险环节的大部分风险揽入市政府的篮子里。提升北京农业保险信息化、专业化水平，北京地区于 2019 年 5 月 10 日全面启动政策性农业保险承保全流程电子化改革试点，为北京广大农户提供便捷高效的农业保险承保服务。

（4）农村互联网金融加快发展

针对由于农民缺乏抵押与担保、农村征信体系不健全等原因导致的正规农村金融贷款难、农村民间借贷操作不规范等问题，近年来北京市借力移动互联网契机，在农村金融方面实现了互联网领域创新，涌现了以大北农、希望金融等为代表的农业产业链金融，以翼龙贷、宜信、农 e 金服等为代表的 P2P 网贷平台，以众筹网、大家种（目前已关闭）为代表的农业众筹平台，以京东、阿里、村村乐等为代表的基于电商的农村互联网金融，以及以农银 e 管家为代表的传统金融机构互联网金融，农村互联网金融得到较快发展。其中 e 农管家电商平台已签约商户近 2200 家。北京农商银行推出的“凤凰乡村游”移动端 App，已注册用户 8 万人，商户 400 余家。

4. 休闲农业与乡村旅游

(1) 休闲农业与乡村旅游逐渐成为郊区三产融合的主要产业业态

京郊观光农业起步于20世纪80年代后期，自昌平区明十三陵景区第一家观光采摘果园出现以来，北京市的农业观光园区迅速发展起来。2017年北京市农委发布《关于加快休闲农业与乡村旅游发展的意见》，将重点发展休闲农业与乡村旅游提上日程，提出“到2020年，实现接待人次、经营收入年均增长5%和8%以上，分别达到5000万人次和60亿元，并形成京津冀休闲农业协同发展新格局”。根据北京市统计部门数据，目前北京休闲农业产业拥有8万名直接从业者、1.6万个乡村旅游接待户、227个市级民俗旅游村、1200多家农业观光园、155家星级休闲农业企业，年接待超过2000万人次。2017年农业观光园与民俗旅游实现收入44.1亿元，总接待人次4337万人次，分别比2005年增长200.18%、162.63%。分区域看，2017年城市功能拓展区、城市发展新区、生态涵养发展区三大功能区休闲农业与乡村旅游收入分别达7.33亿元、12.54亿元、24.24亿元。

表3-4 2015—2017年北京市郊区县休闲农业与乡村旅游发展情况

单位：万元、万人次

项目	总收入			接待人次		
	2017年	2016年	2015年	2017年	2016年	2015年
全市	441193.2	423311.5	391689.0	4337.4	4547.9	4043
城市功能拓展区	73309.7	57208.7	50405.4	374.7	373.7	297.8
朝阳区	50333.1	40343.6	38053.7	69.9	160.6	126.9
丰台区	16346.9	9428.0	6397.3	265.1	171.9	136.0
海淀区	6629.7	7437.1	5954.4	39.7	41.2	34.9
城市发展新区	125435.3	123160.8	119633.1	1122.9	1226.8	1028
房山区	22802.4	24523.0	22517.2	302.7	363.2	301.1
通州区	30333.3	26681.8	20605.0	114.5	138.7	81.8
顺义区	10786.6	11523.5	11247.9	107.2	96.2	69.4
昌平区	47980.1	44966.5	48800.9	432.8	431.7	409.1
大兴区	13532.9	15466.0	16462.1	165.7	197.1	166.6
生态涵养发展区	242448.2	242919.0	221649.4	2839.9	2947.3	2717.2

续表

项目	总收入			接待人次		
	2017 年	2016 年	2015 年	2017 年	2016 年	2015 年
门头沟区	8650.7	10103.6	11199.8	105.7	125.3	119.0
怀柔区	41878.1	40016.2	36350.1	470.1	468.2	441.9
平谷区	60237.8	69781.5	63904.8	796.5	910.2	873.9
密云区	91842.8	85085.8	77456.2	833.9	832.4	775.4
延庆区	39838.8	37931.9	32738.5	633.7	611.2	507.0

数据来源：北京市统计局。

（2）京郊休闲农业与乡村旅游产业带日渐成形

京郊休闲农业产业迅速发展，涌现了“蟹岛模式”“小汤山模式”等成熟模式，催生了蓝调庄园、朝来农艺、金福艺农等品牌农业园区，促进了休闲农业成为带动首都农业及乡村形象整体提升的示范点。从地理位置看，休闲产业在北京市中远郊主要形成了金海湖区、密云水库库南地区、雁栖湖周围地区、十三陵风景区、龙庆峡风景区、西山风景区、十渡风景旅游区、小汤山温泉区、潮白河沿河区、东灵山和雾灵山风景区十个休闲产业集中布局区。与此同时，结合各区县特色，形成了近郊区以集农业生产、科技示范和观光休闲为一体的综合性农业园区，远郊区以融教育、休闲观光和生产于一体的体验性农业，以及山区县集水产养殖、垂钓和旅游餐饮为一体的观光旅游业以及高档绿色氧吧景点等交错发展、多种模式并存的京郊休闲农业与乡村旅游产业带。

（3）示范展示与互动交流逐渐成为休闲农业与乡村旅游经营创收的主要路径

随着会展农业的不断发展，以示范展示和互动交流为主的休闲农业与乡村旅游经营模式逐渐成为引领休闲农业和乡村旅游提档升级的重要元素。从 2012 年第七届世界草莓大会，2013 年第十八届世界食用菌大会，2014 年世界种子大会、世界葡萄大会、北京农业嘉年华和第 22 届北京种子大会，2015 年世界马铃薯大会到 2016 年世界月季洲际大会等，多个国内、国际高级别的农业会展活动相继在北京落户均表明，世界级大会将带动北京农业产业升级，提升北京农业的开放性、影响力、融合性。例如，2014 年在延庆举办的世界葡萄大会，推动延庆区初步形成了“种业—种植

—加工—销售”的葡萄与红酒全产业链。平谷区第十六届国际桃花音乐节2014年接待游客107.3万人，实现收入6518.3万元。此外，连续举办六次的北京农业嘉年华均凸显了北京会展农业的高质量发展。据统计，2017年第五届北京农业嘉年华通过“旅游+”“科技+”“产业+”农业等模式，共打造了180余个创意景观，汇集了680余个农业优新特品种，130余项先进农业技术，开展了210余项娱乐游艺和互动体验活动，共迎客136.9万人次，累计实现总收入3.41亿元，让城乡居民共享农耕喜悦。

（4）“互联网+”休闲农业和乡村旅游蓬勃发展

2017年10月，北京市印发《关于加快休闲农业和乡村旅游发展的意见》，意见提出，支持社会资本依法合规利用PPP模式、众筹模式、“互联网+”模式、发行债券等方式，投资休闲农业与乡村旅游产业。近年来，随着“互联网+”与农业的深度融合，依托休闲农业网站平台、网络社交平台等手段，可促进休闲农业与乡村旅游相关信息的透明化，转变了市场推介方式，实现线上线下有机结合，提高了实效性。北京市农委组织创建了北京美丽乡村、北京乡村旅游等主题网站，全市30多个休闲农业园区也都建立了自己的主题网站。此外，有200多个民俗村、500多个民俗户、900多个休闲农业园区注册了微博，大部分民俗户、休闲农业园区以及科技园区等主体创建了微信公众号。延庆区的天葡庄园利用微信这一社交平台在2016年吸引了4万多名游客。房山区黄山店村通过实施智慧乡村“三二一”工程（围绕京西幽岚山景区，建设了WI-FI网络覆盖、高清视频监控和客流量分析三个系统，智慧旅游、智慧村务两个微信平台和一个景区门户网站），促进了向休闲农业旅游的转型，被评为全国最美休闲乡村，旅游综合收入明显提升。

（四）北京市农业服务业发展存在的问题

1. 农业数据资源开发利用不足

2018年12月30日，北京市委市政府印发了《北京市乡村振兴战略规划（2018—2022年）》。其中，重点涉及农业农村信息化和信息服务建设的内容包括：一是强化乡村信息化基础支撑。实施数字乡村战略，推进

“智慧乡村”建设和“信息进村入户工程”，开发适合“三农”特点的信息技术、产品、应用和服务，信息网络安全工程与信息化基础设施建设同步规划、实施。二是大力发展“互联网+现代农业”。加强物联网和互联网技术对设施农业生产等的服务支撑。做好农业数据采集、分析、研究与发布，建设北京农业数据中心。集成包含北京农业各产业的信息服务资源，构建全市农业信息资源共建共享平台。鼓励电子商务平台企业服务“下沉”至农村，推动农民利用资源优势发展特色农产品电子商务。但是，目前北京市各涉农部门自身业务直接产生的数据相对较少，但是对外部数据资源的需求很大，各涉农单位、部门间对履职过程中产生的数据资源缺乏梳理，存在底数不清的情况；此外，跨部门的数据资源共享、面向社会的数据开放尚未形成有效机制，资源利用价值挖掘不深入。生产性服务业向专业化和价值链高端延伸能力不足，服务业总体仍以传统的农业服务为主，农业服务外包产业发展潜力明显不足，休闲农业和乡村旅游景区客流行为数据分析工作处于起步阶段，尚未形成“北京服务”品牌，与构建高精尖的农业服务业经济结构仍存在一定距离。

2. 农业服务业服务质量与社会效益不高

北京市农业服务业的社会效益主要体现在农民就业增收带动、农村绿色持续发展、农业提质增效降耗等方面。一方面由于服务业企业规模较小、企业自身功能的不完善、产品和服务同质性高，导致农业服务业在推动农业产业链创新、促进当地农村支柱产业提档升级方面的带动能力不足，企业与农户之间的利益联结机制仍不够稳定。另一方面由于服务受体综合素质不高、小农意识浓厚、缺乏对服务业市场化运作的理解，导致服务业企业在提供服务过程中难以形成精准对接，服务质量不高，难以得到有效回报，企业自身积极性不高。此外，对于基层农业社会化服务组织，由于缺乏明确的指标任务和评价标准，使各部门间相对独立，各有各自的服务方式、途径、标准，造成一些服务组织的服务质量不高，片面追求盈利，挫伤了农民接受服务的积极性。

3. 农业服务业对农业农村发展的驱动作用发挥不充分

目前，北京市农业服务业与互联网融合程度仍有待提高，部分服务点上有成效，但是在连线成面上成效不突出；农业信息服务不全面，农业生产经营领域相对较好，但在乡村治理和公共服务领域信息技术对资源要素优化配置和集成的效能还未得到充分体现。基层信息服务需求挖掘不充分，适应首都“三农”特点的信息技术、产品、服务和应用不够丰富；农业服务业建设内容的拓展力度不足，目前仍停留在政策、技术、气象等方面的浅层服务，休闲农业客流分析、农产品市场预测、农业气象灾害预警等深层次数据挖掘与信息服务仍有一定差距。部分村所建网站、微信公众号、物联网农事管理等新媒体、新功能虽已完成建设并投入使用，但存在信息更新不及时、宣传推广效果欠佳等问题，实际应用有待进一步提高。

（五）农业服务业创新发展趋势

1. 产业融合创新拓宽服务领域

产业融合是指不同产业或同一产业不同行业相互渗透、相互交叉，最终融合为一体，逐步形成新产业的动态发展过程。农业服务业是农业与服务业融合的产物，其产业链贯穿于农业产业活动的所有环节。产业融合不仅成为农业服务业快速发展的动因，还为农业服务业开拓了内需型发展路径。当前，农业与服务业的融合发展已经从传统的农业种植、养殖行业的生产服务扩展到农业生产之外的服务，如农业金融保险服务、信息服务、物流服务以及数据服务、知识服务等，涌现出休闲农业、创意农业、美学农业、会展农业、数字农业、智能农业等多种业态，农业的多功能性得到最大限度的拓展，引发农业生产、经营、组织等诸多创新。以会展农业为例，会展农业是以农事、农俗、农产品为载体，以会议、展览、展销、节庆等活动为表征，融合旅游、文化、餐饮、物流、信息等多种业态打造的都市型现代农业高端形态，是会展业和农业以及相关产业融合发展的产物。会展农业借助农业龙头企业、示范基地、科技园区等多种形式，有效带动了农产品贸易，取得了良好的经济和社会效益。现代农业服务业不仅可以增加就业，还可以增加农产品的技术含量和附加值，对于优化农业资源配置，推进农业产业结构调整，建立现代农业产业体系具有重要作用。

2. 技术创新增强辐射带动效应

现代服务业是在工业化比较发达的阶段产生的，主要依托信息技术和现代管理理念发展起来的信息和知识相对密集的服务业。科学技术尤其是信息技术对现代服务业发展起着支撑和先导作用。在全球新一轮科技革命与产业革命浪潮席卷下，云计算、大数据、移动互联网、物联网、人工智能等新一代信息技术应用不断深入，加剧了众多行业变革，催生了智能制造、“互联网+”、分享经济、个性化定制等新科技、新经济、新业态。与此同时，不同类别的技术开始交叉融合并加快着全球农业科技创新，形成更广泛的以互联网为基础设施和创新要素的农业发展新形态。互联网对于推动相关产业规模化发展，延伸产业链条、扩大区域布局作用明显。以“互联网+”农机制造业为例，这一新兴产业以农机智能装备为载体，将现代信息技术融入农机研发、应用、推广和服务的各个阶段，构建具有智能化、协同化、融合化、服务化特征于一体的农机智能装备产业生态圈。农机云平台服务就是借助大数据实现云端制生态管理模式，该平台利用互联网对全国农机信息数据进行动态、即时采集，并利用数据挖掘技术进行分析和集中式管理，实现包括农机信息管理、农机人员考核、农机事故处理、补贴发放、农机安全生产宣传等在内的基础数据库的云端制管理，平台数据实现协同和共享，各类市场主体及生产用户都可以查看，形成资源共享局面。“互联网+”农机带动了产业链各主体跨界合作，组织方式、资源要素配置方式实现了整合和重组，深刻地变革了农机的研发方式、销售渠道和服务模式。

3. 模式创新提升服务能级和品位

随着农业经济规模的逐步扩大，对服务业的需求迅速增加，这种需求渗透在农业前期研发、设计、培育，中期管理、融资和后期流通、售后服务、信息反馈等全过程中，实现产业融合和模式创新。特别是互联网对农业产业链的全面渗透，涌现出共享经济模式、专业化服务模式、平台化服务模式和云服务模式等一批新型服务模式。通过向产品中融入增值服务，改变了价值链的层级，提升了服务能级和品位，进而实现收入增长和产业升级。以共享经济模式为例，该模式包括农机设备共享、人力共享和土地共享三种形式。传统的设备共享是以农机合作社作为基础的，但随着现代信息技术的普及，农机设备共享逐步市场化、移动化，并出现了一批第三方农机合作平台。以农忙网为例，突破了原有的农机服务商与农户的原始田间拦截对接方式，根据农机服务商提供的服务信息，结合地图功能、土地测量功能及报价功能，让农机服务商与农户流畅对接，共享农机服务，目前已有近15家农机服务商入驻农忙网。类似的服务平台还包括农机帮、帮农忙、e田科技等。此外，设备共享还包括运力共享，如乡村货的和云鸟，基于移动互联技术，形成免费农村手机配货软件，定位于县到村级40~4000斤的零担货运市场，提供农村配货、为车主找货、货主找车的共享服务。共享服务由于能让物、人变得全面流通，把沉积资源带动起来满足多方需求，是发展资源节约型农业的有效推动力。

（六）本章小结

本章基于对北京市农业服务业发展历史的回顾，阐述了北京市农业服务业发展概况，分别从农业科技信息服务业、农产品流通服务业、农村金融服务业和休闲农业和乡村旅游服务业四个方面分析了北京农业服务业发展现状，对北京市主要农业服务业的发展成效、存在问题进行了剖析，提出了未来农业服务业创新发展的趋势。

（1）划分了农业服务业发展的历史阶段。基于历史数据，对农业服务业的发展历史阶段进行了划分，本研究认为自新中国成立以来，北京市农业服务业经历了萌芽期—初步发展期—深化改革期—稳步发展期—高速发展期五个阶段，目前正处于信息技术与农业服务相结合的农业全产业链服务创新阶段。

（2）概述了北京市农业服务业发展的总体情况和发展现状。总体来看，北京农业服务业的发展围绕首都城市功能定位，在产业结构转型、区域特色模式培育、生产性服务业创新等方面取得较大成效，形成了以农业科技信息服务业、农产品流通服务业、农村金融服务业、休闲农业和乡村旅游等为主要内容的现代农业服务业体系。通过几十年的发展，北京农林牧副渔服务业产值稳步增加，区域发展特色明显，以生产性服务业为主的农业经营主体格局基本形成。

（3）剖析了北京农业服务业发展存在的主要问题。北京农业服务业在创新发展的同时，仍面临农业数据资源开发利用不足、服务质量与社会效益不高、产业链价值挖掘不足、创新的体制机制不完善等问题，导致农业资源利用价值挖掘不深入、农业服务业在推动农业产业链创新及促进当地农村支柱产业提档升级方面的带动能力不足等现象，制约了北京现代农业的发展。

（4）研判了农业服务业创新发展趋势。基于互联网等现代科学技术的发展趋势，本研究认为，未来北京农业服务业创新发展将主要聚焦在产业融合创新拓宽服务领域、互联网技术创新提升服务领域、模式创新提升服务效能和品位等方面。

参考文献

[1] 陈振平. 当代中国供销合作社的制度变迁研究 [D]. 武汉：武汉大学, 2013.

[2] 芦千文，姜长云. 我国农业生产性服务业的发展历程与经验启示 [J]. 南京农业大学学报（社会科学版），2016, 16（5）: 104-115.

[3] 宋洪远. 新型农业社会化服务体系建设研究 [J]. 中国流通经济，2010, 24（6）: 35-38.

[4] 仝志辉. “去部门化”：中国农业社会化服务体系构建的关键 [J]. 探索与争鸣，2016（6）: 60-65.

[5] 周学勤，李锦华. “新三起来”加速北京城乡一体化发展 [J]. 农村工作通讯，2014（2）: 8-11.

[6] 芦千文. 我国农业生产性服务业的业务范围、供给模式和发展对策 [J]. 农林经济管理学报，2017（2）: 199-206.

[7] 肖建中，何永达. 浙江农业服务业发展问题研究 [J]. 浙江农业学报，2011, 23（3）: 629-633.

[8] 蒲应，李玉红，吕晓英. 农村金融对北京农村经济发展的适应性研究 [J]. 北京农学院学报，2012, 27（3）: 32-35.

[9] 祁欢. 互联网+视域下农村现代服务业发展研究 [J]. 农业经济，2017（2）: 45-47.

[10] 单永贵. 农村现代服务业发展探析 [J]. 高科技与产业化，2012

(3): 66-69.

[11] 郭向阳，国世平．生产性服务业发展方式研究：创新、难点与突破［J］．深圳大学学报（人文社会科学版），2010，27（6）：61-67.

[12] 李庆国．“互联网+”撬动北京休闲农业大市场［J］．农产品市场周刊，2016（9）：29-30.

[13] 潘锦云，汪时珍，李晏墅．现代服务业改造传统农业的理论与实证研究——基于产业耦合的视角［J］．经济学家，2011（12）：40-47.

[14] 马晨，李瑾．“互联网+”时代我国现代农业服务业的新内涵、新特征及动力机制研究［J］．科技管理研究，2018：1-7.

[15] 李瑾，郭美荣．互联网环境下农业服务业的创新发展［J］．华南农业大学学报（社会科学版），2018（2）：11-21.

[16] 马思捷，严世东．我国休闲农业发展态势、问题与对策研究［J］．中国农业资源与区划，2016（9）：160-164.

[17] 包仁艳，罗昊澍．北京会展农业发展研究［J］．中国农学通报．2015，31（1）：285-290.

[18] 李瑾，孙留萍，郭美荣，等．“互联网+”农机：产业链融合模式、瓶颈与对策［J］．农业现代化研究，2017，38（3）：397-404.

[19] 马秋颖，王秀东．“互联网+”对农业六次产业化发展的影响及推进策略［J］．农业展望，2016（10）：48-52.

[20] 李志起．“互联网+农业”开创农业企业营销新机遇［J］．农业工程技术，2015（23）：59.

四、互联网环境下北京现代农业服务业创新绩效评价——以休闲农业与乡村旅游业为例

作为北京都市型现代农业的重要组成部分，休闲农业与乡村旅游业不仅是推进城乡一体化发展的重要内容，更是落实“绿水青山就是金山银山”的重要载体，在推动农业供给侧结构性改革，引领现代农业服务业发展和推动乡村振兴方面发挥着重要作用。互联网环境下，伴随互联网基础设施及技术产品的渗透，京郊休闲农业发生了根本性变化，催生了“互联网+”休闲农业与乡村旅游新业态。《关于加快休闲农业和乡村旅游发展的意见》（京政农发〔2017〕30号）提出，发展休闲农业要“以服务规范化、管理网络化为方向，充分发挥‘互联网+’在促进休闲农业和乡村旅游宣传推介中的作用，利用互联网加大宣传推介”。由此可见，互联网已成为北京郊区休闲农业与乡村旅游创新发展的重要手段。如何发挥互联网对农业服务业提档升级的作用，有必要对互联网关于休闲农业与乡村旅游企业创新绩效的影响进行分析，以期为加快推动互联网引领的新产业、新业态创新发展提供依据。为此，本研究结合北京休闲农业与乡村旅游星级园区名单，选择信息化发展水平较好的81家休闲农庄开展休闲农业与乡村旅游服务业创新绩效调研工作，共发放问卷100份，回收100份，有效问卷81份。

（一）理论分析与研究假设

1. 理论分析

绩效分为效率（Efficiency）和效能（Effectiveness）两种概念（Robbins and Coulter，2008）。广义的企业绩效包括内部效能、市场绩效、财务绩效、营运绩效（招锜昕，2013）。创新是指以新思维、新发明和新

描述为特征的一种概念化过程，而创新绩效则是指实施采用新技术后，企业价值的增加，一般以企业业务额的增加来测量。从国内外研究看，对企业创新绩效有两种典型定义：一是认为绩效通过一系列创新所获得的结果，表现为新产品、新设施、新技术、新装备等的产生，主要考核指标为新产品、新服务和专利等指标；二是认为绩效是一种创新过程，即在企业创新过程中，随着各类创新活动的推广，促进其科技创新成果转化为实际应用。结合这两项定义，本研究认为休闲农庄的创新绩效应当是在一系列投入（如固定资产、科技、人才等）作用下所获得的产出结果。基于此，企业创新绩效是衡量某一行业主体在创新活动过程中的产出情况，如何提升企业创新绩效，从而促进产业链增值，支撑产业升级，一直是学者们关注的热点问题，许多学者在此也做了大量研究。

2. 研究假设

（1）外部影响因素

通过二手资料分析法发现，影响休闲农业与乡村旅游企业创新绩效的外部因素主要包括政策、社会经济发展、城市化水平、市场竞争等外部环境。

①政府支持对休闲农业与乡村旅游企业创新绩效的影响。政策支持反映了政府对企业发展的态度，影响到企业获取各类创新要素资源的可获得性，进而对企业产出绩效产生影响（朱红根、解春艳，2012）。休闲农业与乡村旅游属投资大、回报周期长的产业，加强政府的政策管理及引导扶植对于提升休闲农业与乡村旅游整体性产出绩效具有外部推动作用（赵仕红，2016；陈文盛等，2016）。当前，我国休闲农业与乡村旅游正处于提档升级的关键时期，尤其在全国“双创”大潮席卷下，各地休闲农业与乡村旅游的实践不断丰富，但由于受土地制度限制、基础设施落后、制度安排缺位、规范标准不一等因素制约着休闲农业与乡村旅游的规模化发展，规模经济效应尚未显现。解决这些问题单靠休闲农业与乡村旅游企业，尤其是新创企业本身仍远远不够，需要加大政策支持力度。因此，本文提出有待检验的假设1（H1）：政府支持对休闲农业与乡村旅游创新绩效有正向影响。

②当地社会经济条件对休闲农业与乡村旅游创新绩效的影响。休闲农

业与乡村旅游作为一种以农业农村各类资源为基础的农业服务业，是经济社会条件发展到一定基础上所形成的新产业、新业态，该行业经济地理优越性是解决企业对基本创新创业资源的可获得性问题的环境支撑，是企业在创新活动中实现扩大再生产的前提（Kim，et al.，2013）。如当地居民对休闲农业项目开发的认可度越高，因土地等问题导致的冲突则越少，休闲农业企业与当地居民合作开展进一步的创新活动的氛围则越浓厚（Chen，2000；Crotts，2014），从而缔造出更多投身于该行业的创业者（李建军、程宇，2016；安同良、千慧雄，2014）。因此，本文提出有待检验的假设2（H2）：当地经济社会条件对休闲农业与乡村旅游创新绩效有正向影响。

③产业集群及行业发展水平对休闲农业与乡村旅游创新绩效的影响。休闲农业与乡村旅游属于现代农业的下游产业，其市场主体与中上游企业的联动水平，科研机构、当地政府和公共服务机构等斜向社会资本合作的紧密程度，如信任程度、合作经验积累、知识转移等（Cavusgil，2013；李宇等，2016）以及产业集群内部创新扩散的传导等，将有利于降低创新的成本（朱建民和史旭丹，2015），这种影响尤其在企业形成期更为明显（郭京京，2013）。当前，我国休闲农业与乡村旅游行业仍存在产业雷同，产业集群尚未形成，产业标准化、规模化发展水平仍有待提升等问题，积极以行业中的领军企业、示范企业的创新方法、创新手段为标杆，是提升休闲农业与乡村旅游企业创新绩效的外在驱动力。因此，本文提出有待检验假设3（H3）：产业集群与行业发展水平对休闲农业与乡村旅游创新绩效有正向影响。

（2）内部影响因素

内部因素主要指企业内部的创新投入与水平，包括技术创新（如信息化）、人力资本和企业家精神等。

①信息化对休闲农业与乡村旅游企业创新绩效的影响。当前，伴随新一代信息技术的发展，大数据、人工智能、云计算等技术逐渐渗透于市场分析与消费者行为洞察，为精准识别休闲农业与乡村旅游市场需求提供了重要工具，推动了休闲农业与乡村旅游产出绩效的倍增（Ana et al，2013；Pesonen，2015）。互联网的应用不仅是休闲农业与乡村旅游企业实现技术创新和服务模式创新的关键手段及动力来源，更是影响休闲农业与乡村旅

游企业创新发展的重要因素（Nieto et al.，2011；谢安世，2017；林移刚和杨文华，2017），尤其对休闲农业与乡村旅游经营组织的环境行为具有显著影响（林秀治等，2016）。目前，我国各地利用互联网手段实现休闲农业与乡村旅游宣传推介的实践探索不断增加，互联网在帮助休闲农业与乡村旅游企业实现管理手段创新、产品开发创新的作用逐渐凸显。因此，本文提出有待检验的假设4（H4）：企业信息化发展水平对休闲农业与乡村旅游创新绩效有正向影响。

②人力资本对休闲农业与乡村旅游企业创新绩效的影响。休闲农业与乡村旅游企业创新过程中的人力资本主要指创新活动中的人员投入，既包括直接进行创新活动的人员，也包括间接从事创新活动的人员，如农业技能人员，是造成休闲农业与乡村旅游行业产出差异的关键因素（程露悬，2010）。目前，国内外休闲农业与乡村旅游创新发展主观能动性较弱的关键制约因素在于经营者的观念落后、专业技术知识与技能缺乏、服务经验不足（Razzaq et al.，2013；Peng and Lin，2016）。相关研究表明，人力资本对休闲农业与乡村旅游的创新绩效，尤其是市场绩效具有显著影响（王世尧和王树进，2014），人力资本的投入有利于促进企业的学习与成长，增强员工创新意识。针对当前我国休闲农业与乡村旅游发展层次低、创新能力弱等问题，亟须通过人力资本的投资。因此，本文提出有待检验的假设5（H5）：人力资本投入对休闲农业与乡村旅游创新绩效有正向影响。

③企业家精神对休闲农业与乡村旅游企业创新绩效的影响。企业家精神（Entrepreneurship）是“Entrepreneur”的衍生词汇，字面意思是企业家所具备的某种技能、素质或条件（朱振伟，2016），如农业技能、管理技能等，是企业引入新产品、提供新标准、实行新管理、采用新技术、开辟新市场的重要创新动能（Low and Macmillan，2007）。2017年9月《中共中央国务院关于营造企业家健康成长环境弘扬优秀企业家精神更好发挥企业家作用的意见》提出“营造企业家健康成长环境，弘扬优秀企业家精神，更好发挥企业家作用，对深化供给侧结构性改革、激发市场活力、实现经济社会持续健康发展具有重要意义”。当前，部分发达地区的休闲农业与乡村旅游产业发展已从要素驱动转向创新驱动，其更依赖“人”的因素。企业家精神的发挥，不仅有利于当地资源的深度挖掘，而且对于促进

产品创新具有重要作用（Marques and Cunha，2013；李涛等，2016；吴小立和胡新艳，2017），是休闲农业与乡村旅游企业开展竞合及创新创业的重要创新要素来源（Jaafar et al.，2014；Ndabeni and Rogerson，2006；朱纪广等，2013；尹寿兵等，2013），可为产业持续发展提供永久动力（Stavriani et al.，2009）。因此，本文提出有待检验的假设 6（H6）：企业家精神对休闲农业与乡村旅游创新绩效有正向影响。

根据上述研究假设，结合绩效的概念内涵以及相关学者的研究动向，本研究首先借助规模报酬不变假设下（CRS）基于投入导向的 SE-DEA 方法对北京休闲农业与乡村旅游企业进行创新绩效评价，然后采用 Tobit 模型对休闲农业与乡村旅游创新绩效的影响因素进行估计。

（二）数据来源、研究方法与变量选择

1. 数据来源

本文研究的数据来源于课题组 2017 年 3—7 月在北京郊区组织的三星级以上休闲农业与乡村旅游园区（企业）调查。主要方法为：首先在每个样本区随机选择 5～10 家休闲农业与乡村旅游企业，总共选取了 12 个区具有一定规模和一定发展前景的 100 家市级星级休闲农业与乡村旅游企业，回收问卷 100 份；其次对回收的问卷进行电话回访，甄别问卷的有效性，筛选出 81 家信息完整的问卷；最后对有代表性的企业进行实地深度访谈，以加深对休闲农业与乡村旅游企业创新活动的理解。

2. 样本区县的统计分布

结合抽样调查方法和京郊休闲农业与乡村旅游发展特色，本研究选取的 81 家休闲农庄分布于北京 12 个区县，其中大兴、密云、顺义、延庆居多，占 60%。具体如图 4-1 所示。

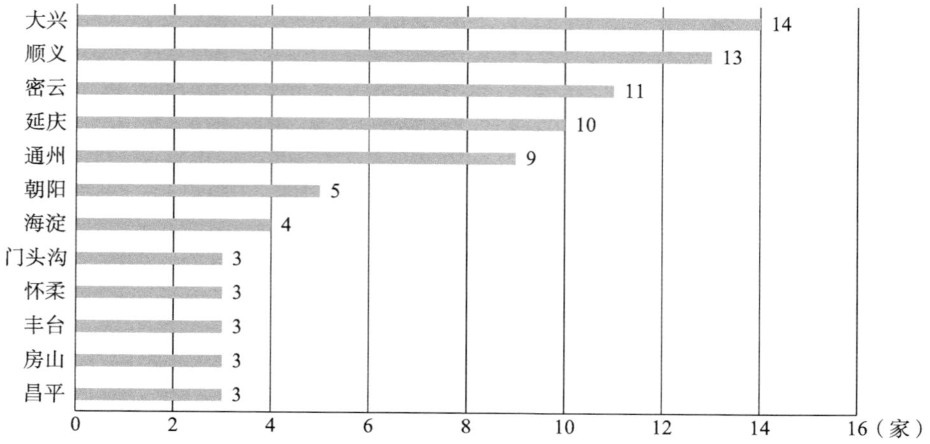

图 4-1　调查样本统计分布

3. 研究方法与变量选择

本文首先通过构建超效率 DEA 模型对休闲农业与乡村旅游企业的创新产出绩效进行测量，进一步采用 Tobit 模型对企业信息化水平、企业家精神、当地社会经济条件、政策支持情况、行业发展水平、农技人才拥有量等因素关于企业创新产出绩效的影响程度进行回归分析。其中，信息化水平采用综合评价法进行评价。

（1）DEA-Tobit 两步法

①超效率 DEA。自著名运筹学家 Charnes A. 等（1978）首次提出 CCR 模型并用于评价部门间相对有效性以来，DEA 方法不断得到完善，并广泛运用于经济学、管理学等领域。鉴于 CCR 评价中所出现的多个决策单元有效情况（即效率值为 1）无法进行深入的比较分析，Andersen 和 Petersen（1993）提出了超效率 DEA（Super Efficiency DEA，SE-DEA）模型。该模型的原理是在评价某决策单元时，将该 DMU 投入—产出用其他所有的评价单元构成线性组合替代，通过获得大于相对效率值的最大值 1 的结果来比较多个有效决策单元。对于某个选定的决策单元 DMU0，判断其有效性的模型形式如下：

$$\text{Min}\ \left[\theta-\varepsilon\left(e_m^T S^- + e_s^T S^+\right)\right]$$

$$s.t.\ \sum_{j\neq 0}\lambda_j X_j + S^+ = \theta X_0$$

$$\sum_{j \neq 0} \lambda_j Y_j - S^- = Y_0 \tag{1}$$

$$\lambda_j \geqslant 0, \ j=1, \ 2, \ \cdots, \ n$$

$$s^+ \geqslant 0, \ s^- \geqslant 0$$

其中，θ 为目标规划值，S^+、S^- 为松弛变量向量，若 $\theta \geqslant 1$，$S^+ = S^- = 0$，则称 j_0 单元为 DEA 有效。与传统的 DEA 评价不一样的是，（1）式将 DMU_0 的投入和产出排除在外，其投入和产出由其他 DMU 投入和产出的线性组合代替。对于有效率的 DMU，以 1.35 为例，表示该 DMU 即使再等比例地增加 35%的投入，它在整个样本集合中仍能保持相对有效。

②Tobit 模型。鉴于基于 SE-DEA 测算的休闲农业与乡村旅游企业投入产出绩效是一个大于 0 的受限变量，本研究采用处理受限因变量的 Tobit 模型进行影响因素分析，Tobit 模型的基本形式如下：

$$y_i^* = \beta_0 + \beta^T X_i + \mu_i$$

其中，y_i^* 为休闲农业与乡村旅游企业绩效效率值。X_i 分别是影响休闲农业与乡村旅游创新的主要因素。μ_i 服从正态分布。

当 $y_i^* = 0$ 时，其概率密度函数为：

$$P(y=0) = P(y_i^* \leqslant 0) = \Phi(-\frac{\beta' X_i}{\sigma}) = 1 - \Phi(-\frac{\beta' X_i}{\sigma})$$

当 $y_i^* = y_i$ 时，y_i 就有 y_i^* 的密度，因此似然函数可表示为：

$$l(\beta) = \sum_{y_i > 0} \ln\left[\frac{1}{\sigma}\Phi(\frac{y_i - \beta' X_i}{\sigma})\right] + \sum_{y_i = 0} \ln\left[1 - \Phi(\frac{\beta' X_i}{\sigma})\right]$$

（2）变量选择

①休闲农业与乡村旅游创新绩效投入—产出指标选择。a. 产出变量选择。结合企业创新绩效的相关研究进展，本研究在构建休闲农业与乡村旅游企业创新绩效时，将企业实现的年利润、企业主营业务收入作为企业创新绩效产出变量的表征。b. 投入变量选择。主要分为资本投入和人力投入两方面。其中，资本投入包括固定资产投入、互联网技术及设备投入、R&D 经费投入等资本投入测度；人力投入包括企业规模、网络技术人员等测度。相关指标解释见表 4-1。

表 4-1 北京休闲农业与乡村旅游企业创新绩效投入产出模型变量选择

变量		名称	单位
产出变量			
Y1 企业创新绩效	Y11	企业实现年利润	万元
	Y12	企业主营业务收入	万元
投入变量			
X1 资本投入	X11	固定资产投资	万元
	X12	互联网技术及设备投入	万元
	X13	R&D 经费投入	万元
X2 人力投入	X21	企业规模	人
	X22	网络技术人员	人

②Tobit 模型变量选择。结合理论分析，根据研究假设，拟选择企业信息化发展水平、企业所在地区人均收入、政府支持情况、企业农业技能人才以及企业是否为示范点等变量作为因变量构建 Tobit 回归模型（相关变量说明见表 4-2），模型形式如下：

$$Y_i=\beta_0=\beta_1 LFI_i+\beta_2 Inc_i+\beta_3 Gov_i+\beta_4 Ski_i+\beta_5 Dem_i+\mu_i \qquad (2)$$

表 4-2 北京休闲农业与乡村旅游企业创新绩效影响因素 Tobit 模型自变量说明

变量	变量含义	预期方向
LFI	企业信息化水平，采用企业信息化水平综合得分表征（具体计算方法如下文）	+
Inc	当地经济社会条件，采用当地居民人均收入表征	+
Gov	政府支持情况，采用园区是否接受相关扶持政策表征	+
Ski	农业技能人才，采用企业每 10 人拥有农业技能人才数量表征	+
Dem	行业发展水平，采用企业是否为全国休闲农业与乡村旅游示范点表征	+
Ent	企业家精神，采用管理人员占企业规模比表征	+

（三）北京休闲农业与乡村旅游服务业信息化水平测算

1. 北京休闲农业与乡村旅游信息化发展水平评价指标体系构建

（1）指标体系建立原则

①科学性与可操作性相结合。根据北京市休闲农业与乡村旅游业信息

化基础支撑、人才支撑及技术应用等，选取反映休闲农业与乡村旅游企业（休闲农庄）信息化水平的系列指标构建信息化综合水平评价体系，确立的指标必须是能够通过观察、测试、评议等方式得出明确结论的定量、定性指标，以准确反映郊区休闲农庄信息化发展综合水平。选取的指标不仅能进行横向比较，还能进行纵向比较，以为后期的发展进程动态监测提供评价依据。此外，还要求所设指标能够获取较为准确的数据，便于量化。

②完备性与简明性相结合。北京市休闲农庄信息化发展水平精选出来的系列指标具有概括性和综合性，能够用尽可能少的指标来较全面地反映信息化水平。既要能够全面反映休闲农庄信息化发展的方方面面（即不仅要求有反映信息化硬件水平的基础设施指标，还要有反映信息化软件水平的人才指标，更要有反映信息化内容的应用指标等），还要在保证评价质量的前提下，使指标体系简单明了，指标间避免相互重复，坚持指标少而精的原则。

③数据的可比性与可获得性。指标选取时，要考虑到数据的可获得性，以确保评价本身的公正、公开和科学。鉴于当前对郊区休闲农庄统计监测方面仍缺乏相关指标，本研究主要采用课题组监测调研所得的一手数据。在数据的可比性方面，指标主要采取绝对数据指标相对化的方法进行处理。

（2）指标选取与指标体系构建

作为综合指标体系，要分层确定北京休闲农庄信息化发展水平的目标层（信息化发展水平综合指数）、准则层（主体指标组）。首先应确定个体指标，将之纳入一个统一的体系中，以便进行统一性考察。根据以上原则，基于农业服务业信息化现状及北京“互联网+”休闲农业与乡村旅游创新模式，综合参考国内外相关信息化发展水平综合指数评价的研究成果，本研究将北京休闲农庄信息化发展水平准则层划分为知识支撑、基础设施以及技术应用三个方面。具体评价指标体系见表4-3。

表 4-3　北京休闲农庄信息化发展水平评价指标体系

目标层	二级指标	三级指标	四级指标	标准值
休闲农庄信息化发展综合水平	基础设施	信息化投入力度	人均信息化建设投入、上网及维护费用	以样本最大值为标准值
		基础设施建设程度	每 10 人电脑拥有量	10
			智能手机普及率	100%
		网络设施建设程度	是否建有内部局域网	1
			网络带宽速度	≥10 兆
			园区免费公共 Wi-Fi	1
			是否具有视频中控室	1
	知识支撑	信息化人才投入	每 10 人拥有信息员数量	≥2
			每 10 人拥有农业技能人才数量	≥5
		管理人员文化水平	农场主教育水平	≥7（博士）
			大专以上管理人员比重	以样本最大值 100%为标准值
		研发经费投入	研发经费占主营业务收入比	≥3%（参考发达国家标准）
	技术应用	电子商务应用	应用内容丰富性	5
			应用效果	5
		宣传推广应用	应用内容丰富性	8
			应用效果	5
		生产管理应用	应用内容丰富性	4
			应用效果	5
		互联网金融应用	应用内容丰富性	2
			应用效果	5

①基础设施。该指标由信息化投入力度、基础设施建设程度、网络设施建设程度三个指标构成。其中具体指标如下：

——信息化投入力度。采用信息化建设投入资金与年维护费用情况表征，计算公式：（信息化建设投入资金+年维护费用）÷企业规模。

——基础设施建设程度。由每 10 人电脑拥有量、智能手机普及率两个指标构成，计算公式：（电脑拥有量÷农庄规模）×10×1/2+智能手机普及率×1/2。

——网络设施建设程度。由是否建有内部局域网（是为 1，否为 0，以下相同）、网络带宽速度（2 兆以下为 1 分、2~5 兆为 2 分、5~10 兆为 3 分、10 兆以上为 4 分）、是否建有园区免费公共 Wi-Fi、是否具有视频中控室四个指标构成，计算公式：（是否建有内部局域网+网络带宽速度/4+是否建有园区免费 Wi-Fi+是否具有视频中控室）×1/4。

②知识支撑。由信息化人才投入、管理人员文化水平、研发经费投入三个指标构成。其中，具体指标如下：

——信息化人才投入。由每 10 人拥有信息员数量、每 10 人拥有农业技能人才数量构成。计算公式：（信息员数量÷规模）×10×1/2+（农业技能人才数量÷规模）×10×1/2。

——管理人员文化水平。由农场主教育水平、大专以上管理人员比重构成。计算公式：农场主教育水平×1/2+大专以上管理人员数量÷管理人员数量×1/2。

——研发经费投入。由研发经费占主营业务收入比表示。计算公式：研发经费投入÷主营业务收入。

③技术应用。由信息化技术及产品在电子商务应用、宣传推广应用、生产管理应用、互联网金融应用四方面的应用构成。

——电子商务应用。包括线上订票、网上交易、会员销售系统、加入旅游门户网站四个方面，其中应用内容的丰富性由这四方面的应用现状加总所得，应用效果采用四个方面的简单平均数。计算公式：应用内容丰富性×1/2+应用效果×1/2。

——宣传推广应用。包括门户网站、微信公众号、手机 App 平台推广、多媒体展示、电子导航系统、电子地图搜索、实时信息播报、农业嘉年华等。计算公式同上。

——生产管理应用。包括视频监测系统、环境监控物联网设施、可溯源系统、ERP 管理系统等。计算公式同上。

——互联网金融应用。包括互联网支付、P2P 金融等。计算公式同上。

（3）北京休闲农庄信息化发展水平指标体系评价方法

①指标权重的确定。针对本课题设计的评价指标体系，结合专家咨询，课题组对各指标的权重确定采用等值权重，因此三个分类指数的权重为 1/3，具体指标的权重同样采用等值权重确定。

②数据标准化。在具体计算中，本课题采用比值法对指标进行无量纲化。该方法首先选取一个评价基数值，把被评价方案的指标实际数据与其相比，从而得到一个比例系数。

对于效益型指标（正指标）：

$p_i = c_i / c_0$（当 c_i 为正作用指标时）

对于成本型指标（逆指标）：

$p_i = c_0 / c_i$（当 c_i 为逆作用指标时）

其中：c_0为标准值。

③综合指数合成。权重确定后，采用简单线性加权的方法计算休闲农庄信息化发展水平，即对每个具体指标的标准化数据进行计算，分别得出各个分类指数，然后通过各个分类指数加权平均计算得出总指数。

计算公式为：

$$LFI = \sum^{n} W_i (\sum^{m} W_{ij} P_{ij}) \tag{3}$$

其中，LFI 为北京休闲农庄信息化发展水平的数值，n 为信息化综合水平分类的个数，m 表示信息化水平第 i 类指数的指标个数，W_i 为第 i 类指数在总指数中的权重，P_{ij}为第 i 类的第 j 项指标标准化后的值，W_i 为第 j 个指标在第 i 类指数中的权重。

（4）休闲农庄信息化发展进程设定

结合企业电子化、信息化、知识化、智慧化四个信息化发展阶段，根据专家打分的意见，将休闲农庄信息化发展水平划分为四个阶段：

①休闲农庄信息化起步阶段 $20\% < Z \leqslant 40\%$；

②休闲农庄信息化发展阶段 $40\% < Z \leqslant 60\%$

③休闲农庄信息化跃升阶段 $60\% < Z \leqslant 80\%$；

④休闲农庄信息化成熟阶段 $80\% < Z \leqslant 100\%$；

其中，每个阶段又可以划分为前期、中期、后期；前期的跨度为 6 个百分点，中期和后期跨度为 7 个百分点。详见表 4-4。

表 4-4 休闲农庄信息化发展进度设定

起步阶段	20%<Z≤40%	起步阶段前期	20%<Z≦26%
		起步阶段中期	26%<Z≦33%
		起步阶段后期	33%<Z≦40%
发展阶段	40%<Z≤60%	发展阶段前期	40%<Z≦46%
		发展阶段中期	46%<Z≦53%
		发展阶段后期	53%<Z≦60%
跃升阶段	60%<Z≤80%	跃升阶段前期	60%<Z≦66%
		跃升阶段中期	66%<Z≦73%
		跃升阶段后期	73%<Z≦80%
成熟阶段	80%<Z≤100%	成熟阶段前期	80%<Z≦86%
		成熟阶段中期	86%<Z≦93%
		成熟阶段后期	93%<Z≦100%

2. 北京休闲农庄信息化发展水平测算

（1）总体评价

根据上述方法及计算公式，以调研的 81 家休闲农庄为例，可计算出 31 家休闲农庄的信息化综合水平得分，见表 4-5。综合来看，2017 年北京休闲农庄信息化综合水平平均为 0. 4670，信息化水平不高，总体位于信息化发展阶段的中期。标准差为 0. 1203，农庄间差异较大。其中，北京阿卡控股有限公司（以下简称阿卡）综合得分 0. 9096，这表明阿卡信息化实现程度很高，进入信息化成熟阶段的中期；北京北菜园、北京欧菲堡酒庄得分分别为 0. 7395、0. 7376，位于跃升阶段后期；天天渔港休闲农庄、北京爱农、巧嫂农业科技园得分分别为 0. 7168、0. 6840、0. 6779，位于信息化跃升阶段中期，接近跃升阶段后期；此外，位于前十的鑫莱盛、中农春雨休闲农场得分分别为 0. 6378、0. 6010，均位于跃升阶段前期。

（2）分类评价

①休闲农庄信息化基础设施建设水平。近年来，随着北京市加大农业信息化基础设施建设，大多数农庄在规划设计中均考虑到信息化基础设施对农庄发展的基础支撑作用，休闲农业与乡村旅游领域的信息化基础设施取得了一定进展，基本实现了宽带网络、4G 网络接入，智能手机普及率达

90%以上，园区免费 Wi-Fi、摄像头等设施投放覆盖率不断提升。但综合来看，北京市休闲农庄信息化基础设施发展水平不高，存在多点高水平分布形态。根据计算结果，2017 年北京休闲农庄信息化基础设施发展水平平均值为 0.4669，位于发展阶段中期水平。其中，阿卡、欧菲堡基础设施水平分别达到 0.9000、0.8281，基础设施十分完善；天天渔港、巧嫂、北京爱农、碧海园、精灵农庄分别达到 0.6 以上，分别为 0.7346、0.6761、0.7097、0.7030、0.6364，信息化基础设施位于跃升阶段。而个别休闲农庄的信息化基础设施仍相对落后，主要体现在局域网建设、视频中控室和信息化投入相对滞后。

②休闲农庄信息化知识支撑建设水平。与信息化基础设施、信息化应用水平相比，北京市休闲农庄信息化知识支撑水平较高，这主要在于样本农庄十分重视信息化人才的建设。如 81 家休闲农庄中，农庄负责人的平均受教育年限达到 14 年以上，大专以上学历的占 70%以上。根据计算结果，2017 年京郊休闲农庄信息化知识支撑水平平均值为 0.4858，分别比基础设施水平、信息化应用水平高 4.05%、8.36%，位于发展阶段中期，标准差为 0.1585，农庄间差距较大。其中，阿卡、欧菲堡高达 0.9600、0.8847，知识支撑水平达到成熟阶段中后期，这主要在于这两家农庄十分注重信息化人才及研发经费的投入，管理人员素质、科技支撑条件相对成熟。天天渔港为 0.7957，接近成熟阶段初期。北菜园、小毛驴市民农园、亨美利嘉山水居、运河怡水文化园、鑫莱盛分别为 0.7129、0.7129、0.7099、0.7073、0.7029，接近跃升后期。而发展水平较低的农庄主要在于农业技术人才、信息员缺失，研发经费不足。

③休闲农庄信息化应用水平。根据指标体系，将休闲农庄的信息化应用分为四个环节，即电子商务、宣传推广、生产管理、互联网金融。从调研结果看，电子商务应用水平较高，达到 0.5310，宣传推广、生产管理、互联网金融分别为 0.4549、0.3019、0.5068。这表明，目前“互联网+”休闲农业与乡村旅游业态在京郊逐渐发展起来，但休闲农庄生产的信息化建设（如物联网监控、视频监测、可溯源及 ERP 管理）仍相对落后。综合来看，休闲农庄信息化应用综合水平平均值为 0.4483，处于发展阶段前期，标准差为 0.1942，农庄间的信息化应用差距较大。从农庄比较来看，巧嫂、阿卡、北菜园信息化应用水平均在 80%以上，分别为 89.06%、

86.88%、82.81%，达到信息化应用的成熟期。南宫世界地热博物馆、爱农、灵芝秀、绿源艺景、中农春雨信息化应用达70%以上，分别为77.81%、77.19%、75.13%、71.94%、70.63%，个别农庄尚未开展信息化应用。

表4-5 北京休闲农庄信息化发展水平测算结果

编号	基础设施	知识支撑	信息化应用	综合水平	编号	基础设施	知识支撑	信息化应用	综合水平
1	0.4353	0.1943	0.0000	0.2098	27	0.4464	0.4576	0.7344	0.5461
2	0.5146	0.7029	0.6958	0.6378	28	0.4359	0.2724	0.3688	0.3590
3	0.5385	0.5010	0.7194	0.5863	29	0.5634	0.5429	0.5888	0.5650
4	0.4501	0.3574	0.2063	0.3379	30	0.5173	0.5229	0.1500	0.3967
5	0.4168	0.4529	0.4427	0.4375	31	0.6364	0.4562	0.5969	0.5632
6	0.3689	0.5343	0.5156	0.4729	32	0.4962	0.4806	0.3175	0.4315
7	0.4320	0.2017	0.4325	0.3554	33	0.5320	0.3685	0.6381	0.5129
8	0.5916	0.4943	0.5344	0.5401	34	0.5558	0.4150	0.6869	0.5526
9	0.5854	0.1137	0.4500	0.3831	35	0.4679	0.4429	0.5763	0.4957
10	0.3880	0.4610	0.4844	0.4445	36	0.4578	0.5155	0.4400	0.4711
11	0.5772	0.4981	0.4969	0.5241	37	0.6774	0.7129	0.8281	0.7395
12	0.2412	0.2797	0.3125	0.2778	38	0.3986	0.3562	0.3375	0.3641
13	0.8281	0.8847	0.5000	0.7376	39	0.3631	0.3395	0.3169	0.3398
14	0.5066	0.2658	0.2469	0.3398	40	0.4973	0.5929	0.3288	0.473
15	0.3753	0.3943	0.1750	0.3149	41	0.3439	0.5309	0.4838	0.4528
16	0.2327	0.6714	0.3531	0.4191	42	0.4349	0.4806	0.2188	0.3781
17	0.4926	0.6041	0.7063	0.6010	43	0.4292	0.3020	0.4306	0.3873
18	0.2917	0.5107	0.2000	0.3341	44	0.3843	0.6629	0.1031	0.3834
19	0.9000	0.9600	0.8688	0.9096	45	0.5146	0.5505	0.2813	0.4488
20	0.5310	0.3897	0.5469	0.4892	46	0.4688	0.4249	0.3938	0.4291
21	0.5034	0.3834	0.5031	0.4633	47	0.4676	0.7099	0.3819	0.5198
22	0.4851	0.3517	0.3219	0.3862	48	0.4332	0.6529	0.3506	0.4789
23	0.5003	0.2396	0.4531	0.3977	49	0.3961	0.2038	0.2019	0.2672
24	0.7097	0.5705	0.7719	0.6840	50	0.4615	0.5429	0.5831	0.5292
25	0.4960	0.3664	0.4719	0.4448	51	0.4009	0.3745	0.7513	0.5089
26	0.5273	0.5443	0.5094	0.5270	52	0.2995	0.4043	0.2988	0.3342

续表

编号	基础设施	知识支撑	信息化应用	综合水平	编号	基础设施	知识支撑	信息化应用	综合水平
53	0. 1433	0. 5490	0. 5125	0. 4016	69	0. 4948	0. 6065	0. 6050	0. 5688
54	0. 4461	0. 2751	0. 7781	0. 4998	70	0. 4579	0. 3695	0. 6938	0. 5071
55	0. 4582	0. 5829	0. 4375	0. 4929	71	0. 4243	0. 4180	0. 4250	0. 4224
56	0. 4517	0. 6282	0. 5344	0. 5381	72	0. 3698	0. 7129	0. 3313	0. 4713
57	0. 6493	0. 5329	0. 4025	0. 5282	73	0. 5527	0. 5166	0. 4913	0. 5202
58	0. 3094	0. 6762	0. 5763	0. 5206	74	0. 3227	0. 7073	0. 2938	0. 4412
59	0. 5268	0. 5429	0. 1800	0. 4166	75	0. 2803	0. 6262	0. 2675	0. 3913
60	0. 2622	0. 5203	0. 4431	0. 4085	76	0. 7346	0. 7957	0. 6200	0. 7168
61	0. 3297	0. 5629	0. 3038	0. 3988	77	0. 6761	0. 4671	0. 8906	0. 6779
62	0. 3801	0. 6029	0. 4863	0. 4897	78	0. 5746	0. 3329	0. 2825	0. 3967
63	0. 3812	0. 4623	0. 5481	0. 4639	79	0. 4588	0. 3762	0. 4806	0. 4385
64	0. 2963	0. 2929	0. 1750	0. 2547	80	0. 1577	0. 2681	0. 2025	0. 2094
65	0. 5233	0. 4856	0. 5525	0. 5204	81	0. 5355	0. 5540	0. 6556	0. 5817
66	0. 4435	0. 6295	0. 3000	0. 4577	均值	0. 4669	0. 4858	0. 4483	0. 4670
67	0. 4725	0. 5929	0. 0000	0. 3551	标准差	0. 1332	0. 1585	0. 1942	0. 1203
68	0. 7030	0. 4229	0. 5400	0. 5553					

（四）北京休闲农业与乡村旅游创新绩效测算

采用 EMS 软件，利用投入导向的 CCR 模型对 81 家休闲农业与乡村旅游企业创新绩效进行测算（见表 4-6）。结果显示，有 21 家休闲农业与乡村旅游企业创新绩效处于有效状态，仅占 25. 93%，81 家休闲农业与乡村旅游企业创新绩效平均得分为 0. 7939，这表明北京市休闲农业与乡村旅游企业创新绩效总体处于较高水平，但存在“哑铃”式的不均衡结构布局。其中，阿卡创新产出效率最高，为 4. 4375，其次为北菜园、世界花卉大观园、天天渔港、万科艺园、聚隆农业联合社、蓝调庄园、坡峰岭、巧嫂农业科技园、野谷生态科技园，分别为 4. 4191、4. 3333、3. 3408、3. 1230、3. 1193、2. 2416、2. 1938、2. 0526、1. 9328。此外，排在前 20 名的休闲农庄还有绿源艺景、碧海圆、绿禄生态园、中农春雨、兴农鼎力、欧菲堡、南宫世界地热博览园、金福艺农、百年栗园、蜂蜜大世界等。对于创新绩效处于无效状态的60家企业，应当加快调整各项投入要素，尤其对于固定资产投资、研发经费投入以及人力资本等产生冗余的变量，应通过技术创新手段，使这些投入发挥其最大的增值，促进其产出在生产可能性曲线之上，实现资源的有效配置。

表4-6 基于SE-DEA的北京休闲农庄创新绩效投入—产出绩效

DMU	Score	DMU	Score	DMU	Score	DMU	Score
1	0.0100	22	0.4663	43	4.3333	64	0.1580
2	0.2789	23	0.7138	44	0.1468	65	3.1193
3	1.5714	24	0.4458	45	0.1327	66	0.5779
4	0.3841	25	0.0433	46	0.5055	67	0.3182
5	0.2279	26	0.0778	47	0.1140	68	1.5127
6	0.4794	27	0.1297	48	0.1552	69	3.1230
7	0.3748	28	0.2084	49	0.8105	70	0.4904
8	0.4140	29	1.0093	50	0.7739	71	0.6634
9	2.1938	30	0.2627	51	0.5693	72	0.1104
10	0.4431	31	0.1712	52	0.0849	73	0.1881
11	1.9328	32	0.7799	53	0.1729	74	0.0091
12	1.1376	33	0.7855	54	1.0494	75	0.1890
13	1.0648	34	2.2416	55	0.3282	76	3.3408
14	0.4380	35	0.8654	56	0.4328	77	2.0526
15	0.7130	36	0.0677	57	0.2940	78	0.1696
16	0.1950	37	4.4191	58	0.4114	79	0.2350
17	1.2645	38	0.0792	59	0.3910	80	0.3794
18	0.7225	39	1.2827	60	0.3776	81	1.0299
19	4.4375	40	0.1003	61	0.2883	均值	0.7939
20	0.3501	41	0.4116	62	0.2100	方差	1.0028
21	1.0477	42	0.3429	63	0.4760		

（五）信息化对休闲农业与乡村旅游的影响效果结果分析

1. 变量描述性统计

对模型中各变量的说明与描述性统计分析结果见表4-7。根据研究假设，将影响休闲农业与乡村旅游创新绩效的因素分为外部因素与内部因素。其中，政府支持情况均值为0.5309，表明一半以上的休闲农业与乡村旅游企业得到政府的支持；休闲农业与乡村旅游企业所在地区的居民收入平均值为33841元，比北京市农村居民收入水平高39.61%，表明当地经济社会条件相对优越；行业发展水平平均值为0.6049，表明有一半以上的样本休闲农业与乡村旅游企业建设为全国或北京市休闲农业与乡村旅游建设示范点。人力资本投入水平有待提高，其中样本农庄每10人拥有的农技人才（包括接受过技能培训的人员）不到2个，企业家精神得到一定的发挥，企业管理人员占企业规模达27.64%，内部组织管理机制相对合理。

表 4-7 北京休闲农庄创新绩效影响因素 Tobit 模型自变量说明

变量	变量定义与赋值	均值	标准差
LFI	休闲农业与乡村旅游企业信息化水平，采用休闲农业与乡村旅游企业信息化水平综合得分表征	0.4670	0.1203
Inc	当地经济社会条件，采用当地居民人均收入表征	33841	17371.3
Gov	政府支持情况，采用园区是否接受相关扶持政策表征，是=1，否=0	0.5309	0.5022
Ski	农业技能人才，采用企业每10人拥有农业技能人才数量表征	1.3967	1.6952
Dem	行业发展水平，采用企业是否为全国休闲农业与乡村旅游示范点表征，是=1，否=0	0.6049	0.4919
Ent	企业家精神，采用管理人员占企业规模比表征	0.2764	0.4696

2. 模型运行结果与分析

采用Stata软件对（2）式进行极大似然法估计，得出回归系数及检验结果（对于社会经济条件Inc不显著情况，将其剔除）见表4-8。从检验结果来看，Log likelihood较小，且模型通过了LR检验，且各变量系数与理论预期一致，表明模型设定合适，具有整体显著性及较好的解释力。

表 4-8 北京休闲农庄创新绩效影响因素 Tobit 模型回归分析结果

Variable	系数	P>|t|	系数	P>|t|
C	-1.0307	0.007	-0.9193	0.012
LFI	2.5380	0.003	2.6918	0.002

续表

Variable	系数	P>｜t｜	系数	P>｜t｜
INC	5.27e-06	0.311		
GOV	0.3703	0.057	0.3343	0.081
SKI	-0.0771	0.277	0.0455	0.142
DEM	0.2579	0.174	0.2978	0.112
ENT	0.7817	0.003	0.8020	0.003
Log likelihood	-92.9525	-98.0615		
LR chi2（5）	43.41（Prob >chi2=0.0000）	33.19（Prob>chi2=0.0000）		
N	81	81		

由表4-8可见，在10%的置信水平下，休闲农庄信息化水平、企业家精神以及政府支持力度影响最显著，而农业技能人才、是否为休闲农业与乡村旅游示范点影响水平接近于显著，相关结论说明如下。

信息化水平是休闲农庄创新绩效增长的主要动力源泉。根据Tobit回归系数结果，农庄信息化发展水平通过了1%的显著性检验，且影响系数为正，表明休闲农业与乡村旅游企业信息化发展水平越高，创新绩效越高，主要原因在于企业信息化发展水平越高，越能科学有效地对休闲农业与乡村旅游的生产、发展以及服务进行管理，尤其能依靠信息化手段实现生产过程的有效管理，以及市场策略的个性化推介与顾客行为的精准识别，进一步促进休闲农业与乡村旅游的提档升级。具体来看，农庄信息化水平每增加1个百分点，可促进企业创新绩效增长2.6918%，其影响效应甚至比政府支持、行业发展水平、企业家精神以及人力资本要高。这表明，信息化发展水平作为技术创新与产业现代化水平的衡量指标，深挖其发展潜力，可有效提高企业创新绩效。从调查样本看，阿卡、北菜园、天天渔港、巧嫂、金福艺农、欧菲堡、蜂蜜大世界、百年栗园、中农春雨等均是信息化（平均为0.6658）与创新绩效（平均为2.1851）处于较高水平的企业。由此，对于部分产出绩效无效的企业，可引导其积极利用互联网思维、互联网手段在休闲农业与乡村旅游宣传推介、电子商务、生产管理、融资创新方面发挥作用，深入挖掘信息化对绩效增长的潜力，从技术创新层面实现企业的绩效提升。

企业家精神对企业开展创新活动具有显著正向影响效应。与传统农业企业所不同，现代农业服务业企业对企业家精神要求更高。目前京郊大多数新创的休闲农庄的管理人员文化素质偏高，管理人员结构也相对合理。其中，从样本看，81 家企业管理人员文化程度在大专以上学历的占 50%以上。从回归结果看，企业家精神通过了 5%水平的显著性检验，并且其影响系数为正，表明企业家精神越得到发挥，休闲农业与乡村旅游企业创新绩效越好，主要原因在于企业家精神的发挥，有利于实现休闲农业与乡村旅游各类创新资源的合理配置以及市场机会的深度洞察，促进投入—产出在其企业边界上的有效。具体来看，企业管理人员占比增加 1 个百分点，则可促进企业绩效提高 0. 8020 个百分点。这表明，企业家精神作为休闲农业与乡村旅游领域的创新创业动能，对休闲农业与乡村旅游实现组织管理创新具有正向影响作用。因此，通过激发企业家精神，加强管理人员素质培养，强化管理层结构，将有利于提高企业创新水平。

政府支持与否直接影响企业创新绩效的增长。政府支持情况通过了 10%的显著性检验，并且其影响系数为正，表明政府支持力度越大，休闲农业与乡村旅游创新绩效越高。从实践看，休闲农业与乡村旅游一直是北京市相关政府支持的重点农业服务业，尤其 2017 年以来，北京市更是出台了《关于加快休闲农业和乡村旅游发展的意见》（京政农发〔2017〕30 号）、《关于坚持疏解整治促提升扎实推动城乡一体化发展的意见》（京发〔2017〕9 号）、《关于进一步规范设施农业建设和利用的通知》（京政农发〔2017〕28 号）等文件，为进一步推动休闲农业与乡村旅游企业创新发展，实现提档升级提供了有效的创新环境。通过 Tobit 模型的计算结果，受到政府支持的休闲农庄的绩效比没有政府支持的农庄高 0. 3343 个百分点，这表明，休闲农业与乡村旅游作为乡村发展的新型业态，在其未实现规模效应时尤为需要政府的支持，政府无论是在项目、资金等财政政策还是在村域基础设施配套建设等公共服务政策，抑或是税收减免等税收政策等方面对休闲农业与乡村旅游的支持尤为重要。

行业发展水平对企业创新绩效具有带动作用。尽管行业发展水平未通过 10%的显著性检验，这主要原因在于京郊休闲农庄的发展逐渐趋向于市场化发展，示范点的建设不一定直接影响企业创新绩效的增长，但会间接辐射带动其他农庄的规范化发展。但从影响系数看，这表明行业发展的成熟与否以及其释放出来的创新扩散效应越大，休闲农业与乡村旅游创新绩效越高。根据回归结果，属于全国休闲农业与乡村旅游示范点的企业创新绩效比一般的休闲农庄创新绩效高 29.78%。这表明，这些示范点代表了休闲农庄行业的发展水平，其发展典型对于新创休闲农庄具有不可替代的知识转移和创新扩散作用。一方面休闲农庄可通过总结发展水平较好的农庄经验，积极探索适合自身的发展模式；另一方面，可通过完善自身的建设条件，积极向行业发展龙头靠拢，进一步推进休闲农庄产业集群的发展。

农业技能人才对企业创新绩效增长影响不显著。从回归结果看，农业技能人才在 10%的显著性检验中未能通过，这表明农业技能人才对休闲农庄创新绩效的直接影响不显著，可能原因在于，目前大多数农庄均投入了一定的农业技能人才，81 家农庄每 10 人的农业技能人才拥有量达到 1.3967，这些技能人才的投入在带动其他人员参与创新的引导力量较强，另一方面人才的投入对于产出的发挥具有滞后性，导致在当期的影响并不显著。但从影响系数的方向可以预期，在一定时期的人才投入与创新人才战略实施趋于稳定后，尤其是引入复合型人才、高层次技术创新人才过程中，农庄的创新绩效增长将随着人才的聚集而产生间接的正向促进作用，这一假设将有待后续样本的扩大、行业间的比较以及动态监测评价而进一步深入分析。

当地经济社会条件对休闲农业与乡村旅游创新绩效影响不显著。当地经济社会条件在 10%的显著性检验中未能通过，并且其影响系数接近于 0，这表明当地经济社会条件对休闲农业与乡村旅游创新绩效的影响不显著。可能原因在于，北京市区域发展相对平衡，地区经济条件差异不大，郊区农民收入水平差距相对较小，导致其对休闲农业与乡村旅游创新绩效的影响较小。但可以预期的是，当地经济社会条件的优越性可以通过创新服务环境间接影响休闲农业与乡村旅游企业的创新绩效，这一点将有待后续样本调查区域扩大、样本量增加的进一步考察。

（六）主要结论

现代农业服务业是现代农业的重要组成部分，其位于“微笑曲线”的上端，具有人才智慧性、技术超前性、产出高效性、产品高竞争性和替代性等特征。互联网环境下，现代农业服务业逐渐成为农村“大众创业，万众创新”的根本依托和创新领域。互联网的高速发展促进了休闲农业与乡村旅游、农村互联网金融、农业科技服务、现代农业流通业等新产业、新业态的发展，激发了农业服务业领域的模式创新、管理创新与服务创新。作为衡量服务业现代化水平综合能力的重要指标，信息化对现代农业服务业的影响更为深远。鉴于此，本研究以北京休闲农业与乡村旅游为例，通过搭建现代农业服务业信息化发展水平评价指标体系，对休闲农庄信息化发展水平进行了评价，并通过建立 SE-DEA-Tobit 模型，分析了信息化对休闲农庄创新绩效的影响，相关结论如下。

北京市休闲农庄信息化发展水平处于中等发展阶段。通过构建包含基础设施、知识支撑和信息化应用三个方面评价指标体系，采用综合指数合成法对 81 家京郊休闲农庄的信息化发展水平进行了测算。研究结果表明，2017 年北京休闲农庄信息化综合水平平均为 0.4670，信息化水平不高，总体位于信息化发展阶段的中期，其中基础设施、知识支撑、信息化应用三个准则层的发展水平分别为 0.4669、0.4858、0.4483，处于发展阶段中前期。

北京市休闲农庄创新绩效取得一定成效。基于 CCR 的超效率 DEA 模型，研究结果表明，有 20 家休闲农庄创新绩效处于有效状态，占 24.69%，总体绩效水平不高。其中，阿卡最高，为 4.4375，其次为北菜园、世界花卉大观园、天天渔港、万科艺园、聚隆农业联合社、蓝调庄园、坡峰岭、巧嫂农业科技园、野谷生态科技园，分别为 4.4191、4.3333、3.3408、3.1230、3.1193、2.2416、2.1938、2.0526、1.9328。总体来看，81 家休闲农业与乡村旅游企业创新绩效平均得分为 0.7939，绩效处于较高水平，但企业间的绩效存在“哑铃”式的不均衡结构布局，标准差达 1.0028，这一结果表明，对于部分处于无效 DEA 的企业，可借鉴其他有效的企业，通过调整要素投入结构，实现资源的最佳配置，进而缩小行业间差距。

信息化对现代农业服务业创新绩效具有正向影响作用。现代农业服务业创新绩效外部主要影响因素包括政府支持、社会经济条件、市场竞争程度、行业发展水平等，内部主要影响因素包括企业信息化发展水平、研发投入、人力资本投入、企业家精神等。基于超效率 DEA-Tobit 模型的研究结论表明，信息化发展水平每增加 1%，可促使企业创新绩效提高

2.6918%。这一结果表明，对于部分产出绩效无效的企业，可通过深入挖掘信息化对绩效增长的潜力，从技术创新层面实现企业的服务创新。

（七）本章小结

本章基于北京市休闲农业与乡村旅游企业调查数据，首先采用综合评价法对休闲农业与乡村旅游企业信息化发展水平进行评价。其次采用超效率 DEA 对休闲农业与乡村旅游企业的产出绩效进行测算，以此作为表征创新绩效的指标，进一步地，采用 Tobit 模型考察了包括信息化水平在内的影响休闲农业与乡村旅游企业创新绩效的关键因素。结论表明，信息化对休闲农业与乡村旅游创新绩效具有正向影响作用，其影响系数为 2.6918，即在控制其他变量不变条件下，企业信息化水平增加 1%，可促使其产出绩效增加 2.6918%。这一结论表明，未来在推动休闲农业与乡村旅游提档升级、促进休闲农业与乡村旅游创新发展方面，可通过制定相应的鼓励政策，引导休闲农业与乡村旅游经营主体积极拥抱互联网，推动“互联网+休闲农业与乡村旅游”新产业、新业态的可持续发展。

需要说明的是，本研究是基于典型调研基础上获取的样本，样本量偏少，且研究区域只限于休闲农业与乡村旅游现代化水平较高的京郊地区，虽然实证分析中得到了一些推动发达地区休闲农业与乡村旅游创新发展的启示性结论，但这些研究结论在休闲农业与乡村旅游发展基础薄弱、社会经济条件欠发达以及农业现代化发展水平较低的地区和创新要素（如信息技术、人力资本等）市场化水平较低的地区是否同样成立，仍有待进一步探讨。因此，今后研究中，将扩大样本量，对典型省（市）份，如天津、上海、浙江、福建等，乃至全国情况进行深入探讨，依托大样本，通过以区域作为因变量，考察不同区域、不同规模休闲农业与乡村旅游创新绩效的影响因素，进一步强化不同因素对休闲农业与乡村旅游企业创新绩效影响的解释，为推进休闲农业与乡村旅游提档升级提供更加科学、客观与翔实的依据。

参考文献

[1] A. Lievens, Moenaert R. K.. Project Team Communication in Financial

Service Innovation [J]. Journal of Management Studies, 2000, 37 (5): 733-766.

[2] Andreassen T. W., Lindestad B.. Custumer loyalty and complex services: the impact of corporate image on quality, customer satisfaction and loyalty for customers with varyingdegrees of service expertise [J]. International Journal of Service Industry Management, 1998, 9 (1): 7-23.

[3] Alexandru N., Vάzquez J. L, Georgiev I.. Rural development strategies through rural tourism activities in romania: chance for an internal demand? [J]. International Review on Public and Nonprofit Marketing, 2005, 2 (1): 85-95.

[4] Allan Afuah, Christopher L. Tucci. 互联网商务模式与战略 [M]. 北京：清华大学出版社，2002：48-49.

[5] Brent Hueth, Marcoul P.. Information Sharing and Oligopoly in Agricultural Markets: The Role of Bargaining Associations [C]. Center for Agricultural and Rural Development (CARD) at Iowa State University, 2002.

[6] Brynjolfsson E., Hitt L.. Information technology as a factor of production: the role of differences among firmst [J]. Economics of Innovation and New Technology, 1995, 3 (3-4): 183-200.

[7] D. I. Riddle, Sours M. H.. Service industries as growth leaders on the pacific rim [J]. Asia Pacific Journal of Management, 1984, 1 (3): 190-199.

[8] Dewan S., Kraemer K. L.. Information Technology and Productivity: Evidence from Country - Level Data [J]. Management Science, 2000, 46 (4): 548-562.

[9] Diego Martinez, Molina J. P., Garcia A. S., et al. AFreeCA: Extending the Spatial Model of Interaction [C] // International Conference on Cyberworlds, Singapore, October. 2010: 17-24.

[10] DoCoMo. I - mode TM Service Information [R]. NTT DoCoMo, Inc. 2008: 1.

[11] Edwards J.. Guest-Host Perceptions of Rural Tourism in England and Portugal. In Sinclair, M. T. and Stabler, M. J. (eds.) The Tourism Industry: An International Analysis. Oxon: CAB International, 1991.

[12] Erik Brynjolfsson, Lorin Hitt.. Information Technology As A Factor Of Production: The Role Of Differences Among Firms [J]. Economics of Innova-

tion & New Technology, 1994, 5 (1): 38-45.

[13] J. P. J. D. Jong, Vermeulen P. A. M. Organizing successful new service development: a literature review [J]. Management Decision, 2003, 41 (9): 844-858.

[14] Jams B. Pick, Sarkar A.. United States Digital Divide [J]. Progress in Is, 2015: 235-274.

[15] Jorgenson D. W, Sichel D. E.. Raising the Speed Limit: U. S. Economic Growth in the Information Age. [J]. Brookings Papers on Economic Activity, 2000, 61 (1): 474-476.

[16] O'Mahony M., Vecchi M.. Quantifying the Impact of ICT Capital on Output Growth: A Heterogeneous Dynamic Panel Approach [J]. Economica, 2005, 72 (288): 615-633.

[17] Oulton N.. ICT and Productivity Growth in the United Kingdom [J]. Oxford Review of Economic Policy, 2002, 18 (3): 140.

[18] Platania M.. Agritourism farms and the web—an exploratory evaluation of their websites [J]. AGRIS On-line Papers in Economics and Informatics, 2014, 6 (3): 51-58.

[19] Peter Ballon. Scenarios and business models for 4G in Europe [J]. Info, 2004, 6 (6): 363 - 382.

[20] Pohjola M.. Information technology and economic growth: a cross-country analysis [J]. Research Paper, 2000 (3): 19-43.

[21] Ricardo G., Franks J R, Claudio M A.. Adoption of Modern Agricultural Technologies by Lowland Indigenous Groups in Bolivia: The Role of Households, Villages, Ethnicity, and Markets [J]. Human Ecology, 1998, 26 (3): 351-369.

[22] Ritva Toivonen, Järvinen E, Lindroos K, et al. The challenge of information service development for private forest owners: The Estonia and Finland cases [J]. Small-scale Forestry, 2005, 4 (4): 451-469.

[23] Salahuddin M, Gow J.. The effects of Internet usage, financial development and trade openness on economic growth in South Africa: A time series analysis [J]. Telematics & Informatics, 2015, 33 (4): 1141-1154.

[24] Shahiduzzaman M., Alam K.. The long-run impact of Information and Communication Technology on economic output: The case of Australia [J]. Telecommunications Policy, 2014, 38 (7): 623-633.

[25] Solow RM. We'd better watch out [J]. New York Times Book Review, 1987, 7 (12): 36.

[26] Soriano D. R., Ribera T. B., Alcamí R. L, et al. Social networks and Web 3.0: their impact on the management and marketing of organizations [J]. Management Decision, 2012, 50 (10): 1880-1890.

[27] Stephen G. Perz. Social Determinants and Land Use Correlates of Agricultural Technology Adoption in a Forest Frontier: A Case Study in the Brazilian Amazon [J]. Human Ecology, 2003, 31 (1): 133-165.

[28] Strohmaier R., Rainer A.. Studying General Purpose Technologies in a Multi-Sector Framework: The Case of ICT in Denmark [J]. Structural Change & Economic Dynamics, 2016, 36 (3): 1175-1181.

[29] Sundbo J., Gallouj F.. Innovation In Services [J]. SI4S Project synthesis Work package 3 /4. 1998.

[30] 白洁. 基于协整分析的中国信息化和农村区域经济关系研究 [J]. 农业经济, 2014 (3): 100-101.

[31] 陈笑艳. 生产性服务业对农业劳动生产率的影响 [J]. 中国商贸, 2014 (7): 152-153.

[32] 戴德宝, 刘西洋, 范体军. "互联网+"时代网络个性化推荐采纳意愿影响因素研究 [J]. 中国软科学, 2015 (8): 163-172.

[33] 管驰明, 李春. 全要素生产率对上海市经济增长贡献的实证研究 [J]. 华东经济管理, 2013 (10): 7-10.

[34] 郭怀英. 我国服务业发展现状及趋势 [J]. 宏观经济管理, 2012 (9): 38-39.

[35] 郭沛沛. 农业生产性服务业与农业经济增长互动关系实证研究 [J]. 商业时代, 2013 (7): 126-127.

[36] 郝爱民. 农业生产性服务业对农业的外溢效应与条件研究 [J]. 南方经济, 2013 (5): 38-48.

[37] 何德旭. 中国服务业发展报告 : Annual report on China's service

indoustry. No. 7, Three decades of service industry in China (1978－2008). No. 7，中国服务业 30 年：1978～2008［M］. 北京：社会科学文献出版社，2009.

［38］何哲，孙林岩. 服务与制造的历次大讨论剖析和服务型制造的提出［J］. 管理学报，2012，9（10）：1515-1523.

［39］胡松，蔺雷，吴贵生. 服务创新的驱动力和模式［J］. 研究与发展管理，2006（1）：33-39.

［40］黄天龙，罗永泰. 互联网服务业平台式泛服务化创新内涵与模型构建［J］. 财经问题研究，2015（3）：24-32

［41］霍秀珍，李豫新. 现代农业服务业理论研究综述［J］. 经济研究导刊，2008（15）：30-32.

［42］寇静，朱晓青. 北京生产性服务业的升级与疏解［J］. 新视野，2016（1）：86-93.

［43］李春景，曾国屏. 基于知识密集型服务活动的服务创新系统研究［J］. 自然辩证法研究，2006，22（7）：102-106.

［44］李盾. 中国城市服务业集聚演化路径研究［M］. 北京：中国市场出版社，2013.

［45］李江帆，蓝文妍，朱胜勇. 第三产业生产服务：概念与趋势分析［J］. 经济学家，2014（1）：56-64.

［46］李明伟. "互联网+"发展的动力和关键要素研究［J］. 技术经济与管理研究，2016（10）：65-69.

［47］李艳华，柳卸林，刘建兵. 现代服务业创新能力评价指标体系的构建及应用［J］. 技术经济，2009，28（2）：1-6.

［48］梁达. "互联网+"：服务业发展的新引擎［J］. 宏观经济管理，2015（11）：19-21.

［49］吕明元，陈磊. "互联网+"对产业结构生态化转型影响的实证分析［J］. 上海经济研究，2016（9）：110-121.

［50］王能岩，梁梦远，覃源，等. 北京新兴信息服务业发展模式研究［J］. 科技管理研究，2014（2）：174-177.

［51］吴传清，龚晨，罗明磊. 长江中游城市群服务业集聚水平及其影响因素研究［J］. 学习与实践，2013（11）：43-51.

[52] 秦德智，姚超，雷森．基于农业信息化的农业产业结构调整[J]．科技进步与对策，2006，23（11）：51-53.

[53] 王婷．互联网服务业的内涵和创新模式研究[J]．科研管理，2012（7）：24-32+105.

[54] 谢泗薪，张志博．基于互联网思维的科技金融服务业发展模式与攻略[J]．中国科技论坛，2016（3）：55-61.

[55] 薛敬孝，白雪洁，等．当代日本产业结构研究[M]．天津：天津人民出版社，2002.

[56] 颜珍．信息化对区域经济增长的影响[D]．长沙：湖南大学，2014.

[57] 原毅军，贾媛媛．技术进步、产业结构变动与污染减排——基于环境投入产出模型的研究[J]．工业技术经济，2014（2）：41-49.

[58] 张红历，周勤，王成璋．信息技术、网络效应与区域经济增长：基于空间视角的实证分析[J]．中国软科学，2010（10）：112-123.

五、基于互联网的北京农业科技信息服务业创新模式分析

科技服务业作为科技创新体系的重要环节，对促进科技与经济紧密结合，推进产业升级具有十分重要的意义。对此，国家相关部委先后出台了系列政策与意见，2012 年 1 月科技部颁布的《现代服务业科技发展“十二五”专项规划》，提出科技服务业五大发展重点和六大支撑工程，2014 年 10 月国务院颁布的《关于加快科技服务业发展的若干意见》，将科技服务业列为科技经济提质增效的驱动引擎。随着互联网技术的不断发展与应用，科技服务方式也在不断升级与创新，新技术研发与转化、检测与认证、知识产权与咨询、科学技术普及与专业培训等科技服务不断渗透农业领域，助力首都农业高质量发展。

（一）“互联网+”农业科技信息服务业融合发展现状

作为全国科技创新中心，北京不断加大科技创新投入，逐步完善服务创新机制，提升科技服务业产出品质，促进一二三产业深度融合发展，以科技服务创新驱动经济发展的效应逐渐显现。“十三五”以来，全市制定实施加强全国科技创新中心建设总体方案，深入推动央地协同创新，北京量子信息科学研究院、北京脑科学与类脑研究中心等一批新型研发机构相继成立，寒武纪云端人工智能芯片、北斗三号卫星等一批重大原创成果、装置相继问世。市发改委统计数据显示，截至 2018 年北京累计建成国家级、省部级重点实验室等高水平研发平台 40 余个，高技术产业增加值占地区生产总值的比重达 22. 8%，金融、科技、信息和商务服务 4 个行业增加值总和占 GDP 比重达 48. 6%，对全市经济增长贡献率达 63. 4%。其中，规模以上科技服务业收入增长 8. 5%，推动全球健康药物研发中心、北京石

墨烯产业创新中心、综合极端条件实验装置、氢能技术协同创新平台、北京智能车联产业创新中心等优质项目落地“三城一区”。全市高精尖经济结构正加快形成，以“互联网+农业”为代表的农村新产业、新业态快速发展，在农业科技信息资源建设、科技服务平台建设、科技成果转化、科技创业孵化平台建设、检验检测认证服务和科普教育服务平台建设等方面成效显著，农业科技创新发展新动能显著增强。

1. 农业科技信息资源建设

农业信息资源是人类在农业社会中经过加工处理的大量有序化信息的集合，主要包含政策法规、科学技术、市场供求信息及农业生产相关的信息资源等。随着农业信息化进程的推进，农业信息资源网络化建设随之加快，已经形成完整的信息资源库，并逐步建立以不同种类信息资源数据库为核心的信息化网络服务平台。截至 2015 年底，北京的涉农网站有近 2000 个，农业农村信息系统（平台）有近 70 个，已建成了较为完善的以数据库为核心的农村信息服务平台群，如覆盖北京全部村级服务平台的“北京市农村管理信息系统”，为农民提供远程教育服务的“农业科技信息综合服务平台”，为郊区涉农企业和专业合作组织提供信息服务的“北京现代农业信息网”，服务于农村土地流转的“北京市农地流转信息网”，以宣传郊区民俗旅游接待村、接待户、观光农业园区，为市民出游提供信息查询渠道的“北京乡村旅游网”，有力地推进了全市农业科技服务的专业化、规模化、集约化发展。

以北京都市型现代农业“221”信息平台为例，该平台以郊区资源为基础，联合全市 13 个区 15 个委、办、局，共建成包括 105 大类 494 项数据的数据库，涵盖了土壤、气象、水、地貌等自然资源条件数据，以及人口、劳动力、经济发展状况、种植业、养殖业、林业、相关第二和第三产业等社会经济数据资源，截至目前，数据量达到了 208TB。此外，北京市农林科学院农业信息与经济研究所打造的“农业科技信息综合服务平台”由远程教育平台、数字信息资源中心、网络信息平台和远程信息咨询系统四部分组成，集多种信息载体和信息传播形式于一体，截至目前，已建立包括农业自然资源、种植科学、养殖科学、贮藏加工与营养保健、农业生产资料、农业政策法规与标准、农业成果与专利、农产品市场信息、农村社会经济与统计、农业人才与机构及农村社会生活在内的 11 大类 58 小类 200 余个农业数据资源库，农业服务保障能力有效提升。

2. 农业科技服务平台建设

农业科技服务平台一般由平台硬件基础设施条件、农业科技服务共享制度体系和农业科技服务共享资源等部分组成。其中，农业科技服务共享资源包括科学数据、科技信息、设备仪器、试验基地等。农业科技服务平台是农业科技研究成果向社会的延伸，是农业科技创新体系的主要组成部分。北京目前已经建成 12316 农业服务热线、国家现代农业科技城、北京农业信息网、农村远程教育研究系统等农业科技服务平台，为农业生产建设提供科技支撑，为农民生产生活提供服务保障。

12316 农业服务热线，主要提供农资打假投诉举报、开展农业信息咨询两方面服务。热线设立了 12316 呼叫中心、专用办公管理系统和综合服务平台系统三个平台服务系统，其中，呼叫中心设置自动语音应答、座席应答及专家应答三个等级，根据客户与需解决问题进行选择，提高热线应答速度与问题解决效率；专用办公管理系统是数据分析中心，全面统计分析呼叫中心受理的咨询问题与解决方案，进行分类、分析，聚焦农民关注焦点，形成相关报表；综合服务平台是面向全体用户的门户网站，为公众提供农业资讯、科技服务、问题聚焦与市场资讯等服务。

国家现代农业科技城建成于 2009 年 12 月，以信息技术为核心，以提供服务为宗旨，聚集农业产业要素、人才要素、资源要素，提升现代农业产业发展，延伸农业产业链条，确保农业产业发展与升级。其主要提供三方面服务内容：一是提供高端服务功能，为成员单位提供技术咨询、融资、会展、人才培训等前端服务；二是集聚优势资源，通过汇集、整合行业内资源、人才、技术等优势，以世界先进技术为标杆，研发适应我国农业发展的前沿技术与转化，实现农业产业跳跃式发展；三是延伸产业链条，通过培育农业龙头企业与高端人才推动农业产前、产中、产后整个链条的延伸，提升科技引领与服务。截至 2016 年底，通过国家现代农业科技城已建立 14 个现代农业领域科技创新服务联盟，连通农业产业上中下游，打造了生物种业、奶业等 11 条品牌产业链，搭建了 5 个国家农业科技支撑服务平台，建成了 6 个国家农业科技园区。

北京农业信息网，是北京地区最大、内容最丰富的农业信息综合门户网站，同时也是北京市最重要的农业科技信息服务门户网站。网站下设21个栏目200多个子栏目，能够为农户、农业企业、农民合作组织与专业协会、科技人员、政府部门等提供农业科技信息咨询查询、专家在线咨询、专家远程双向视频诊断、科技信息智能问答、农产品市场信息及专家现场咨询诊断等服务。

农村远程教育研究系统，由北京市农林科学院农业科技信息研究所开发，目前已覆盖北京郊区所有乡镇和重点村，并能辐射到全国20余个省、市、自治区，共开展各类农民培训2000余次，直接培训农民达200多万人次，辐射受益农民近500万人次。与此同时，已组织500多位专家利用该平台开展了农民培训和技术成果推广，累计推广技术、成果1500余项，极大地提高了技术辐射面，节约了推广成本，帮助农民年增收15亿元以上，有效提高了农民的知识、技术能力及水平。

3. 农业科技成果转化交易平台

随着信息化的发展，农业科技成果转化方式由线下服务转向线上服务。面对农业科技成果转化率不高、科研单位与农业企业之间沟通效率不高、农业科技成果评估评价机制不健全等问题，农业科技成果转化交易平台的建立有效提升了农业科技成果转化率，为农业发展提供科技支撑。

由农业农村部科教司主办的“全国农业科技成果转化交易服务平台”于2013年9月运行，由资源汇集、科技成果评价等8个子平台构成。截至2018年4月4日，平台共收集了3653项农业科技成果，涉及360家农业科研、教学单位，304家企业、1065家服务机构和3474名农业科技专家。平台实现了科研教学机构、农业中介服务机构及涉农企业等涉农机构之间的对接，为成果供需双方提供了交易平台；平台建立了全国农业专家数据库，根据种养殖、加工、资源保护、生态等不同分类实现对应专家服务。此外，平台提供了国家农业科技成果申报端口、第三方科技成果评价评估机制以及与农业科技成果相关的政策咨询、金融投资咨询及产学研基地展示服务，有效促进了农业科技成果的研究与推广，有助于实现农业科技成果价值评估与前景评测。

4. 农业科技创新孵化平台

农业科技创新孵化平台是为农业企业、返乡创业青年、农业科技项目等的孕育与快速发展提供各类服务支持的平台，平台具有成本低、手续便利、信息共享等特点，能够有效起到“筑巢引凤，助凤腾飞”的作用。北京现已搭建了智慧农业星创天地、农特微商、农业科技孵化等创新平台，集聚农业科技创新力量，链接农业科技资源，共享农业科技创新环境与氛围。

农特微商，平台成立于 2015 年，是北京汉森农特有限公司旗下的“互联网+”农业创业孵化平台，旨在打造全新的“微创业孵化+品牌农业+订单农业+社交电商+原产地直供+扁平化供应链+O2O 新零售”融合的互联网农业形态，在“链接”的基础上进行农业领域“重构”。农特不仅仅是一个交易平台，同时对每一个产区孵化团队都是持股孵化，真正是战略性的孵化，这些团队都是经过严格考察后选择的孵化对象，对互联网思维运营、品牌农业、社交电商、供应链运营体系、地方政府关系等方面都具备一定的基础。渠道上农特推动的“全渠道+新零售”，真正实现了原产地直供的订单农业模式，消灭了供应链上不必要的浪费环节，降低了供应链运营的成本和风险。农特打造的全新的服务生态，带动千万互联网农业的创业团队走向成功，无论是后端的农特产品产区创业者，还是前端的农特吃货的社区社群创业者，以及农特供应链服务的创业团队、农特的各大技术团队。据农特微商官方信息显示，目前平台已带动 600 多个农特地标产区推动互联网化运营，覆盖 1200 多个县域。

智慧农业星创天地，依托北京农业信息技术研究中心，于 2016 年经北京市科委认定成立。它是专门服务于农业物联网、农业智能装备、“互联网+现代农业”等领域创新创业的众创空间，以“科技引领现代农业，创业实现创新价值”为理念，通过集成农业信息化和智能装备领域强大的人才、研发、推广优势，以及多年积累的行业经验、国际合作等独特资源，打造现代农业信息装备科技一二三产业融合的创新创业基地，全面支撑智慧农业技术创新、孵化初创企业，引领推动行业发展。智慧农业星创天地整合了涉农领域 23 个类别 132 个专题、10 亿条数据，容量达 200TB，能够提供智慧农业技术研发服务、产品熟化与检测服务、科技创业人才培养服务、科技型创业团队和创业企业孵化服务。目前已成功孵化了包括北京派得伟业科技发展有限公司、农芯科技（北京）有限公司等具备一定行业知名度的农业智能装备和互联网创业企业，同时吸引三农文创数字化设计工作室、金种子育种科技服务团队等 17 个创新创业团队入驻。此外，还为浙江托普云、北京天创等一批智慧农业创业企业提供科技研发服务。

5. 涉农领域检验检测认证服务

面对涉农领域检测认证存在的机构规模小、业务窄、数量多等问题，北京农产品检测认证结构借助互联网思维，充分利用互联网技术，通过机构整合、流程再造，通过机构之间双向互通、线上线下有机结合，打造（产前）服务平台、（产中）物流网络、（产后）检测认证节点的 O2O 检测认证电子商务新模式。北京涉农领域检验检测认证服务打造了集“智慧链、平台链、服务链”三大服务于一体的链条，有效推动了检验检测认证服务发展。一是智慧链，互联网通过整合服务、实地检测、实地认证、信息、资本等要素，正在形成具有包容性的检测认证生态系统，把检测认证机构和企业客户的隔阂逐步消融；二是平台链，互联网提升和重塑了检测认证行业的平台经济，形成了平台型服务网络和检测平台集群，以“开放”的姿态广泛吸纳合作伙伴；三是服务链，检测认证机构在通过大数据的采集和分析，采用可量化的精确市场定位技术，为客户提供检测认证的精准服务。

以农产品产地环境监测北京重点实验室为例，该实验室于 2015 年 5 月经北京市科学技术委员会批准成立，针对北京市农产品质量安全重点、难点问题，从产地环境监测、生产过程控制、农业投入品评价、农产品质量检测等环节入手，面向京郊特色农产品、外埠进京农产品的产地环境、安全生产和农业投入品等农产品质量安全关键环节，开展农产品质量安全风险评估技术、标准、装备研究，明确京郊特别是设施农业主要污染因子、评价指标、危害性、暴露机制，建立风险源识别、质量追溯和预警方法，开发基于风险描述和质量追溯的农产品质量安全预警系统软硬件产品，为首都和周边区域农产品安全提供决策和管理技术支撑。通过区域性实验室建设，大幅提升实验室的创新能力与服务水平。

6. 农业科普教育服务平台

随着互联网技术的快速发展，农业科普服务平台得到快速发展。科普服务平台综合运用计算机图形图像（CG）、虚拟现实（VR）、交互设计（UI）等新媒体资源制作技术，通过研发动漫、游戏、App 等数字型农业科普产品，向农民传播示范先进技术成果，提高农民生产技能，带动农民增收致富，向市民展示现代农业科技的辉煌成就，提升市民科学素养，引导市民健康生活。

北京农业数字博物馆，是北京市首座虚拟型农业网络科普平台，该博物馆利用虚拟现实、多媒体等技术将农业发展历史、发展历程等信息进行数字化采集、管理、保存和呈现，观众通过交互式仪器设备，就能亲身体验博物馆所呈现的所有内容，打破空间和时间上的限制，保证观众在任何时间和地点都能接受农业历史文化发展历程，提高公众科学文化素质；同时，还研发了以青少年为对象的科普类游戏，将农作物、水果等生长过程数字化、立体化，让青少年在娱乐的同时学习作物的生长过程、品种介绍、施肥管理、浇水措施、病虫害防治、收获贮藏等知识，目前已完成了 8 个快乐农夫系列的种植类游戏（苹果、樱桃、西瓜、葡萄、土豆、西红柿、核桃和芹菜）和 4 个快乐农场系列的养殖类游戏（畜禽动物养殖、特种动物养殖、肉牛养殖和生猪养殖）。

（二）北京市对“互联网+”农业科技信息服务业发展需求分析

1. 高端前沿的研发创新需要科技资源传播与共享

科技兴农，依靠农业科技进步推广和应用农业科技信息，促进农业生产的发展已成为人们的共识。科技研发创新需要高端人才与丰富的数据资源来支撑，然而目前优秀人才与数据资源短缺成为农业科技创新领域的两大短板，限制了农业现代化发展。在北京农业科技研发领域和农业服务领域，数据壁垒仍然存在，数据系统相互独立，数据资源难以实现开放和共享，无法满足农业科技研发的需求。其次，科技人才市场未完全形成，高端科技人才的价值难以得到充分体现，降低了高端人才的积极性和服务性。因此，作为农业科技研发创新的必要条件，人才和数据资源的传播与共享是互联网环境下北京农业科技服务创新发展的重点之一，搭建农业科技信息资源共享服务平台，通过多方面、多部门的配合满足新主体在研究开发、技术转移、成果转化、企业创新创业等各个环节的需要，满足农业科技创新人才的发展需求，释放农业科技资源的最大效益，拓宽农业科技研发的广度和深度，逐步形成“科技兴农，资源先行”的格局。

2. 企业创新创业孵化需要科技服务平台支撑

虽然科技服务业在技术转移、知识产权和信息服务等领域取得了较快发展，但目前北京从事创业孵化、科技金融、科技咨询，尤其是综合科技服务的机构比较少，为科技创新、经济升级和社会进步提供战略性服务的科技服务平台比较缺乏。迫切需要不断完善农业科技服务平台建设。一是具备为中小型企业创新创业提供政策、市场、资金、技术、管理及服务的功能，及时传达与解读国内外重要政策和相关法律、法规，并提供相关科技动态、科技成果、科技文献、科技报告、科技项目，不断满足创业创新群体发展的需要；二是能够准确定位市场需求发布展会、展览等相关信息，公布相关招标公告、动态及中标信息，并在此基础上帮助中小企业寻求融资信息、拓宽渠道；三是能够联合相关工程技术研究中心、大学科技园、学术学会等科研团队，提供技术研发、仪器设备、行业检测、科技评估、技术转移、生产力促进中心、质量监督检验、创业服务、国际人才、创新人才等全方位的服务。搭建区域内和区域间高水平完备的科技服务平台，不断完善科技服务体系与服务机制，提升服务人员内在素质和整体服务水平。

3. 科技服务能力提升需要依托高科技打造全程价值链

针对当前农业农村生产的实际需求，一是对已有农业生产信息进行分析归类处理，并针对区域农业生产方式进行农业生产信息个性化推送，提升信息靶向性。二是迫切需要将实时监测系统所监测到的动态数据向农业科技专家及政府相关部门开放，保证专家可以依据数据给出科学有效的种植、看护建议，帮助农民获得农技专家一对一的针对性指导。三是迫切需要与大数据、云计算技术深度融合，构建全产业链整合模式，形成从种植、加工、打包、发货、渠道对接到品牌营销的一体化供应链管理体系，能够为农业发展提供全面、全程、高端的科技服务。

（三）“互联网+”农业科技信息服务业发展模式分析

1. 科技服务热线服务模式

科技服务热线服务模式是通过语音、视频、微信、QQ 群等方式，结合综合信息服务平台，汇集农业生产中亟须解决的实际问题，实时抓取农民诉求信息进行分析，对热点问题和突发事件进行实时预警，找出倾向性、苗头性问题，通过对数据的抓取，以农民的诉求为中心，以问题为导向，更好地发挥了决策信息源的作用，从而提高服务的质量与效率。以北京 12396 北京新农村科技服务热线为例，依托北京市科委农村发展中心与北京市农林科学院资源，创立了集传统、现代信息服务手段于一体、多种服务通道结合的积极为京郊及周边开展党员干部现代远程教育的跟踪服务系统。目前热线服务不仅覆盖京郊所有区县，而且辐射到全国 30 个省（市、自治区），社会效益和经济效益显著，成为支撑北京市党员干部现代远程教育和农业产业发展的核心力量。

2. 农村远程教育服务模式

农村远程教育，是充分利用当地科研院所科技与信息资源优势，通过政府支持，以现代卫星宽带信息网络技术为手段，建立覆盖一个区域的农村信息服务系统，系统面向农民、政府和农业科技推广人员及涉农企业，提供全方位、多层次的信息服务。

依托强大的信息基础设施和发达的传统信息产业，目前北京地区已经建成较为完善的农村远程教育平台，并形成了适宜当地发展特色的农村远程教育模式。该模式以卫星宽带网络传输为主，其他网络（有线电视网络、微波网络、计算机网络等）传输为辅的宽带网络传输平台，通过信息员管理的远程站点，面向农村各群体接收和传送其所需信息的一个现代化远程教育系统。截至目前，北京已设立 436 个农村远程教育站点，覆盖全部乡镇，累计传播农业先进适用技术及农村劳动力转移就业技术万余项，成为北京市农民和农村基层干部学习、培训、互动交流的重要渠道，有效解决了本地有效信息量不足的问题。

3. 第三方中介服务模式

第三方中介服务，是独立于政府部门，能够对委托者的成果水平或价值进行定性与定量相结合的综合评判的服务，具有独立、客观、公正、公开的特点。第三方中介服务是现代科技管理和科学决策的重要依据，能够充分调动广大科技人员的科研积极性，促进科技自主创新和协同创新，加快科技成果转化和推广，保障科技事业持续健康发展。

目前北京已经形成了以中国农学会为主导的科技成果第三方评价的新型服务模式。中国农学会拥有我国一流的专家人才，在科技评价、咨询论证、学术交流、科学普及等多方面拥有丰富经验，建有覆盖农业行业各个学科的评价评审专家库，能够承接政府科技评价、成果评审、项目论证、标准制定等职能。通过依托农学会丰富的专家知识资源，成立了“农业科技成果转化服务中心”和“全国农业科技成果转化交易服务平台”，很大程度上提高了我国农业科技成果转化和推广应用水平。

4. 农业综合信息服务平台模式

综合信息服务平台，是由政府出资搭建，按照“平台上移、1+N、服务下延”的思想，遵循“整合资源、统一接入、分地运营、个性服务”的原则，为农民、农民合作组织、涉农企业、科研院所、社会大众提供农业产前、产中和产后的全产业链数据信息服务的平台。平台由不同的子系统组成，包括主网站、热线呼叫系统、远程视频服务系统、手机服务系统、电子商务系统、物流服务系统、智慧农业系统等。鉴于农村信息服务业是一个投资大、见效慢的行业，且农村信息服务公益性较强、回报率低，因此，需要以政府主导初期投资建设，号召涉农主体积极参与，逐步让服务机制成为社会机制的一部分，才能够使服务模式发挥其服务“三农”的优势。

目前北京已形成了“北京市农村管理信息系统”“农业科技信息综合服务平台”“北京现代农业信息网”“北京市农地流转信息网”等信息服务平台，服务内容丰富、快速便捷，保证了平台运行的可持续性，形成了普通农户不出村、规模主体不出户就能享受便捷、经济、高效的生产、生活信息服务的农业生产方式。

5. 农业科技众创空间模式

农业科技众创空间模式，是指以“星创天地”为代表为农业农村领域提供众创空间。该空间以科技特派员、大学生、返乡农民工、职业农民等为创新主体，具有科技示范、技术集成、成果转化、融资孵化、创新创业、平台服务等功能，以市场需求为导向，通过线上线下相结合，集聚创新创业资源，推进农业农村“大众创业，万众创新”。

截至2017年，北京市已经产生30家“星创天地”，涵盖高校、科研院所、农业科技园区、农业龙头企业与农业专业合作社，共聚集创业导师180余名，累计培训创业人才3万余人，孵化企业600家，培育农村新型经营主体130余个，带动就业12万余人，转化科技成果400余项，有效促进了农业技术创新和产业化的集成，强化了产、学、研的高度结合。

6. 专业服务市场联盟服务模式

专业服务市场联盟，通过搭建现代农业领域科技、信息、金融、资本、人才的共享信息服务平台，引导上下游产业联合，延伸产业链条，打造行业内统一标准，促进产学研之间的行业交流与协作配套。

以北京农科城科技创新服务联盟为例，已建立14个现代农业领域科技创新服务联盟建设，涵盖生物饲料、生物农药、设施农业技术、种业等领域，打造了11条品牌产业链条，落地成果200余项，建设了一批开放式研发创新平台，加快了北京农业科技成果、标准、模式的输出。

（四）典型案例

案例一：昌平区信息进村入户工程——益农信息社

昌平区通过统筹“农业公益服务资源、农村社会化服务资源”两类资源，构建“政府—服务商—运营商”“三位一体”的推进机制，与北京奥科美技术服务有限公司合作推进信息进村入户工程。2016年，已建设完成专业型益农信息社84家，标准型益农信息社10家。

专业型益农信息社主要开展的服务包括测土配方和土地康复服务、远程绿色防控服务、渠道对接服务、绿色履历服务和12316远程专家服务等。通过专业型益农社建立农场服务团队，进行农场云平台的搭建推广与相关服务，以苹果、设施草莓和设施蔬菜为主。协助客户使用云农场客户端建立绿色履历，开展农场规范化生产指导、农场管理、品牌营销、对接会、培训会等服务，全区受益农民达到6000人次。组织区企业参加农产品进社区市集活动60余次，农业专家下乡12人次，渠道对接会活动20场，培训会60余场。

标准型益农信息社以“公益服务、便民服务、电子商务、培训体验服务”四项服务为基础，以“12316”农业服务热线专家服务团队为支撑，按照“一村一网站、一村一公众号、一村一微营销平台、一村一益村秀、一村一微信技术服务群、一天一件公益服务、一周至少一次职业农村培训、一年帮扶一个贫困户、一村一品牌”的“九个一”的内容开展工作。2016年已帮助村民拨打“12316”农业热线电话1620人次，咨询、解决生产技术及病虫害问题412起，组织技术专业在村实地解决问题35场次，完成1672条农产品销售信息上传。同时，“益村秀”、微信公众号、微营销平台等均建立完成。此外，通过线上宣传和线下促销相结合，帮助农民销售农产品211.40万元。益农信息社多种多样的服务，对促进农村、农业、农民健康和谐发展起到了关键性作用。

案例二：北京市农村现代远程教育平台

北京市农村现代远程教育平台充分利用北京科研院所科技与信息资源优势，通过政府支持，以现代信息技术为手段，建立覆盖一个区域的农村信息服务系统，主要提供了以下几项功能：第一，做好教学资源建设，引导农民树立新的学习理念。围绕病虫害防治、新栽培技术、网络营销、节水技术等重点内容，制作农业先进适用技术、农村经济和改革发展类教学课件，提高教学资源的时效性、精品性和系列性。2016年农民网络专题视频课件访问总量达3.29万人次，学习时长达2.94万小时，农民已越来越愿意通过远程教育平台了解农业政策、农业经济形势和农业先进实用技术发展等内容。第二，完善的个性化服务系统，实现资源精准推送。远程教育个性化学习系统能主动推荐相关学习资源，减少资源检索时间，农民用户在平台登录后，资源推荐页面一目了然，鼠标点击即可直接观看，降低了操作难度，同时帮助农民用户及时发现好资源，提高了资源需求与供给的匹配度，大幅提升了远程教育平台学习的有效性和针对性，提升了农村远程教育参学率和农业科技资源利用率，目前已实现农业科技资源精准推送 178 万次。第三，通过技术攻关，研发了远程教育智能 TV 系统，建立长城微信公众号服务系统，实现了农业实用技术视频在线观看、重点推荐及点赞等功能，开通了用户留言功能，方便农民用户边学边互动交流，截至 2016 年底，长城微信公众号关注人数已超过 4.7 万人，年推送信息 358 期 1528 条，其中视频资源 500 余个。

案例三：北京农科城科技创新服务联盟

北京农科城科技创新服务联盟是 2009 年由北京市科委倡导组织，依托北京农业科技城平台，通过整合技术创新链上、中、下游资源和各类社会主体，提高农业企业自主创新能力和市场竞争力，推动首都现代农业发展。种业作为整个链条的源头行业，对产业发展起到了重要作用，北京农科城现代种业产业链从“良种创制、成果托管、技术交易、良种产业化”四大环节进行改革创新，通过打造国家级种业产业园，搭建作物育种平台与技术交流平台，开发了首个自主知识产权的商业化育种大数据平台——金种子育种云平台等措施，逐步打造成为“国家种子硅谷”。

案例四：北京新农村科技服务热线 12396

12396 北京新农村科技服务热线，依托北京市科委农村发展中心与北京市农林科学院资源，创立了集传统、现代信息服务手段于一体、多种服务通道结合的综合信息服务平台，通过语音、视频、微信、QQ 群等 9 种方式，积极为京郊及周边开展党员干部现代远程教育跟踪服务。目前热线服务不仅覆盖京郊所有区县，而且辐射到全国 30 个省（市、自治区），社会效益和经济效益显著，成为支撑北京市党员干部现代远程教育和农业产业发展的核心力量。北京“12396 热线”结合当前信息化向大数据、云计算以及移动终端的发展趋势，开展技术创新和服务创新，把新技术充分应用到党员干部现代远程教育服务中，在传统语音电话、视频、网站服务的基础上，新开发集成了包括手机 App、网络电话、微信、QQ 群、微博等在内的 9 个服务渠道，以同时满足远教用户使用手机、电话、电脑等不同终端用户的不同需求，使他们在不增加投入成本的情况下，随时随地解决远教过程中遗留或新产生的问题，提高了远程教育课后服务的质量与效率。2018 年，“12396 北京新农村科技服务热线”开展生产实用技术、病虫害防治技术、农产品质量安全、农业信息化、农产品营销、农业气象等技术培训以及开展田间指导和集中服务 51 次，直接受益人数近 4000 人。热线通过电话、网站、移动通信、QQ 群、手机 App 等多种通道和途径，服务 700 万人次以上，解决需求 3000 多个，其中技术疑难问题 1240 个。有效解决了低收入村的产业规划设计、蔬菜果树栽培管理技术、果树更新换代、林下种养殖等问题，切实促进当地农民增收。面向京津冀需求，开展了科技培训、基地服务和远程咨询等，促进了区域经济发展。京津冀咨询服务比例占 49.8%，主要服务领域包括蔬菜、果树、作物和畜牧等种养殖技术，与京津冀地区农业产业结构比例基本吻合。其中，热线针对河北省需求，开展了面向产业扶贫的对接服务，服务量占全部服务的 8.8%。

（五）本章小结

本章从农业科技信息资源、服务平台、科技成果转化平台、创业孵化平台、检测认证服务及科普教育平台六方面调查了北京农业科技服务业的平台建设与发展现状，提出北京农业科技服务业建设已初见成效，农业科技创新发展新动能显著增强。同时本章总结了以益农信息社、农村远程教育等为代表的六种农业科技服务发展模式，列举了四种科技服务业的典型案例，提出了适应北京农业科技服务业发展的需求。本章的主要结论如下：

（1）剖析了“互联网+”农业科技服务业融合发展现状。北京目前已经形成完整的信息资源库，建立了以不同种类信息资源数据库为核心的信息化网络服务平台。截至 2015 年底，北京已建成了较为完善的以数据库为核心的农村信息服务平台群，能够为科技成果转化、创新孵化、检验检测认证、科普教育提供资源保障。

（2）提出了“互联网+”农业科技服务业发展需求。首先，高端前沿的研发创新需要科技资源的传播与共享，突破优秀人才与数据资源短缺两大短板，优先实现“科技兴农，资源先行”的格局；其次，企业的创新服务离不开科技服务平台的支撑，搭建北京区域完备的科技服务平台，整合人才、技术、资金等资源，完善科技服务体系与服务机制，提升服务人员内在素质和整体服务水平；最后，农业全程价值链的提升能够提高农业科技服务能力，通过先进的农业科技技术打通农业产前、产中、产后链条，构建全产业链整合模式，发挥农业产业链价值，实现农业产业链条升级，从而能够更好地为农业发展提供全面、全程、高端的科技服务。

（3）梳理了“互联网+”农业科技服务业发展模式。针对农民、青少年、涉农企业及创业人群等不同涉农群体，提出了以益农信息社、农村远程教育、第三方中介、农业科技众创空间、专业服务市场联盟为代表的六种科技服务业发展模式，提出只有定制化的服务才能确保提供完善的科技服务，推动农业科技服务业的发展，为农业转型升级提供服务保障。

参考文献

［1］卢涛，邓俊淼．基于“互联网+”的农特产品微商问题研究［J］．农村经济与科技，2016，27（15）：92-94.

［2］北京科技特派员在线．智慧农业星创天地简介［EB/OL］．http：//www. bjktp. ac. cn/news/2017410/n9198394. html.

［3］孙素芬．新形势下北京市农村信息服务体系建设实践与思考：“第二届国际计算机及计算技术在农业中的应用研讨会”暨“第二届中国农村信息化发展论坛”［C］，中国北京，2008.

［4］边全乐，杨韵龙．论新形势下农业科技成果第三方评价制度的构建［J］．农学学报，2014，4（8）：118-124.

［5］朱信阳，毛丽，吴家全．加快现代农业企业发展步伐，加速国家现代农业科技城建设进程［J］．中国城市经济，2011（2）：94-95.

［6］北京国家现代农业科技城聚力推进全国科技创新中心建设［N］．科技日报，2017-03-20.

［7］北京市农林科学院农业信息与经济研究所．农村远程教育研究部［EB/OL］．http：//bnx. agri. ac. cn/ArticleDetial. aspx？ArticleID=56.

［8］北京市农林科学院农业信息与经济研究所．北京农业数字博物馆［EB/OL］．http：//bnx. agri. ac. cn/KYBM. aspx.

［9］王德海，孙素芬，谢咏才，等．开展农村远程信息服务的策略分析——以北京远程信息服务模式为例［J］．中国远程教育，2005（09）：51-53.

［10］芦晓春，李庆国．打造充满活力的“乡村版”众创空间［N］．中国农业新闻网-农民日报，2017-11-11.

［11］陈慈，陈俊红．农业科技创新服务联盟发展的现状与促进：基于北京农科城科技创新服务联盟的调研［J］．贵州农业科学，2015，43（1）：212-215.

六、基于互联网的休闲农业与乡村旅游创新模式分析

党的十九大报告提出了乡村振兴战略，要求实现小农户和现代农业有机衔接，构建农村一二三产业融合发展体系，延长产业链、提升价值链、完善利益链，深入实施休闲农业与乡村旅游精品工程。《乡村振兴战略规划（2018—2022年）》指出要结合各地资源禀赋，深入发掘农业农村的生态涵养、休闲观光、文化体验、健康养老等多种功能和多重价值，培育农业农村新产业新业态。在一系列政策文件和国家发展战略的部署下，休闲农业与乡村旅游作为农村一二三产业融合发展的典型模式得到快速发展。互联网作为一种技术手段，可从技术创新、业态培育、商业与服务模式创新等方面推进休闲农业发展，促使产业领域深入拓展，新主体、新机制、新功能、新类型不断涌现。

目前，北京市“互联网+”休闲农业基本形成了品牌推广的互联网化模式、产业链大数据化模式、以互联网金融为基础的电商化模式和与其他产业的融合模式。“互联网+”时代发展乡村智慧旅游，需要政府进行科学规划，搭建以旅游综合基础数据为支撑的云计算中心和公共服务、市场营销、电子商务和综合监管平台，以互联网思维进行产品和服务创新。在大数据、人工智能等信息技术逐渐由认知普及向应用推广转变，数据成为驱动经济社会发展的新生产要素和农业产业链价值链增值的新形势下，深入研究互联网如何助力休闲农业转型升级，具有重要的理论和现实意义。

（一）“互联网+”休闲农业与乡村旅游融合发展现状

1. 基础设施建设

近年来，互联网技术广泛应用到休闲农业中，休闲农业经营主体越来越重视信息基础设施建设。课题组对北京市休闲农业企业/休闲农庄的调研数据显示，目前74%以上的经营主体建有局域网络。其宽带接入方式主要有光纤、ADSL和无线，其中近80%实现了光纤接入，网速多集中在10兆以上。此外，83.9%的经营主体都提供免费Wi-Fi服务，Wi-Fi已经成为休闲农庄发展的基本需求。从智能手机普及率来看，绝大部分农庄的智能手机普及率≥90%。随着互联网在休闲农业领域的渗透，农庄可以利用手机App、微信公众号等移动媒体平台发布农庄动态信息、接受客户订单等。未来，移动互联网在休闲农业领域中应用将更加广泛。

2. 主题网站建设情况

互联网与休闲农业融合的理念催生了一系列以休闲农业为主题的网站和平台，网站和平台的经营主体利用多媒体、数字化的形式，对休闲农业基地、园区、休闲农业产品等进行设计，通过网络和智能手机等移动终端达到宣传推广和营销的目的。

（1）公益性主题网站

网站建设是休闲农业与互联网融合最典型的表现形式。目前我国已开发了中国休闲农业网（中国乡村旅游网）、魅力城乡等网站。休闲农业网，是中国休闲农业与乡村旅游门户网站、融媒体平台。网站设有休闲农业最新要闻、扶持政策、农业技术、消费投诉、热门文章、中国新农人、农企推荐等栏目，为相关政府部门、休闲农业经营主体、中介服务人和消费者等多方提供全行业、全链条的信息服务。魅力城乡（365960.com）是中国相对权威的休闲农业公共信息服务门户，由农业农村部乡企局指导农信通公司运营，聚合了150万家休闲农业经营主体，涵括农家乐、农场、农庄、农业园区等。网站设有各地区各景点旅游攻略、民俗节庆、美食特产、资讯视频等吃、玩、闲、购等各类内容。

北京市创建了大美田园、北京美丽乡村、北京乡村旅游等乡村旅游与休闲农业主题网站，全市 30 多个休闲农业园区也都建立了自己的主题网站，开展独具特色的品牌推介。北京美丽乡村网站（http：//www. bjmlxc. cn/），是宣传北京新农村建设的公益性服务网站，网站主打田园风格，以数据库搜索和静态页面为主，辅助于部分动态更新资讯、论坛、图片评选等在线互动功能，以视频、图片、文字等不同形式为市民提供权威翔实的北京周边乡村讯息，为市民出游提供方便。据了解，该网站每年发布 150 个“美丽乡村”相关的各类信息约 2 万条，点击量突破 285 万次，已成为北京美丽乡村重要的宣传渠道和成果展示窗口。除了美丽乡村这种综合性的京郊休闲旅游网站外，还有如京郊农家院网（www. beijingnongjiayuan. com）一类的专业类型网站。北京农家院网是一个以介绍北京周边旅游景点为基础，为自助游朋友提供出行参考，详细介绍农家院住宿、特色美食、行车路线查询等信息的发布和展示平台。

（2）以企业运营为主的专业化网站

除政府部门主导建设的公益性休闲农业网站外，还有一部分专门从事休闲农业网站建设的企业，为市民提供专业化服务。大美田园农业科技（北京）有限公司是一家为休闲农业消费市场提供行程线路、产品咨询、在线预订支付一站式服务的企业，连接休闲农业基地、园区等资源端与居民消费端。目前，随着移动终端的普及、第三方网络平台的崛起和专业化服务水平的提升，专门从事休闲农业网络宣传与服务的企业越来越少，逐渐退出市场。

（3）休闲农业经营主体自建网络平台

随着互联网和移动互联网技术的发展和移动智能终端的普及，人们越来越多地依赖智能手机上搭载的各类 App 及小程序实现需求信息和服务的获取。目前，多数涉农企业、休闲农业经营主体为了迎合居民消费习惯，更好地推广自家产品，拓展业务，纷纷开展微信营销，利用网络社交平台，建立微信公众号和微店等，开展网络营销和推广。延庆区的天葡庄园如今已告别了街头发传单、电视打广告的传统宣传模式，在微信公众号和朋友圈大行其道的当下，庄园利用微信这一社交平台在 2016 年就吸引了 4 万多名游客。如今，北京大部分民俗村、民俗户、休闲农业园区、农业科技园区都注册了微博，开通了微信公众号。此外，尚大沃联福农园、田妈妈农乐园、五洲植物乐园、葡语农庄等通过微信公众号、微信群，定期发布园区互动活动，已积累了几万名粉丝，平均每期阅读量逾千人。

（4）利用第三方网络平台经营

当前，休闲旅游类网站和 App（如去哪儿、携程、驴妈妈、马蜂窝、腾讯旅游相关官网等）逐渐成熟，此类网站内容涵盖国际旅游、国内旅游、省市内旅游和交通、酒店、景区门票、食游攻略、团购、保险等功能模块，并利用文字、图片、视频等方式进行宣传推广；用户可以通过官网或 App 主页进行在线查询和预订，提前制订出行计划，有效安排出行时间和最省消费。北京休闲农业已在美团网、大众点评、百度糯米等大型商务网站，利用光彩夺目的图文模式进行营销。北京市政府与百度公司开展战略合作，对北京郊区 3000 多个乡村的休闲旅游资源、特色农业园区、名特优地标产品等信息进行采集和地图标注，实现与城市消费资源同平台融合，为消费者提供旅游路线设计、导航、房间预订，甚至虚拟旅游等信息服务，并依托百度地图的深度服务功能，建立消费者与乡村旅游经营者的良性互动，满足消费者的个性化需求，促进了休闲农业提档升级。

3. 休闲农业与互联网金融

互联网新媒体时代，休闲农业无论是在信息推送还是营销方式，都从传统模式逐渐向新型发展模式转变。新媒体平台为乡村游和休闲农业提供了个性化、专业化和综合化服务，如线上营销、网络支付、快递配送等。综合性电商平台通过整合各大新媒体平台等服务网络，向休闲农业生产经营者提供各类生产、供求、销售等供应链环节和附加增值服务，为用户提供有针对性的产品、服务和开放的交流平台。通过开展互联网支付，促进消费者便捷消费，如利用淘宝、天猫、京东、美团、大众点评等网站开展线上交易、互联网支付、电子优惠券等。为了让市民在京郊休闲旅游享受刷卡支付等金融服务，北京市农委支持和引导的“凤凰乡村游、体验新农村”活动已在郊区广泛普及，活动已引领近 5000 万人次，消费超过 100 亿元。如今，刷卡、微信等，越来越成为商家和消费者青睐的支付方式。

4. “互联网+”会展农业

越来越多的大型农业活动已意识到互联网应用对活动气氛营造、品牌塑造、营销带动的重要作用。农业嘉年华是农业会展中的集大成者，它将农业生产、生态、休闲、教育、示范等多功能于一体进行综合休闲展览。自2013年起，昌平农业嘉年华已成功举办7届。首届北京农园节，也创建了农园节微站、微信，推介全市休闲农业园区产品和活动。第二十二届杨凌农高会也开通了网上农高会，重点推出了网上商城、掌上农高会等五大功能，实现了线上与线下的有机结合。2019年中国北京世界园艺博览会除构建了官方网站外，还开通了北京世园会官方公众号，网站设有世园新闻、世园景点、活动安排、服务信息以及网上世园、网上购票、网上商店等栏目。网上世园提供了全景看世园、VR游世园、文化赏世园以及VR体验等内容，为游客提供世园实景、在线导游等服务，让大家足不出户就可以了解世园会。同时开通了北京世园会特许商品京东旗舰店和天猫旗舰店两个网上商店，网上销售门票也已超过14万张。

（二）“互联网+”休闲农业与乡村旅游融合发展需求

当前，互联网已成为北京休闲农业发展的重要手段，休闲农业园区和基地纷纷加强网络建设，提高休闲农业网络化管理、运营和服务水平。为探究休闲农业基地与互联网融合发展现状、需求和存在问题，课题组对北京市100家休闲农业星级园区和各涉农委办局开展了调研。调研发现，不同主体对互联网与休闲农业融合从不同角度提出了不同需求。

1. 休闲农业规范管理的需求

党的十九大报告提出了实施乡村振兴战略，要按照产业兴旺、生态宜居、乡风文明、治理有效、生活富裕的总要求，建立健全城乡融合发展体制机制和政策体系，加快推进农业农村现代化。这为休闲农业和乡村旅游的发展提供了新的发展机遇，各级各地政府也把乡村旅游作为实施乡村振兴战略的重要抓手。由于各地旅游资源丰富且类型多样，各类经营主体和经营模式纷纷涌现，为避免休闲旅游市场无序竞争、不正当经营等违法和违反市场机制等现象出现，政府需要切实加强管理。政府既可以鼓励经营主体利用网络开展线上线下经营，也可以利用网络平台建立服务监督体系和平台，利用新媒体推进乡村旅游的公开透明有序发展。

2. 高端、便捷、参与式消费的需求

现阶段休闲农庄服务同质性极强，大多局限于简单的住宿、餐饮、采摘等方面，对于利用新型信息技术优化导游服务、增强互动体验、提升个性化服务等方面的拓展性增值服务较少。例如，许多休闲农庄在导游服务方面只提供人工导游，尚缺乏在线化、实时化的电子导游，导致游客无法自主选择休闲体验精品路线。在文化拓展方面，休闲农庄受限于传统的技术形式，仅限于使用图片、文字的方式展示本地特色的文化知识，没有将文化特色与新型感知技术相结合，如虚拟现实技术（VR）、3D 展示技术、实时动作捕捉技术等技术的应用水平仍较低，导致体验单一、互动性不强。在互联网、移动互联网飞速发展的今天，随着人们生活习惯和消费习惯的改变，人们越来越倾向于互联网化消费。便捷的网络服务、在线体验、虚拟交互等需求越来越强烈，利用微博、微信等多媒体平台，让消费者参与到休闲农庄的建设、运营和宣传推广中，增进消费者对休闲农庄的了解，提升休闲农庄对消费者的吸引力。

3. 精准开发旅游产品的需求

随着人们生活水平的不断提高，消费者的旅游需求和旅游消费观念逐渐成熟，消费者对旅游休闲的要求不断提升，这就要求休闲农业与乡村旅游市场不断开发能够满足不同消费者个性化需求的旅游产品和旅游服务。随着移动通信技术和大数据技术的发展，休闲农业和乡村旅游经营主体、政府主管部门等可以充分利用大数据分析，提供更加个性化、精准化的旅游产品和服务，满足各类消费者的不同需求。

4. 供需双方信息对称与沟通反馈的需求

从京郊实践看，消费者对休闲农业园区的选择与评价根据线下广告牌、地理位置、农庄建设规模等因素进行判断，对休闲农庄服务质量、服务态度等软要素，因缺乏休闲农业园区的反馈评价平台，无法获取准确的信息，导致较差的农庄因虚假宣传而“门庭若市”，而一些服务质量高、

设施建设好的农庄因缺乏横向比较的平台而“门可罗雀”，消费者权益得不到有效保护，农庄与消费者之间的供需信息不对称。而通过互联网新媒体可以建立信息沟通反馈机制，快速有效地获取消费者在休闲旅游过程中遇到的问题，及时高效地处理问题和投诉等，实现经营者、管理者与消费者之间的互动交流，满足消费者的实时需求，提高休闲旅游的参与度、舒适度和满意度。

（三）“互联网+”休闲农业与乡村旅游融合发展模式

互联网作为一种技术手段，可从技术创新、业态培育、商业与服务模式创新等方面推进休闲农业发展，并形成了以品牌宣传推介为主的休闲创意体验、以产品营销为主的电子商务、以产业链服务的个性化制定和基于科技的科普展览等模式。

1. 基于品牌宣传推介的创意体验模式

基于品牌宣传推介的创意体验模式是以网站平台、网络游戏、虚拟实景体验等为主要宣传形式的休闲农业品牌推广模式。通过休闲农业主题网站和多媒体平台进行全方位、多特色的宣传推广，把个性化、特色化的休闲农业产品和服务传递给消费者。利用微信、微博等新媒体，让休闲农业园区、基地等信息推介变得更加简单、更加频繁，对推介产品、吸引客户起到显著作用。北京农业嘉年华期间，市民除了利用手机、电脑等多媒体终端参观“农业嘉年华虚拟展馆”外，市民还可通过“北京昌平”微信了解农业嘉年华的所有资讯。“北京昌平”微信为农业嘉年华开辟了嘉年华、参观导览和微博专区三个板块，游客可以通过微博和微信分享游园感受，实时了解园区信息。嘉年华板块中，不仅能查阅到最新最全的场馆信息，还能查阅到活动安排预告。参观导览板块中汇集了票务、营业时间、交通路线、模拟展馆等服务信息。2018 年，北京市农业农村局、农研中心、北京观光休闲农业行业协会联合微景天下技术平台，基于微景平台和 VR 技术，打造北京休闲农业全景三维服务产品“京品农园”，以全景三维技术宣传北京的精品农业园区。

2. 基于休闲产品营销的电子商务模式

基于休闲产品营销的电子商务模式以破除农民产销信息不对称、农产品卖难和农资买难等问题为目标搭建的面向农产品、农村消费品、农业投入品供销的电子商务平台，主要表现为以电商平台和微信等社交平台为核心，以农产品生产为基础，以农产品、农村消费品和农业投入品网络营销为内容，以微店、手机 App 等新媒体营销模式创新为支撑，以移动支付为手段，通过网络交易带动休闲农业生产经营的模式。以休闲农业为主的垂直型电子商务网站如“去哪儿网”“周末去哪儿玩”“爱打听周边游”等网站平台不断涌现。伴随智能手机在农村领域的普及，利用电商平台和社交平台的海量信息，将促进产品产销信息的加速传播和市场主体的自由交流，进而提高市场信息透明度，促进产销精准对接。平谷区探索线上线下相结合的电子商务模式，平谷区自产优质农产品微信公众号，定期推送活动信息和农产品实用知识，线上直播农产品生产基地生产情况，关注人数达到 5000 多人。2018 年，平谷区实现电商销售大桃 1410 万斤，占全区电商销售总量的 47%。门头沟特色农产品三网合一服务站通过微网站、PC 网站、公众号传播、App 等上线宣传并新增十余种新的农产品，包括香椿、红杏、蜂蜜、砚台等，间接为合作社和农民朋友宣传销售各类产品 20 余万元。

3. 基于产业链服务的个性化定制模式

基于产业链服务的个性化定制模式是以农产品生产、经营和服务为主线，根据不同消费者的消费需求，为消费者提供包括土地认领、农事种养、农产品销售、手工 DIY、餐饮住宿、旅游度假、家庭聚会、商务会议等精品休闲旅游产品的全产业链、个性化和菜单式自助服务。互联网环境下，随着消费者对休闲旅游产品需求的明确，产品的定位将更加准确，针对不同年龄、性别、爱好、使用习惯等方面打造出很多个性化、多样化产品。借助互联网平台，根据消费者需求，策划和推荐特色旅游线路、向导服务，为消费者提供分类信息查找、休闲旅游攻略、周边旅游资源介绍、精准路线规划等，最终实现网上预订，从而引导高品质农业休闲消费。通过消费者与消费者、消费者与经营者之间的互动交流，不断满足消费者诉求，重构休闲农业产品，提升产品附加值。

4. 基于农业科技示范引领的科普展览模式

基于农业科技示范引领的科普展览模式是指以示范展示和互动交流为主的休闲农业模式，该模式通过一系列的农业会展活动和科普展览，实现一二三产业的有机融合，延长农业产业链，提升农业附加值。随着虚拟仿真与交互展示技术、三维建模技术和产品的不断成熟，集展示宣传与远程监视控制功能为一体的三维虚拟多平台系统在京郊部分休闲农业园区得到逐步应用。通过农园总体介绍和虚拟漫游、绿色休闲旅游活动虚拟展示、特色农业科普场馆展示和互动体验、特色农产品展示与推介、多人在线交流互动等栏目和板块的集成，不仅提升了园区宣传的可视性，更有效增强了用户互动体验。近年来，北京的会展农业发展迅速，从 2012 年第七届世界草莓大会，2013 年第十八届世界食用菌大会，2014 年世界种子大会、世界葡萄大会、北京农业嘉年华和第 22 届北京种子大会，2015 年世界马铃薯大会到 2016 年世界月季洲际大会等，多个国内、国际高级别的农业会展活动相继在北京落户。2019 年北京世园会建设并使用了基于 5G 技术的“信息高速公路”，观众可以在园区 5G 展厅中，体验无人机、无人驾驶、8K 高清视频、自动售卖等最先进的应用场景。从 5G 传输的 8K 高清视频，到 5G 手机通信与游戏体验，再到 5G 灯光秀、5G 远程诊疗等，5G“信息高速公路”把园林艺术展览变成了科技、自然与文化融合的盛会。这些世界级大会带动了北京农业产业的升级，提升了北京农业的开放性、影响力和融合性。

（四）典型案例

案例一：基于品牌宣传推介的创意体验模式——北京农业嘉年华

农业嘉年华是农业会展中的集大成者，通过举办集农业生产、生态、休闲、教育、示范等多功能于一体综合休闲展览，将农业研发、休闲旅游、文化创意、农产品加工等价值集中整合，实现一二三产业的有机融合，延长了农业产业链，提升了农业附加值。北京农业嘉年华坐落于北京市昌平区，占地面积 1000 亩，自 2013 年起每年 3—5 月均在此举办农业嘉年华，截至 2019 年已成功举办 7 届。北京农业嘉年华以“自然、融合、参与、共享”为主题，紧扣“创新、协调、绿色、开放、共享”五大发展理念，不断探索和拓展都市现代农业的实现形式、发展方式、运行模式，融合中外、古今、城乡、生态、生产、生活、“一二三产”等多种功能、产业和要素，为展示重大科技成果，促进城乡融合互动，推进国际合作，促进农民增收提供了重要平台。这种融合在深度上体现了功能和产业的融合，在广度上体现了区域和领域的融合。正是这种融合的多样性满足了市场的个性化需求，体现了都市型现代农业的发展方向和本质特征，成为北京都市现代农业展示的窗口、产业融合的平台、城乡互动的缩影。据统计，2013—2017 年，北京农业嘉年华总收入由 2 亿元增加到 3.41 亿元，接待游客数量由 101.7 万人次增加到 136.9 万人次。

案例二：基于农产品营销的电商模式——北京密农人家

北京密农人家农业科技有限公司（以下简称密农人家）成立于 2012 年，总部位于北京市密云区河南寨镇套里村，依托密云良好的生态资源和优质农产品资源，借助互联网技术开展网络推广和销售，塑造了密农人家安全、新鲜、好味道的品牌形象，荣获“北京市农业信息化龙头企业”“北京市农业信息化示范基地”等称号。2013—2015 年，密农人家销售额保持 150%以上的增长。目前，每天有近 1 万斤新鲜和干鲜农产品配送到京津冀甚至更远的城市，5 年来实现了 2700 吨面向全国各地的销售量。搭乘互联网的快车，密农人家以电商大数据为依托，以提供绿色无公害特色农产品为核心，以促进农民种植转型与增收致富为目标，在营销渠道创新方面做出了许多实践探索，成为密云区创新创业的带头人。其在营销模式方面的主要做法是：①B2C 模式。依托密农人家 App、密农人家微店、淘宝店、京东店、下厨房等电商平台，采用网上下单后，现摘现发模式进行销售。即在线销售的生鲜类产品，确保当天清晨采摘，配送到车间进行预包装、分拣、检验、包装、发货，利用顺丰物流，确保当天下午配送到北京市民家中。其中，淘宝店铺 2013—2015 年连续三年居淘宝网蔬菜类目首位。②预售 C2B 模式。借助网络技术、媒体技术对时令农产品、特色产品等产品提前进行线上展示，生成预订单，进而分配给相应基地和农户。截至 2017 年“双十一”当天 18 点，密农人家平台实现成交订单 8000 余笔、5 万斤密云本地优质农产品的销售。③O2O 模式。定期举办线下互动活动，将消费者带到大美密云的种植基地，亲眼所见、亲身体验蔬菜瓜果的种植环境，体验农产品的采摘，学习农业知识。④土地共享模式。依托密农人家电商平台，通过整合闲置土地，开展土地使用权的共享。2017 年开展甜薯基地认领，通过对密云区河南寨镇两河村闲置土地整理开发成沙田红薯生产基地，并将基地划分成了 1000 余个小单位，每个单位是 30 平方米，以认领的方式和大家共享收获甜薯，且承诺最低 100 斤的产量收入，为市民提供了农耕文化体验的场所。

案例三：基于科技示范引领的农业科普展览模式——中粮智慧农场

中粮智慧农场地处琉璃河镇，是“中国北京农业生态谷”的核心项目。中粮智慧农场由“一心六园”七大核心区域组成，其中，智慧农业中心是中粮智慧农场最具代表性的农业科技研发和成果创新展示中心。中心打造了七大温室，以现代化垂直农业为载体，以智能农业技术为核心，研发了全球首创的“旋转追光系统”和“H 架栽培系统”，建成了全球第一个集人工光植物工厂、食用菌工厂、多层叶菜工厂、新能源、节水农业、循环农业、智能化等技术于一体的农业综合体。而六个不同主题的室外园区可以为消费者提供独属于他们的农园田地，享受原生态的播种、耕作、收获的乐趣。在了解最前沿的农业生态版图之余，享受最清新的大自然，体会最淳朴的务农乐趣。农场以“自然、生态、绿色、健康”为理念，在为中国农业高精尖技术的展示与交流提供国际窗口之余，也将为广大市民提供一个具备世界级品质的绿色生态体验目的地。

（五）本章小结

互联网环境下的休闲农业与乡村旅游，主要指依托互联网技术实现服务主题多样化、服务内容互动化，依托互联网平台实现资源上线、网络宣传推广、网络营销、电子支付等产销互联网化的服务业创新。本章基于对北京市互联网环境下休闲农业与乡村旅游融合发展现状的分析，提出了休闲农业与乡村旅游融合服务业的发展需求，凝练了发展模式，并列举相应典型案例。

（1）分析北京互联网环境下休闲农业与乡村旅游产业发展现状。北京市休闲农业与乡村旅游产业正进入利用互联网实现提档升级阶段，在农业休闲旅游基地信息化基础设施建设、主题网站建设、企业门户网站建设、电商营销、“互联网+”会展农业、互联网支付等领域取得了较大成效。

（2）提出北京互联网环境下休闲农业与乡村旅游产业发展需求。结合北京农业嘉年华、北京密农人家、中粮智慧农场等农业休闲旅游服务供给主体的典型调研，本研究提出互联网环境下，北京市休闲农业与乡村旅游创新的需求包括休闲农业规范管理，高端、便捷、参与式消费，旅游产品精准开发，服务供需双方沟通反馈等方面。

（3）凝练北京互联网环境下休闲农业与乡村旅游产业发展模式并列举典型案例。当前北京互联网环境下休闲农业与乡村旅游产业发展模式可以划分为基于品牌宣传推介的创意体验模式、基于休闲产品营销的电子商务模式、基于产业链服务的个性化定制模式和基于农业科技示范引领的科普展览模式。其中，最具代表性、典型性的休闲农业与乡村旅游企业有北京密农人家、中粮智慧农场和北京农业嘉年华等。

参考文献

[1] 李庆国．“互联网+”撬动北京休闲农业大市场［J］. 农产品市场周刊，2016（9）：29-30.

[2] 谭城．“互联网+”时代发展休闲农业的思考［J］. 北京农业，2015（22）：192-194.

[3] 刘振华．“互联网+”时代下发展乡村旅游对策分析［J］. 现代营销（下旬刊），2016（11）：9.

[4] 常蓉．“互联网+”时代下休闲农业发展问题研究［D］. 济南：山东农业大学，2017.

[5] 毛峰．“互联网+”时代乡村旅游可持续发展的路径及对策［J］. 改革与战略，2016（3）：74-77.

[6] 唐永林，唐吉辉，孙海军，等．“互联网+”下的长白山休闲旅游［J］. 山东工业技术，2016（15）：124.

[7] 吴水林．“同程旅游”网络平台 OTA 资源营销策略研究［D］. 长春：吉林大学，2016.

[8] 张孟骅，刘芳，何忠伟．北京“互联网+休闲农业”新模式探讨［J］. 农业展望，2016（1）：49-52.

[9] 康杰，杨欣．北京都市休闲农业的发展模式及对策建议［J］. 北京农业职业学院学报，2016（3）：11-15.

[10] 向雁，屈宝香，侯艳林．北京休闲农业发展现状特征及对策建议［J］．中国农业资源与区划，2017（4）：214-222.

[11] 李和洋．广西“互联网+休闲农业”发展现状和策略［D］．南宁：广西大学，2017.

[12] 魏会廷．国外休闲农业信息化发展经验比较［J］．世界农业，2014（3）：60-63.

[13] 王晖．旅游大数据精准营销术［J］．决策，2017（5）：78-80.

[14] 鲁小波，陈晓颖，王万山，等．新形势下北京休闲农业发展态势［J］．农业展望，2017（11）：104-108.

七、基于互联网的北京农业金融服务业创新模式分析

传统的农村金融服务是指为农户、农业合作组织、农业龙头企业等农村金融主体提供存款、贷款、汇兑、保险、期货、证券等金融服务。近年来，随着互联网技术的兴起，传统的农村金融服务与互联网日渐结合紧密，互联网金融成为农村金融服务的新兴领域，为北京市农业生产融资难、融资贵等问题开辟了多元化路径。

（一）农村金融服务业融合发展现状

1. 农村金融机构发展现状

经过60余年的发展，我国农村金融体系逐步形成了以合作金融为基础，商业性金融机构、政策性金融机构分工协作的农村金融组织体系。在中国人民银行、银保监会的共同监管下，当前农村金融组织体系由银行金融机构、非银行金融机构和非正规部门组成，其中银行金融机构包括农村商业银行、农村发展银行、中国农业银行三大传统农村金融银行，以及2007年新成立的中国邮政储蓄银行。多层次、广覆盖、适度竞争的农村金融服务体系建设继续推进，政策性金融、商业性金融和合作性金融功能互补、相互协作体系日益完善。

（1）农业银行“三农金融事业部”试点逐步推广

按照2016年中央一号文件“建立三农金融事业部，打造专业化为农服务体系”的要求，探索大型商业银行服务“三农”有效模式，实现面向“三农”与商业运作的有机结合，农业银行从2008年起启动实施了“三农

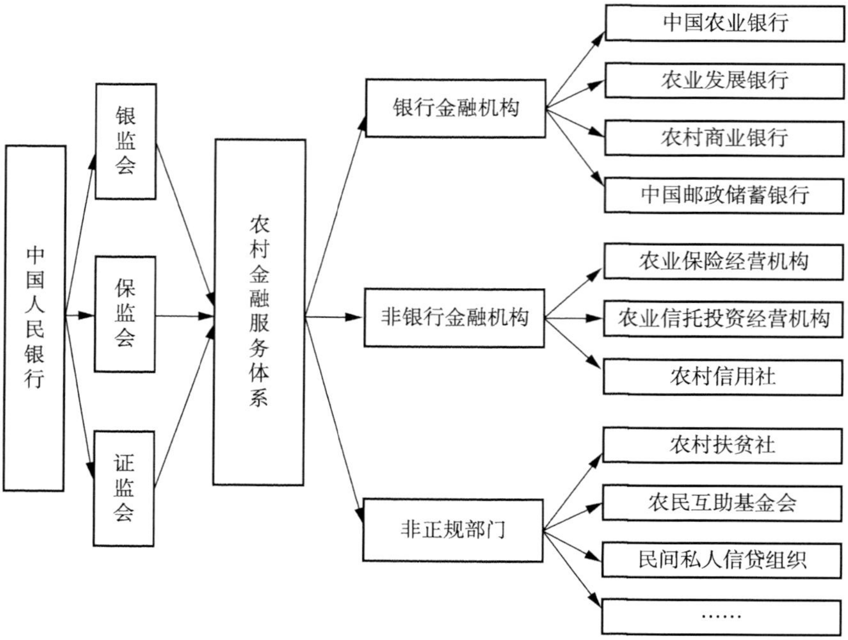

图 7-1　农村金融服务体系

金融事业部”改革，将所有县域支行改造成为“三农金融事业部”的基本经营单元，不断强化面向“三农”的经营主体地位。在改革的带动下，截至 2016 年末，农业银行县域贷款余额 3. 18 万亿元，较 2010 年末增加 1. 67 万亿元，比农业银行整体贷款增速高 23. 92%。“三农金额事业部”累计发放惠农卡 1. 94 亿张，在农村地区设立“金穗惠农通”工程服务点 63. 0 万个，在县以下布放转账电话、POS 机等各类电子机具约 101. 2 万台，代理城乡居民养老保险 1406 个县，代理新农合 897 个县，代理涉农财政补贴项目 4950 个，对行政村的服务覆盖率达 75. 1%。通过农业银行“三农金融事业部”试点在全国范围内的推广，农村金融服务的覆盖率、可得性和满意度得到了不断提高，使广大农民群众能够公平分享金融改革发展的成果。

表 7-1　中国农业银行县域金融业务开展情况

	2008 年	2010 年	2012 年	2014 年	2016 年
县域贷款余额（亿元）	8323	15053	20495	26516	31775
县域存款余额（亿元）	25143	36123	45525	53257	64212

续表

	2008年	2010年	2012年	2014年	2016年
营业利润（亿元）	134	339	624	774	628
县域金融业务不良贷款率（%）	5.51	2.51	1.64	1.83	3.02
累计发放惠农卡（亿张）			1.28	1.61	1.94

资料来源：中国农业银行。

中国农业银行（北京分行）以服务“三农”为己任，把握首都战略优势深入研究“三农”金融有效途径，不断优化升级京郊农村金融服务环境，逐步形成了具有自身特色的“三农”金融服务。一是不断加大惠农工程服务力度。针对北京郊区地形种类多、农户居住分散等特点，北京支行加强了ATM自助设备、电脑网上银行、手机掌上银行等多元化、多渠道的业务办理方式，不断改善北京农村金融支付结算环境，积极开展“三农”普惠宣传活动，带领各支行“走出去”深入村镇普及“三农”金融知识。以延庆支行为例，截至2018年累计在延庆区布放ATM自助设备43台，布放“惠农e通”平台上游商户54户，注册开通掌上银行农户数达4万户，发放惠农卡1.86万张，帮助当地农户足不出户就能享受便捷的金融服务。二是不断加大北京涉农贷款投放力度。鉴于农业生产周期长、受天气等气候因素影响大等特点，针对种植业、养殖业、加工业、园林绿化业、粮食收购及饲料加工业、农家餐厅等多行业的农业生产经营相关资金需求和贷款意愿，在实地调查的基础上积极协调各相关部门加快审批环节，加大发放个人农村生产经营贷款和小额农户贷款力度，帮助农业生产经营主体解决融资困难，打开了京郊普惠金融发展的新局面。

（2）农村信用社资金规模和涉农信贷投放显著增加

农村信用社主动适应农村经济发展的新特点和新要求，不断深化产权改革和创新公司治理，不断创新和深化“三农”金融服务，有效地提升了农村金融服务能力，保持了我国农村金融稳定发展，推动了我国社会主义新农村建设。截至2016年，全国农村信用社各项贷款余额为13.42万亿元，涉农贷款和农户贷款余额分别为8.19万亿元和3.96万亿元，涉农资金规模和信贷投放显著增加，农村金融支农效果显著。

北京农商银行作为国务院首家批准组建的省级股份制农村商业银行，牢牢把握支农支小战略定位，紧密围绕首都实施乡村振兴战略的工作要求，充分发挥“三农”金融服务行业领先优势以及地缘、人缘和网络优势，持续加大涉农领域信贷投放力度，积极推动“三农”特色产品和服务模式创新落地。一是加强顶层设计为“三农”金融服务科学发展提供指引，基于明确的“三农”金融发展方向，北京农商银行专门出台了《北京农商银行金融支持首都乡村振兴战略的方案》和《北京农商银行2018年度三农金融服务工作指引》，初步形成更加系统、全面的“三农”金融服务指导体系。二是创新产品服务满足多样化“三农”金融需求，针对城镇化和美丽乡村建设过程中的旧村改造、农民安置、集体产业建设和运营等项目的集体资金需求，大力支持集体产业升级，截至2018年末，农工商公司贷款余额达286.69亿元；针对农民专业合作社对金融信息和融资发展的需求，探索构建了农民专业合作社信用评价体系，有效解决银行与农民专业合作社之间信息不对称的问题；针对全市大兴区集体经营性建设用地入市试点的专项融资需求，创新支持集体经营性建设用地入市专项融资产品，截至2018年末累计为大兴区7个集体土地入市试点项目提供140亿元的融资支持，累计投放资金约92.32亿元，全面满足试点项目在土地整治、开发建设、产业运营和商户拓展等各个阶段的融资需求。

（3）村镇银行基础金融服务不断完善，信贷投入不断加大

自2007年首家村镇银行设立以来，全国各村镇银行积极加大信贷投入，着力支持农户、个体工商户、小微企业和家庭农场、农民专业合作社、农业龙头企业发展，为县域经济社会建设提供助推力量。据银保监会农村金融部的披露，从2006年到2016年末，村镇银行引进民间资本815亿元，占资本总额的72%，成为民间资本投资银行业的重要渠道。

北京持续深化农村普惠金融服务，不断完善农村基础金融服务。截至2017年，全市共有村镇银行网点38个，实现了村镇银行对北京市十个远郊区的全覆盖，“三农”金融服务覆盖面不断扩大，方便了农户支付结算借贷等金融服务的办理，为京内金融资源向郊区流动提供了便利。

2. 农村互联网金融主要发展渠道

在互联网技术的推动下，农村金融发展需求得到了极大释放，传统农村金融的存款、贷款、保险、期货、证券等金融服务逐步与互联网科技深化融合，衍生出了以P2P网贷、众筹等为代表的新兴互联网金融产品。互

联网金融开放了资金的流动性，农村资金供给方式更加机构化、多元化，有效地增大了农村金融服务的覆盖面。

（1）基于农业电商的互联网金融

在互联网金融的发展过程中，农业电商平台依托已有业务和自身平台优势，逐渐孵化出新型的农村金融业务。一方面，电商平台通过农产品电子商务交易，与农户等建立联系，积累其在农户消费者和农产品销售商、供应商方面的大数据，并在此基础上建立一套信用风控模型，使大数据与信贷额度和信贷利率挂钩；另一方面，农业电商利用自身大客户身份，通过与银行、小额信贷公司等机构合作，获取资金，帮助农户完成网上融资、网上借贷和网上金融消费，由此形成一个完整的基于农业电商的互联网金融闭环。

（2）基于农业产业链的互联网金融

北京农业产业具有市场空间大、产业落后、信息不对称、用户规模大且分散、交易环节长、交易成本高等特征，因此互联网改造潜力巨大。随着近几年农业信息化、农业互联网、农业物联网等科技的发展，一些传统的农业企业凭借其在传统农业领域深耕的经验，将积累的线下资源和客户信用数据优势与互联网技术紧密结合，打通自有供应链关系，建立起特有的农村互联网金融生态圈，并衍生出了基于农业产业链的互联网金融。基于农业产业链的互联网金融将农业供应链上的农业核心企业与其相关的上下游农业企业看作一个整体，以农业核心企业为依托，以农业真实贸易为前提，运用自偿型贸易融资的方式，对供应链上下游企业提供综合性农村金融产品和服务。基于农业产业链的互联网金融，改变了传统农业银行等金融机构对单一农业企业的授信模式，在围绕传统大型农业核心企业的基础上，转向聚焦“原材料采购—制成中间及最终产品生产加工—农产品销售”全产业链，通过产业链条将供应商、制造商、分销商和零售商、消费者连成一个整体，为农业产业链上的所有相关农业企业、农户、消费者主体提供融资、支付等金融服务，以实现整个农业产业链的不断增值。

（3）基于涉农平台的互联网金融

北京基于涉农平台的互联网金融平台主要是以P2P网贷和众筹平台为主的农业金融平台，此类平台依靠线下地面推广方式，以熟人借贷的方式来开展业务，在网络借贷业务链中主要充当前端获客、审批授信和贷后资产管理角色，其放款和资金来源主要是银行、消费金融公司、小额贷款公司等农村金融机构。P2P 农业网贷始发于 2009 年，零星的农户或农村小微企业通过红岭创投等网贷平台获得消费资金或短期流动资金，2011 年开始正式投身农村金融领域，并在 2014 年政策的支持下得到了大力发展。当前 P2P 网贷平台的作用主要包括资产获取与资金融合，截至 2016 年有 15 余家 P2P 网贷平台涉农贷款规模在 1 亿元以上。以 2014 年 3 月全国首家农业众筹平台“尝鲜众筹”的上线为标志，农业众筹发端于 2014 年，通过农业与众筹平台的深度融合，不但帮助农户和农业企业解决了融资困难，还让参与者有机会参与到农业生产过程中，享受绿色安全农产品。但是，由于农业的发展受基础设施和自然环境影响较大，加之受农产品电商迅猛发展的影响，当前基于涉农平台的互联网金融发展阻力较大。

3. 农村金融发展的主要“瓶颈”

（1）农村金融整体供需失衡

北京农村金融改革取得了一定成效，金融贷款的支农力度得到有效提升，农村“三农”金融服务模式取得了有效探索，但不可否认的是，当前我国农村金融供需矛盾依然突出。一是现有农村金融存贷款结构失衡。当前我国农村金融机构依然存多贷少，北京农商银行年度报告数据显示，2017 年北京农商银行涉农贷款余额 2721. 74 亿元，涉农存款余额 5524. 44 亿元，存贷比为 49. 26%，虽然近年来有所提高，但是存贷结构依然失衡。二是现有农业金融资金流向失衡。从资金流向趋势来看，仍存在从农村向城市流动的农村金融信贷资金总趋势，严重影响了农业农村金融机构资金的周转速度，加深了城乡之间金融资源配置的“鸿沟”。三是现有农村贷款供需失衡。一方面农村经济、农业产业化发展迫切需要各种资金的投入，另一方面由于农业生产存在季节性特点，在其影响下农民收入不稳定，因而贷款难、还款难、风险大，单靠政府拨款已无法满足农村经济日益发展的强烈需求。

（2）农村金融生态环境有待提升

我国农村司法环境有待健全、执法效率有待提高，农村金融债权尚得不到有效保护，还有不法之徒，甚至通过威逼、胁迫、恐吓等手段强迫农村金融机构发放贷款，严重干扰基层银行正常经营秩序，危害地方金融安全。我国广大农村地区尚未形成良好的公平竞争的市场环境，部分农村中小企业财务会计制度不健全、财务信息失真，银行难以对其真实借贷情况有准确的了解和掌握，无法准确监控到农村中小企业贷款的风险，使农村金融机构信用风险居高不下，进而导致农村金融机构为规避信贷风险而“惧贷”，并殃及守信个人和企业资金紧缺，造成农村金融机构贷款投放难，涉农企业和农民贷款难的现象。此外，我国现行农村金融体制存在设计漏洞，基层政府强制干预农村金融的现象依然存在，这也进一步恶化了我国农村金融生态环境。

（3）农村地区信用建设不完善

虽然我国农村有着较好的传统信用基础，“借钱还债”的诚信思想根植于传统的农民心中，淳朴的乡风有助于民间信用体系的建立，但就整体而言，农村金融信用体系建设尚不健全，不良贷款率高、信用道德评价缺失等现象在农村地区普遍存在。一是农村金融机构涉农不良贷款率上升。近两年来，受实体经济下行、县域经济结构转型升级缓慢、农村金融市场竞争加剧等多种因素的影响，涉农金融机构盈利水平有所下降，除了农村信用社之外，其他金融机构涉农不良贷款率均有所上升。二是农村地区征信体系不完善。以农村信用社、农业银行为代表的农村金融机构开展征信工作主动性不强，农户可提供的信用数量少，农村金融机构征信工作量大、难度大，农村征信市场不发达。三是农村信用体系缺乏司法保护。司法执行在农村金额维权方面存在薄弱环节，农村信用体系缺乏司法保护，信用保障和失信惩罚机制缺失，导致了农村金融信用保障环境缺失。

（4）农村互联网金融人才缺乏

人才是经济社会发展的第一资源，特别在农村金融领域对相关人才的发展要求较高，而当前我国农村金融专业型人才储备不足，掌握互联网金融的人才更是严重缺失，阻碍了现代农村金融服务的发展。一是农村金融专业型人才缺失。随着农村经济的日益发展，我国农村金融体系也日益庞大，既包括农村信用社、农业银行等传统金融机构，也包括农村保险经营机构和农村信托投资经营机构等非银行金融机构，农村金融服务和农村金融产品的类型不断增加，对农村金融从业人员的要求也日益增加。但是，当前我国农村金融机构落后的管理模式、不合理的人才结构和较大的工作压力，使高素质的金融人才对职业前景缺乏信心，直接导致了农村金融人才流动频繁，造成了农村金融专业型人才缺失。二是掌握互联网金融的技术型人才缺乏。随着电子信息技术的不断进步，互联网金融思想的日益普及，传统烦琐的手工记账方式已经被普通的电子化业务逐渐取代，在大数据、云计算等先进的电子信息技术日渐普及，为互联网金融的发展不断注入新活力的同时，也对互联网金融的从业人员提出了更高的要求。互联网金融的发展需要既懂得金融农产品与业务的相关知识，又具备互联网的思维与技术，传统的农村金融从业人员已经跟不上扩张的步伐，核心人才储备的不足严重制约了农业农村互联网金融的发展。

（二）发展需求分析

在当前和今后一段时期，北京现代农业金融服务应当加强与互联网科技的紧密结合，坚持市场化发展与政策支持的有机结合，拓宽服务渠道，丰富金融服务品种，营造良好的农村金融生态环境，建立良好的农村信用体系，实现农村普惠金融服务发展，更好地服务于农业供给侧结构性改革和新型城镇化建设，最终服务于全面建成小康社会的宏伟目标。

1. 实现农村普惠金融服务的需求

普惠金融的发展目的就是要建立符合国际普惠金融理念，加强“三农”、小微企业以及城市和农村低收入群体等弱势群体的金融服务，提升农村金融的覆盖面、可得性、便利性，促进农村经济金融协调、可持续发展。作为国家化的大都市，不断拓宽服务渠道、实现农村普惠金融服务是互联网环境下北京农业金融服务的发展需求。在北京市“十三五”时期全面推进城乡发展一体化的战略背景下，北京现代农业金融服务业在未来需要积极借鉴国际先进经验，将国际经验与中国特色相结合、政府引导与市场化主导相结合，不断拓宽服务渠道，深化多元合作创新服务模式，积极引入“三农”新型金融工具，到 2020 年建成与小康社会相适应的普惠金融服务保障体系，让农民、农业中小型企业等农业生产经营主体及时获得价格合理、便捷安全的普惠金融服务。

2. 加快农村金融创新的需求

随着农业经济的不断发展，传统的农业生产方式逐步优化，新型农业经营主体和经营模式不断涌现，对农村金融的服务、技术和制度创新发展产生了新的需求。

一是农村金融服务创新的需求。北京农村的金融交易大多以现金为主，交易方式落后。由于金融机构营业网点尚未全面覆盖，支付结算手段比较单一、技术方式比较落后，农民的金融服务需求尚且不能完全满足。这在客观上要求农业金融服务必须不断丰富金融服务品种，强化服务管理，结合互联网等信息技术进一步创新农村金融创新服务模式、优化服务流程，为农民提供信息、资金、产品等全方位、智能化的金融服务。

二是农村金融服务技术创新的需求。随着互联网科技对农业不断地渗透，以及智能手机的不断普及，电脑硬件等基础设施不再是农村居民上网的主要因素，很多尚未触网的农民越过 PC 端，直接成为移动互联网用户。移动互联网的迅速发展并崛起，使互联网金融成为农村金融发展的必然趋势，这在客观上要求农村金融必须不断加大与互联网、移动通信的深度融合，建立网贷平台、众筹平台、助贷平台等涉农互联网金融平台，在技术上实现农村金融创新。

三是农村金融服务制度创新的需求。作为中国互联网发展高地，北京的互联网金融公司和金融产品较多，虽然近年来涉农金融机构加大了对京郊农村金融的投入，但放贷主体仍以优质涉农中小企业为主，而最需要融资的贫困农户、刚起步微小企业和大批创业青年的金融需求得不到满足。因此，亟待进一步强化农村金融机构服务“三农”职责，专注现代农业发展，全面覆盖农业农村信贷担保体系，实现农村金融制度创新需求。

3. 营造良好农村金融生态环境的需求

在大数据时代，不同产业和区域的生态之间开始发生越来越多的关联，不再受限于行业、地域等因素带来的条块分割，而是紧密地交错起来，形成一个“数字生态共同体”。北京拥有全国数量众多的互联网企业和金融企业，未来需要充分利用该得天独厚的条件，进一步加强现代农村金融服务业与互联网科技深度融合，构建良好的农业农村金融生态圈，营造各类资本公平竞争的市场环境，鼓励农村金融机构产品和服务的多样性，更好地发挥科技在农村金融资源配置、信息公开等方面的优势，推进农村金融机构产品和服务创新。北京农商银行、中国农业银行（北京分行）等农村金融机构经过多年发展，品牌能力深入民心，也初步建立了原始客户的大数据积累，具备了建立农村金融生态圈得天独厚的基础优势。通过农村金融生态圈的建立，能够进一步构建多边群体合作共赢机制，使得原本从事与农村金融活动相关的农民和农业企业，能够聚集在以互联网为合作和竞争平台的圈子内，在农村金融支付业务、农业保险业务、P2P 借贷业务等农村金融业务的驱动下，协同运行，有效运转。

4. 建立健全农村信用体系的需求

通过农村金融信用体系的建设，减少信息不对称，发展和增进农村生产经营主体信用，实施与信用等级相对应的信贷额度与利率，促进小额信贷、信用贷款发展，是促进“三农”发展的有效途径。

第一，建立农村信用体系是降低交易成本，提高农村金融资源配置效率的需求。北京农商银行等涉农金融机构虽然积极开展针对农村“三农”的金融服务，但作为商业银行，其自身也有盈利发展需要，如果只针对交易规模较小的农民和农业中小型企业开展业务，对其银行而言交易成本较高，因此许多涉农金融机构的开展“三农”金融服务的积极性并不高。而借助互联网等现代科学技术手段，手机银行、网上银行等能够让农民足不出户就能享受到农村金融服务的便利，有效地提高了资源配置效率，降低了交易成本。

第二，建立农村信用体系是建立健全风险补偿机制和守信联合激励机制的需要。受农业生产周期的影响，农村金融主体还款能力有限，直接导致了北京农村金融不良贷款率相对较高。通过农村信用体系的建设，能够引导金融机构将农户信用评价结果纳入信贷管理中，根据信用等级给予农户不同的授信额度和利率发放信用贷款，为有信用、有市场的农村生产经营主体提供便捷的金融服务，并对信用状况良好的农户、扶贫龙头企业、专业合作社等开展财政贴息等守信联合激励机制。

（三）发展模式分析

农村互联网金融不是互联网与金融的简单结合，而是在实现安全、移动、便捷等网络技术水平上，被用户熟悉接受后，自然而然为适应新的需求而产生的农村服务新模式、新业务。目前农村互联网金融发展模式主要有第三方支付模式、P2P 网络贷款模式、大数据金融模式、众筹模式、信息化的金融机构模式等，在北京运行得比较好的主要有第三方支付模式、P2P 网络贷款模式、信息化金融机构等模式，有效推动了北京农村金融的发展。

1. 第三方支付模式

第三方支付模式是指“非金融机构作为收付款人的支付中介，所提供的网络支付、预付卡、银行卡收单以及中国人民银行确定的其他支付服务”（中国人民银行《非金融机构支付服务管理办法》）。农村金融服务的第三方支付模式以计算机、互联网、信息安全为依托，以该非金融机构的信誉和实力为保障，以与各大银行签约为主要方式，建立的“三农”主体与银行支付结算系统间的网上支付模式。目前，我国农村金融市场上较常见的第三方支付模式主要有两种类型：第一类第三方支付平台以电子商务网站为依托，用户可以通过网络、电话、短信等多种支付方式付款到第三方支付平台上暂为托管，待商品、交易完成后，平台将资金转移给商家，杜绝了电子交易中的欺诈行为，这类第三方支付平台主体的代表包括支付宝、财付通等；第二类是独立第三方支付模式，该模式以对农村企业做垂直支付为主要运营模式，为“三农”用户提供支付产品和支付系统服务，包括生活缴费、O2O 场景下支付、信用卡还款等，这类第三方支付平台主体的代表是易宝支付。

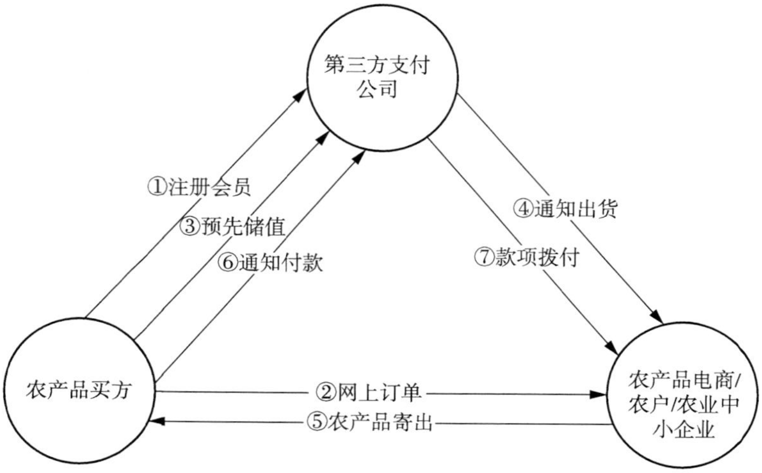

图 7-2　依托于电子商务的第三方支付模式

2. P2P 网络贷款模式

P2P（Peer-to-Peer lending）即点对点信贷，该模式源于孟加拉国"诺贝尔和平奖"得主穆罕默德·尤努斯教授，但真正发展壮大是在英国，2005 年英国成立了全球第一家 P2P 网络贷款公司 Zopa。

聚焦到农业领域，农村金融服务 P2P 模式是通过网上第三方平台将小额资金聚集起来，提供给有借贷需求的农户小额借贷的模式。该模式的优点：一是借贷门槛较低，最低门槛仅为 50 元人民币；二是投资收益率较高，但是高收益也往往伴随着高风险。农村金融市场上的 P2P 模式可以分为两大类：一是以农业龙头企业牵头为主的 P2P 模式。该模式以信誉较高的农业龙头企业为主体，依托其丰富的线下销售网络和供应链，构建 P2P 平台服务供应链上下游客户，既能够为有资金需求的上游农户、农业合作社提供资金，也能够凭借自身在行业的影响力吸引投资者参与投资。目前北京采取该模式的农业企业有大北农集团等，企业旗下的"农银贷""农富贷""农富宝""扶持金"等金融产品均采取该模式服务"三农"。二是以 P2P 网贷助农平台牵头为主的 P2P 模式。该模式可以进一步分为两类：一类是纯线上模式，其特点是资金借贷活动都通过线上进行，不结合线下的审核。以人人贷商务顾问（北京）有限公司的人人贷产品为例，人人贷是一种中间服务平台，需要资金的农户发布借款信息，出借人根据农户信息选择是否借款，人人贷根据出借款人之前签署的协议，自动投标到符合借款人要求的借款农户手中。另一类是线上线下融合模式，即是在借款农户资信能力调查过程中，采取线上线下结合的方式，委托借款人所在城市代理商，针对借款人的还款能力实地入户考察，以做出最终评价。以北京同城翼龙网络科技有限公司的翼龙贷产品为例，翼龙贷在全国的市、县、村寻找本地合作商，对借款农户进行贷前调查，以入户家访的形式深入了解和考察农户的情况，向符合条件的农户进行贷款，有效解决信用数据缺失的问题。

3. 信息化金融机构模式

信息化金融机构模式是指基于互联网等信息技术，对传统农村金融运营流程进行改造或重构，实现金融机构的经营、管理全面电子化、信息化，该模式是金融创新的产物。

目前国内信息化金融机构模式开展较好的是中国农业银行。2016 年中国农业银行与农业农村部签署了《信息进村入户与惠农金融服务合作协议》，充分发挥其在农村地区的渠道、网络、产品等优势，提供资金结算、代发、代缴等便民金融服务，为益农信息社和广大农民提供金融服务收费减免及优惠，为农业农村部牵头组织的信息进村入户工程提供金融服务。2017 年以来，农业银行全力打造包括“惠农 e 贷”“惠农 e 付”“惠农 e 商”在内的“惠农 e 通”互联网金融服务“三农”平台，提高农村金融服务效率。一是“惠农 e 贷”平台充分利用“大智移云”等前沿互联网技术，深入挖掘农村客户征信、生产经营、电商交易以及金融资产等数据，创新推出“金穗快农贷”“政府增信贷”“数据网贷”等“三农”网络融资产品和服务模式，使广大农户通过网络贷得到、贷得快，有效降低农村金融服务成本。二是“惠农 e 付”支付结算服务，依托“金穗惠农通”工程，推出聚合扫码支付等近 20 种支付方式，在满足涉农企业支付结算需求的同时，为广大农户提供日常生活缴费、涉农补贴资金代理等全方位支付结算服务，打造了集各种支付场景、支付渠道和支付方式于一体的“综合收银台”，有力解决了“三农”生产经营和生活服务场景下的支付难题。三是“惠农 e 商”服务体系，目前已在农村搭建起贴合涉农产业链、农企农户生产经营活动的线上化场景，初步形成了面向涉农生产企业、农批市场、农户等“三农”群体的“农村惠农圈”和“涉农产业链”服务模式，畅通了“工业品下乡、农产品进城”渠道。

（四）典型案例

案例一：中国农业银行“惠农 e 通”平台

“惠农 e 通”平台是中国农业银行依托互联网大数据技术，于 2017 年着力打造的互联网金融服务。通过“惠农 e 通”（主要包括“惠农 e 贷”“惠农 e 付”和“惠农 e 商”三大板块)，能够帮助广大“三农”客户实现网络融资、在线支付结算、农村电商等功能，享受来自中国农业银行的互联网综合金融服务，感受新时代农行服务“三农”的产品便利。

以“惠农 e 贷”为例，惠农 e 贷是中国农业银行依托互联网大数据技术，专门为农民设计的一款线上化、批量化、便捷化、普惠化的贷款产品。第一，“惠农 e 贷”的适用对象是广泛覆盖从事特色产业经营、农村电商购销、农业产业链供销以及在农行有金融资产或信贷关系等客户，贷款可用于生产经营和消费。第二，“惠农 e 贷”的主要特点有以下几个：一是线上化的运作方式；二是信用化的贷款方式；三是灵活化的用款方式；四是多样化的办贷方式；五是普惠化的贷款利率。通过多种途径批量采集农户家庭和生产经营等多维数据，针对农户融资的痛点和难点建立科学的授信模式，实行在线化评级准入、系统自动审查审批，实现了贷款自动发放。第三，“惠农 e 贷”的优势在于“新、快、准、信、简、惠”。所谓新，是创新运用互联网大数据分析技术，采取线上线下相结合方式办理贷款；所谓快，是系统自动审查审批，贷款快速到账；所谓准，是批量化精准对接贷款需求，准确定位客户群体；所谓信，是主要采取信用方式发放贷款，支持政府增信、法人保证、抵质押等多种担保方式；所谓简，是申请流程简单，操作便捷，支持柜台及网上银行、手机银行等多种渠道办理；所谓惠，是实行优惠利率，循环使用、随借随还，按实际使用天数计息。

“惠农 e 贷”将原来不具备抵押担保条件、信用信息不完备导致不能享受融资服务的广大农户纳入了目标客户范畴，实现了对传统农户贷款作业方式的一次变革。

表 7-2　“惠农 e 贷”的贷款要素

贷款要素	内容
贷款额度	起点额度 3000 元，最高额度根据客户资产、收入、担保等情况核定
贷款期限	有效期最长 5 年，有效期内单笔贷款期限可根据客户实际需要合理确定

续表

贷款要素	内容
贷款利率	根据借款人信用状况、担保方式等情况综合确定
还款方式	根据贷款期限可采取定期结息、到期还本，一次性利随本清，等额本息分期等多种方式

案例二：京东金融

京农贷是京东集团旗下的京东金融为种养殖户提供的生产贷款服务。京农贷的产品共有三大类，分别是先锋京农贷、仁寿京农贷和养殖贷。先锋京农贷主要为种植环节的生产资料需求提供融资贷款。仁寿京农贷依托农产品收购订单，为订单农户提供生产所需的流动资金贷款。养殖贷探索“互联网信贷+保险+担保”的模式，为产业链上下游的用户提供贷款支持。

以先锋贷为例，先锋贷的业务主体主要有三方，包括核心企业（粮食种植产业的龙头企业）、京东金融（以及与京东金融合作的银行机构）和农业种植户。为解决农业种植户购买农资时的资金需求问题，京东金融受核心企业委托，以代农业种植户付款的方式向核心企业支付货款，形成种植农户和京东金融之间的借贷关系。待农户收获并销售粮食时，以销售收入归还京东贷款。

结合农业生产特点，京农贷有效地改善了农户借款的方便程度，大幅减少了申请贷款的资信证明材料和手续，审批流程也更加便利，放款时间进一步缩短，大大提高了农业贷款的覆盖面，切实为农户解决了融资难的问题。

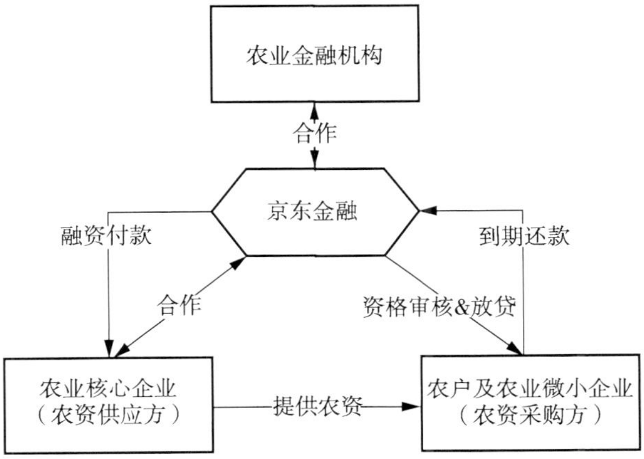

图 7-3　京农贷融资渠道流程图

案例三：大北农集团

大北农集团是一家以饲料产品生产销售和农作物种子培育推广为主营业务的“三农”服务商，专注农业互联网平台生态圈建设。在互联网金融方面，大北农主要依托旗下互联网小贷公司农信金融，为种养殖户提供产业链贷款，产品包括农富贷、农银贷、农信云、农信商城、农信金融等。

农信互联主推猪养殖业的互联网农业生态圈，旗下包括猪交易、猪管理、猪金融三大平台，将与猪产业相关的养猪户、屠宰场、饲料兽药厂商、中间商、金融机构产业链主体联结起来，构建了完整的养猪生态圈。其中，猪交易为农户养猪提供全程流程服务，包括猪苗、成猪屠宰销售等；猪管理以现代化、智能化的手段管控养猪各个环节，包括对养猪风险进行智能化预警提示并统计分析、对猪场进行财务分析、对猪价进行市场化跟踪等；猪金融利用猪交易和猪管理积累的海量数据，建立“农信度”，将其作为养猪人专属的资信指标，农信度越高，获得贷款的金额和便捷度就越大，有效地降低了养殖户的融资成本。

表 7–3　大北农农信金融各类金融产品情况

类型	产品	简介	额度
信用产品	农信度	为用户提供专属资信指标	
借贷产品	农银贷	为银行放贷提供信用数据	最高 100 万元
	农富贷	直接为生产者与经销商提供小额贷款	最高 100 万元
	扶持金	为合作供应商客户提供赊销服务	最高 100 万元
	农农贷（未上线）	为种养殖户及产业链上下游相关用户提供 P2P 贷款	最高 100 万元
投资产品	农富宝	理财服务	

资料来源：中国农村互联网金融发展报告 2017。

案例四：北京同城翼龙网络科技有限公司

北京同城翼龙网络科技有限公司（翼龙贷）成立于 2007 年，是国内 P2P 行业中的第一批探索者，其总部位于北京，目前已经在全国数百个城市设立了运营中心，覆盖超过 1000 个区县。翼龙贷的经营理念就是服务广大的农民、农业合作社、农业企业及小微企业，为其提供包括信息咨询服务、风险控制、双方业务接洽等服务，探索互联网金融服务的新模式，是为大众提供低门槛、能触及、低成本、高效率、安全可靠的融投资新渠道，满足农户的资金需求。

翼龙贷将“线上信息撮合”与“线下风险防控”相结合，为借款用户建立了“诚信档案”，其内容主要包括：①是否在翼龙贷运营的中心城市长期居住，是否拥有固定资产；②借款用户及其家庭的信用情况、经济状况以及还款能力等；③借款用途。通过入户家访等形式，翼龙贷对借款用户进行全面评估，评估合格的用户直接可以在线上与资金提供方完成交易。通过这种方式，翼龙贷解决了农民融资信用数据缺失的问题，对“三农”互联网金融领域产生了深远的影响。

表 7-4　翼龙贷目前主要的借款端产品

	适用人群	额度	期限	还款方式
翼农贷	针对“三农”家庭信用贷款	3~9 万元	1~12 个月	多种还款方式，利率低
翼企贷	针对中小微企业的信用贷款	最高 100 万元	—	多种还款方式，利率低
翼房贷	针对个人或企业资金周转	10~100 万元	12 个月内	每月还息，到期还本
翼车贷	针对个人或企业资金周转	0~20 万元	3 个月内	先息后本

资料来源：官网信息整理。

（五）本章小结

本章结合农村金融服务业融合发展现状与“瓶颈”，重点剖析了北京农村金融服务业发展需求，梳理了北京农村金融服务业的发展模式，从农村金融发展视角为加快互联网环境下北京现代农业服务业创新模式研究提供了重要思路。本章主要结论和观点如下：

1. 分析了农村金融服务业融合发展现状与“瓶颈”。农村金融体系逐步形成了以合作金融为基础，商业性金融机构、政策性金融机构分工协作的农村金融组织体系，农村金融体系日益完善，农业银行“三农金融事业部”试点逐步推广，农业发展银行不断完善资源分配机制、提高配置效率，农村信用社资金规模和涉农信贷投放显著增加，村镇银行迅速发展，信贷投入不断加大。在互联网技术的推动下，北京农村金融的发展以基于农业电商的互联网金融、基于农业产业链的互联网金融、基于涉农平台的互联网金融为主要融合发展渠道，但目前也存在农村金融整体供需失衡、农村金融生态环境有待提升、农村地区信用建设不完善和农村互联网金融人才缺乏等主要问题。

2. 凝练了农村金融服务业创新发展需求。在当前和今后一段时期，北京现代农业金融服务应当加强与互联网科技的紧密结合，坚持市场化发展与政策支持的有机结合，拓宽服务渠道，丰富金融服务品种，营造良好的农村金融生态环境，建立良好的农村信用体系，实现农村普惠金融服务发展，更好地服务于农业供给侧结构性改革和新型城镇化建设，最终服务于全面建成小康社会的宏伟目标。

3. 提出了农村金融服务创新发展模式。农村互联网金融不是互联网与金融的简单结合，而是在实现安全、移动、便捷等网络技术水平上，被用户熟悉接受后，自然而然为适应新的需求而产生的农村服务新模式、新业务。目前农村互联网金融发展模式主要有第三方支付模式、P2P网络贷款模式、大数据金融模式、众筹模式、信息化金融机构模式等，有效推动了农村金融的发展。

参考文献

［1］农业农村部．中共中央国务院关于落实发展新理念加快农业现代化实现全面小康目标的若干意见［EB/OL］．http：//www.moa.gov.cn/ztzl/2016zyyhwj/2016zyyhwj/201601/t20160129_5002063.htm.

［2］中国人民银行农村金融服务研究小组．中国农村金融服务报告［M］．北京：中国金融出版社，2017.

［3］冯涛，魏金明．我国农村金融服务体系的困境及纾解［J］．南京农业大学学报（社会科学版），2009，9（3）：1-6.

［4］贾立，汤敏．农村互联网金融：模式与发展形态［J］．农村金融，2016（9）：7-11.

［5］余嘉勉．农村金融贷款保险制度：创新与规制［J］．农村经济，2018（10）：91-96.

［6］李明贤．一部推进农村新型金融组织持续发展的力作——《双重目标驱动下农村新型金融组织创新研究》书评［J］．农业经济问题，2018（10）：143-144.

［7］张燕，刘福临．互联网金融下农村征信体系的优化与机制构建［J］．宏观经济研究，2018（8）：131-141+175.

[8] 斯琴塔娜．从西部七省区看农村金融对经济发展的影响 [J]．国家行政学院学报，2018 (4)：115-120+151.

[9] 刘中升，陈骐，冯宗邦．改善农村金融体系促进家庭农场发展 [J]．宏观经济管理，2018 (8)：54-59+73.

[10] 王宝珠，冒佩华．塘约金融：农村金融改革的突破——一个诱致性制度变迁的视角 [J]．贵州社会科学，2018 (7)：158-162.

[11] 刘伟，韦杰．破解农村互联网金融服务难题的“田东模式”：背景、经验与启示 [J]．广西社会科学，2018 (6)：116-118.

[12] 祝国平，郭连强．农村金融改革的关键问题、深层原因与战略重点 [J]．江汉论坛，2018 (6)：46-54.

[13] 陈亮，杨向辉．农村金融的区域差异影响因素及政策分析 [J]．中国特色社会主义研究，2018 (3)：42-50.

[14] 黄益平，王敏，傅秋子，张皓星．以市场化、产业化和数字化策略重构中国的农村金融 [J]．国际经济评论，2018 (3)：106-124+7.

[15] 温涛，王汉杰，王小华，韩佳丽．“一带一路”沿线国家的金融扶贫：模式比较、经验共享与中国选择 [J]．农业经济问题，2018 (5)：114-129.

[16] 张正平，江千舟．互联网金融发展、市场竞争与农村金融机构绩效 [J]．农业经济问题，2018 (2)：50-59.

[17] 冯兴元．“三农”互联网金融创新、风险与监管 [J]．社会科学战线，2018 (1)：58-65.

八、基于互联网的农产品流通服务业创新模式分析

农产品流通是指农产品从供应地向接受地的实体流动过程。近年来，互联网技术在农产品流通领域的渗透有效促进了农产品供应链上下游主体的连接和互动，加快了资源要素的整合。北京市作为国际型大都市，每天有大量的农产品进行流通，但同发达国家地区相比，北京农产品在流通过程还存在明显的效率低、成本高问题，因此有必要探寻适合的“互联网+”农产品流通模式，推动北京农业向现代化方向发展。

（一）信息化与农产品流通服务业融合发展现状

1. 批发市场信息化

农产品批发市场是以水果、蔬菜、花卉、粮油等农产品及其加工品为经营主体，为买卖双方提供固定的交易场地、设施设备，同时兼具商品集散、结算、价格公布等功能的交易场所。从2003年起，国家发展和改革委员会一直支持农产品批发市场建设项目，每年都支持100多家大型农产品批发市场物流园；2017—2019年，连续几年的中央一号文件都强调农产品批发市场在农产品供应链中的核心地位，并明确了其发展方向为建设智慧农产品批发市场。

（1）农产品批发市场具有一定的规模

《2018—2023年中国农产品流通行业发展模式与投资战略规划分析报告》显示，我国农产品批发市场成交额由1986年的29.35亿元增长至2016年的4.7万亿元，仅2016年的年增长率就达8.8%。截至2016年底，

全国大型农产品批发市场超过 4400 家，交易量达到 8.5 亿吨，同比增长 5.1%。北京现有的大型农产品批发市场主要集中在大兴区、丰台区、通州区等地，以交易量和交易额连续十多年居全国首位的新发地批发市场为代表，有效地促进了周边地区农产品的流通。

北京八里桥农产品中心批发市场，占地规模 40 万平方米，其中建筑面积约 22 万平方米，市场现有的 2800 多个室内摊位可为肉、蛋、蔬菜、水果等近 3 万种商品的流通提供基础保障，是北京市东边规模最大的综合性农副产品批发市场，吸引了全国各地商户来市场进行农产品的交易，整体来看，该批发市场基础设施建设相对完善，具备了检测、信息、结算、监控、废弃物处理中心，现阶段市场每日都会向外发布价格信息。北京京丰岳各庄农副产品批发市场占地面积 5.2 万平方米，在农产品流通环节应用了大量先进信息化系统和平台，如市场综合管理平台、电商平台、信息采集发布平台、决策分析平台等。

（2）批发市场信息化建设具有一定基础

随着我国互联网技术的不断更新和发展，带动农产品批发市场向信息化、智能化方向转型。北京作为国际型大都市，在农产品的需求方面始终保持较高的水平，新发地、岳各庄等批发市场为农产品的周转做出了较为突出的贡献，为城市消费者的日常需求提供了基础保障，同时这些农产品批发市场为了提高农产品流通效率，近年来也不同程度地应用了先进的互联网技术、物联网设备，如电子结算系统可以将市场内的交易品类录入电脑，结合电子秤等终端设备使用，实现电子称重、商户自定义售价、买家电子结算、市场收取交易佣金/扣点的形式进行管理。

锦绣大地农副产品批发市场，目前使用了电子结算系统，既方便商户、消费者进行结算，也方便市场交易费、管理费的收缴，同时也能够为市场提供丰富的经管数据和报表分析。新发地农产品批发市场信息化建设和应用程度相对较高，如价格信息采集和发布系统的应用，有效地推动了农产品批发市场向信息化、透明化方向发展。

（3）农产品批发市场信息化存在的问题

北京地区大型农产品批发市场，无论是在规模上还是信息技术、信息设备的应用都处于国内相对领先的水平。但除了这些典型的农产品批发市场外，多数小规模的批发市场依然存在信息化应用不足的短板。

一是网络基础设施不够健全。离市区较远的一些批发市场发展规模小且落后，缺乏先进自动化流通设施和装备的应用，依靠人力完成农产品的装卸、搬运、包装等环节，极大地影响了农产品的流通效率；另外一些小型批发市场的存储环境也比较简陋，对于所储农产品温度的监测和反馈大多需要人工参与来完成，由于缺乏先进的实时监控和报警设备，无法保证农产品的质量。

二是交易方式比较传统。部分农产品批发市场目前仍沿用现场实物交易、面对面结算等传统的方式，不能保证价格的公开和透明，因而难以确保供应链各主体的权益，同时还影响农产品的交易效率。

2. 农产品电子商务

农产品电子商务是指围绕农产品而发生的一系列电子化交易的活动。农业企业开展农产品电子商务，可有效促进其塑造自己的品牌、提升企业自身的竞争力、带来更多的收益。北京市农产品电商市场呼声高、基础好，运行骨架基本形成，但受制于企业管理模式落后、农产品自身易腐等多方面因素，在业态、模式等方面需要创新和完善。

（1）农产品电子商务规模不断扩大

2019年2月28日，CNNIC互联网研究发布了第43次《中国互联网发展状况统计报告》，报告显示，截至2018年底，我国互联网普及率接近六成，其中北京市互联网普及率位列全国首位，达到了75%。北京市农产品电商具有较好的信息化基础，在大数据、区块链等技术的推动下，线上线下资源整合加快，进一步带动我国电商的快速发展。

北京密农人家农业科技有限公司，地处北京市密云区，该公司经过七年的发展已成为规范化的电商企业，是2017年度农业农村部认定的全国18家农业农村信息化示范基地之一。截至2018年6月，公司与当地400多农户及70多家合作社签约种植生产协议，公司利用线上平台，有效地将密云区优质农产品资源通过互联网渠道进行推广和销售，目前密农人家全年通过线上渠道可实现稳定供应160余种优质农产品，销售额以每年150%的增速增长，积极响应国家鼓励农产品上行的号召，带动了3000多农户实现增收。

（2）利用科技平台，推进流通现代化

北京市电子商务发展极为迅速，很好地渗透到农产品流通领域，各大农产品批发市场、农产品物流园、大型涉农企业以及农业合作社等，为了加快农产品的交易效率，逐渐改变传统的农产品交易模式，借助先进的科技信息平台，拓展农产品电子商务，来推动北京市农产品流通模式的创新与效率的提升。

北京新发地农产品批发市场为了开拓农产品电商和物流业务，搭建了对接农餐、农超、农校的电子商务系统，打造了一个农产品第三方电子商务公共服务平台，该平台不仅具有网上洽谈交易和网上竞价交易功能，同时兼具网上结算、物流配送服务、门户信息服务、后台管理等功能，为农产品流通提供政府监管、质量安全追溯等解决方案。通过提供电子商务与现代物流全面融合的服务，积极推进全国性农产品生产、大流通格局的形成，平台最终将打造成为国内权威的、具有重要影响力的农产品交易中心、价格中心、结算中心和物流配送中心，推动了鲜活农产品流通体系建设与现代化发展。

（3）社交化电商助力农产品流通

所谓社交化电子商务，是指在传统的电子商务交易过程中加入关注、分享、沟通、讨论、互动等社交化的元素的一种行为。近年来，一线城市消费者的购买行为逐渐趋于理性，以往他们的购买行为会受到商家广告促销的影响，而如今更倾向于充分听取并分析朋友和网友的消费建议。而互联网的便利性和实时性，促进了跨区域网民间的交流互动，随着互联网和农产品电商的不断发展，网络口碑传播的重要性也逐渐凸显。

北京市一些农业企业和农业生态园，利用社交电商平台来拓宽自己的营销渠道，如北京农鲜达农产品有限责任公司、北京阿卡控股有限公司等利用蘑菇街、美丽说、派优网、云集、拼多多、微博、陌陌、Wechat 等为代表的社交电商平台、移动 App，依托其独特的社交模式、平台赋能服务、低廉的获客成本，为农产品上行打开了新通路，并取得了较好的效果。

（4）电子商务在农产品流通中存在的问题

一是农村信息化基础设施薄弱。北京地区农村互联网普及率明显低于城镇，少数农村依然通过拉电话线开通 ADSL 上网，这无疑不利于农村电商的发展。从北京统计年鉴了解到，2017 年全年北京城镇居民计算机的拥有量为 105 台/百人，多于农村居民的 74 台/百人。

二是农民对电子商务陌生。农民的受教育程度普遍较低，他们对电脑的学习和应用普遍存在一定的困难。农民习惯了传统的面对面农产品交易方式，这无疑也阻碍了农产品电子商务的发展。

三是农产品电商标准化程度低。北京市广大农民仍采用传统的方式进行种植生产，无法适应和满足现代农产品电子商务发展所需要的采购、销售标准，因而农产品的规格化、标准化、包装化亟待提高。

3. 农产品质量追溯

农产品质量安全追溯是指在农产品供应的全过程利用质量安全追溯系统、设备等，对其在生产、流通加工、包装、销售等环节中的相关信息进行记录、存储与检测，以保证农产品出现质量问题时，可以高效地查询到问题所在的环节，并实施针对性的处理，从而提高农产品的质量水平。近年来，随着北京市居民生活水平的不断提高，消费者对农副产品的需求发生了由量到质的改变，而由环境污染或其他人为因素导致的农产品重金属超标、农药残留等食品安全问题，引起消费者的广泛关注，建立农产品质量安全及管理溯源系统是解决农产品质量问题的一个有效途径。

（1）质量安全追溯制度和标准逐渐完善

随着北京市市民生活水平的不断提高，消费者对生鲜农产品的质量提出了更高的要求，促使北京市在农产品质量安全可追溯体系建设方面进行快速发展，同时相关部门制定了一系列的政策和标准，为北京农产品质量安全提供了基本宏观保障。例如，国家食品药品监督管理总局、公安部、农业农村部等联合印发的《关于加快食品安全信用体系建设的若干指导意见》、国务院颁发的《进一步加强食品安全工作的决定》，农业农村部颁发的《农垦农产品质量追溯系统建设项目管理办法》、2015 年人大会通过新修订的《中华人民共和国食品安全法》，这些制度和标准的建立，为可追溯系统的构建和执行提供了制度上的保障。

（2）农产品质量安全及管理溯源系统应用

目前，我国所有的省，大部分市、县、乡镇均建立了农产品质量安全监管机构。国家农产品质量安全追溯管理信息平台已于 2017 年 6 月 30 日正式上线运行，一方面为政府提供了良好的农产品市场监管渠道，另一方面为广大生产、销售等主体提供信息查询的云平台。北京大兴区整体具有较高农产品质量安全追溯体系建设和应用水平，追溯平台包含基础信息管理、服务管理、农资管理、移动客户端、防伪追溯等模块，实现了农产品在全产业链的跟踪和溯源。截至 2018 年 1 月，大兴区涉农企业申请追溯码超过 1380 万个，赋码激活产品数量超过 660 万个。

（3）农产品质量追溯中存在的问题

一是基础建设薄弱。北京市初级农产品的生产经营规模相对较小，经营主体以小农户、小企业为主，在生产流通的信息化建设方面与发达国家相比存在较大差距，在质量追溯基础建设和技术条件等方面，都达不到农产品质量安全追溯制度和系统建设的要求。

二是追溯系统不完善。北京市已有的追溯系统，大多并不能实现完整意义上的质量追溯，通常只能起到验证系统的辅助作用，如消费者买到农产品之后，通过扫描商品二维码，只能得知是哪个厂家生产的，但是并不能详细地显示中间的加工环节，所以很多系统根本无法证明产品的好坏。

三是分段监管和缺乏标准造成信息断链的问题。按照国家相关规定，在农产品的生产、流通加工、销售等环节的质量安全问题由不同的部门进行监管，农业农村部相关部门监管农业生产前期准备环节，工信部门监管农产品加工环节，农产品流通环节则由商务部门监管，供应链上的其他环节由不同的部门监管，同时由于监管部门的管理口径不同、缺乏全国统一的标准体系，各部门往往会根据自身需求，设计开发追溯信息系统，最终出现不同环节无法有效对接、信息不能共享，无法实现真正意义上的全程追溯。

4. 农产品物流配送信息化

农产品物流配送信息化是指在农产品流通的生产、加工、销售等环节利用先进信息技术对农产品进行高效管理。北京农产品物流市场数量多且较为活跃，但其物流业务水平普遍不高，需要不断完善信息系统来提高农产品物流的业务水平。

（1）基础设施设备在生鲜农产品流通全过程应用

21 世纪以来，我国冷链物流业取得了长足的发展，随着我国信息化技术的不断发展和应用，一些先进的设施、设备在冷链配送环节中被广泛地应用。

在冷库方面，中冷联盟发布的《全国冷链物流企业分布图》显示：截至 2017 年我国冷库总容量为 3600 万吨，冷库总容量同比增长 18.9%，其中北京市排名第九，见表 8-1。

表 8-1　2017 年全国冷库容量前十名城市

单位：吨

排名	1	2	3	4	5	6	7	8	9	10
省份	上海	山东	广东	江苏	福建	河南	天津	辽宁	北京	浙江
冷库容量	4210577	4036496	3905446	3787243	2537947	1984594	1635480	1530699	1401464	1279968

数据来源：《全国冷链物流企业分布图》

在冷藏车方面，截至 2017 年，我国冷藏车保有量为 74587 辆，冷藏车总量同比减少 2.5%；其中自有冷藏车总量减少 16.3%，社会冷藏车增加 11.6%，表明冷藏车向专业化、标准化方向发展。表 8-2 中列举了 2017 年全国冷藏车排名前十的省市，其中北京排名第四。

表 8-2　2017 年全国冷藏车保有量前十名城市

单位：辆

排名	1	2	3	4	5	6	7	8	9	10
省份	上海	河南	广东	北京	山东	江苏	福建	山西	四川	江西
冷藏车	14863	13358	13245	6835	4765	3499	2938	1957	1555	1315

数据来源：《全国冷链物流企业分布图》。

（2）信息技术在生鲜农产品流通中的应用

在农产品配送过程中进行实时跟踪与追溯，是保证农产品质量安全的一种有效手段，整个配送环节涉及多种信息技术的应用。一是条码技术，促进农产品信息的快速、准确采集和农产品追踪、质量监管。二是射频技术，实现无接触地自动识别农产品。RFID 在农产品流通领域得到了广泛的应用。三是配送过程的跟踪技术。该技术在农产品冷链配送环节极其重要，它是利用 GPS、GIS、GSM 等科技手段，实时显示物流车辆位置、车况等信息，保证在计算机终端对车况（车厢温度、车速等）信息进行动态调控。

北京快行线冷链物流有限公司，是2016年中国冷链物流百强企业之一，是专业的第三方冷链物流供应商，主要开展B2B和B2C两种业务，分别服务于大型超市供应商、超市配送中心和小型餐饮店甚至个体客户，其代表客户有三全、思念、湾仔、海欣等。该公司在实际配送过程中应用了一系列先进的信息技术：一是货物进库、出库时使用条码技术、射频识别技术，可以方便记录货物的品类、数量、重量等信息。二是货物配送时，为了实时监控冷藏车的车厢温度，每辆车上都配备温控探头和无线摄像头，同时每一辆冷藏车都安装有包含GPS、GIS、GSM等科技手段的“信息盒子”，可以实时将车辆的信息（车辆油耗、配送路径、车厢温度）等信息反馈到电脑端的系统中，从而保证整个链条温度达到可追溯、可监控。

（3）农产品信息化配送中存在的问题

一是信息技术应用缺乏。目前物流企业使用的冷藏车，在冷链技术方面还比较落后，常见的一些冷藏车依然沿用“泡沫箱+冰袋”的运输方式，车上不具备温度实时监控、控制设备，因而司机不能及时地对车厢内温度的变化做出实时的调控。

二是缺乏冷链物流行业标准。随着城市消费者水平的不断提高，对新鲜农产品的需求量不断加大，北京市涌现出了大量的冷链物流企业，但冷链物流企业大多按照自身的需求来制定标准，具体表现为：冷藏车车型没有统一的标准，多温层冷藏车、新能源等节能环保冷藏保温车等多种类型，使用不同的车辆对农产品温度的控制会有所不同；农产品流通过程中的温度控制缺乏统一标准，如肉类等冷冻食品，国际上在每个物流环节都有温度控制标准，但北京市现有企业为了节约成本，在冷链配送中基本都不按照该标准来执行。

（二）发展需求分析

1. 农产品产量高收益低的现象日益凸显，迫切需要利用信息技术来缓解

“价格周期循环”带来的信息延迟是农产品供需矛盾形成的根源，农产品从生产到被消费，需要经历一系列的流程。整个种植、生产、加工、销售周期耗时较长，农产品的市场价格具有极大的波动性，加上北京本地

的农产品主要由分散的农户进行生产，农民自己决定所种农产品的种类、规模以及技术，受限于大多数农民的市场经营观念比较落后，对市场供需变化嗅觉感知能力较差，致使农产品的种植决策存在很大的盲目性，往往出现某种农产品当年市场价格高，下一年种植规模迅猛增加，当年市场价格低，下一年种植规模大幅较少的情况，这样生产与市场供需不能保持同步，农民作为弱势群体，在农产品交易过程中往往无法得到利益保障，导致市场上出现农产品供求不平衡的矛盾。

针对北京农产品生产和供应过程中存在的矛盾，有必要在农产品供应链上利用移动互联网、大数据、云计算、互联网等新一代信息技术，合理预测需求信息指导种植规模，打破农业生产与销售之间的壁垒，解决产销信息不衔接、信息采集系统落后、市场信息发布不完善等导致农产品供需信息不对称的问题。例如，在生产管理环节，使用上述先进信息技术和装备可以实现农产品生产自动化、精准化生产和管理；在农产品流通管理环节，可以建立更加有效的数据采集与决策综合性云服务平台、规划农产品质量等追溯监督管理机制，有效提高管理质量与服务效率。最终解决农业营销过程中因信息不对称而带来的市场失衡的问题。

2. 农产品流通产生大量的成本，迫切需要利用信息化技术来提高其流通效率

生鲜农产品普遍具有季节性和易腐性，一个地区农产品流通成本和效率受当地基础设施建设水平、物流技术的应用水平、流通环节的复杂程度、流通过程信息化设施和技术的应用水平等的影响。中物联冷链委公布的《中国冷链物流百强企业分析报告》数据显示，2016 年北京仅有 7 家冷链物流企业入选全国百强企业，远远少于上海的 23 家，表明北京市冷链物流水平和上海具有较大的差距。

从流通设施水平来看，农产品的易腐性决定了农产品配送对基础设施有更高的要求。北京作为特大城市，对农产品具有一定的刚需，但政府、企业在农产品流通市场基础设施的投入远远落后于工业品市场，尤其是冷藏设施设备的缺乏，物流效率相对较低，导致农产品的损坏率一直居高不下。从物流技术来看，以冷链物流的几个常用指标为例，在流通方面，国外农产品基本上都达到了 85%以上，我国只有 19%；预冷方面，我国预冷

果蔬的占比一般为10%，而国外高达95%~100%。从流通环节来看，农产品从田地到餐桌要经过6个或者6个以上的环节，各个环节之间的衔接需要大量的时间和流通成本。流通过程中还会受到农业农村部、商务部、发改委、铁道部、交通运输部、质监局、卫生部和工商局等政府部门的管制，这种多部门的管理结构，不仅增加了管理成本，还会在一定程度上耗费了时间、降低了效率。从信息化程度来看，首先信息化基础设施匮乏，尤其是在农村的电脑占有量、互联网普及水平等，跟城市相比还有很大的差距；其次，电商平台相对缺乏，虽然近年来我国农产品电商平台越来越多，但是各个平台之间相对对立，目前还缺乏对整个供应链上统一的信息共享平台，从而导致流通主体之间沟通不畅、供求信息的失真，最终引起农产品效率下降，成本上升。从流通标准化程度来看，受限于我国物流的整体发展水平，北京市农产品的交易的方式、流程以及物流的转运等依然缺乏标准化的、达到市场共识的市场交易规则。

针对北京市农产品在流通过程中存在的问题，有必要应用先进的信息技术、装备，探索先进的流通模式来促进农产品流通效率，如在农产品配送运输前的出仓环节，应用射频标签对产品进行自动分拣，可实现准确地把产品分配至运输车，有效避免人工分拣产生的商品错拿、分拣超时等现象；在农产品流通中应用先进的设施信息化系统和设备，如通过计算机控制叉车、传送带、打包机等设备，实现农产品的自动化存储和包装，既保证了产品的质量，又实现了流通效率的提高；探索新的电商模式，如农产品流通的扁平化管理，实现农场和餐桌的直接对接，减少中间环节的干扰，避免由于运输环节导致的农产品质量下降，从而提高消费者的满意度。

3. 农产品供应链上下游沟通不畅，急需利用信息化平台来解决资源整合问题

农产品供应链要获得增值，也需要战略合作伙伴之间在供应链上无障碍使用现代信息技术，将资源进行最大化的整合，将时间成本和空间成本降到最低，提升产品的客户价值。北京地区电子商务发展迅速，极大地促进了农村农产品的交易，但是目前还存在农民、家庭农场、合作社等生产地、农产品流通加工中间商、零售商和终端客户之间资源整合困难的问

题。首先，农产品生产盲目。随着城市消费者生活水平的提高，个性化需求的不断增加，消费者对农产品的需求也是千差万别，然而这些信息无法顺利传递到生产端去指导农产品的生产，农户还是根据上一周期的市场规律来决定下一周期的种植品种及规模，造成农民利益无法得到保障。其次，供应链各环节不透明。消费者只能直观地看到农产品的价格信息，无法判断农产品是否质量有保障，间接地限制了消费者的购买行为。最后，供应链信息资源相互独立。农产品供应链的各参与主体并不关心整个供应链上的信息。只关心有业务往来的合作伙伴，因此整个供应链信息的断层使农产品的流动带有一定的盲目性，不能很好地指导农产品的商流和物流活动。

针对以上问题可以通过构建农产品供应链系统，实现对农产品供应链信息进行整合。一是形成供应链系统管理机制，良好的信息收集、处理和传播机制可为农产品供应链上游的生产者提供农产品生产量、交易价格、库存量等信息，帮助其减少市场风险、增加收入。二是可以为农产品供应链下游的消费者提供农产品的质量安全信息，消费者可以通过不同的终端在供应链系统上了解农产品的产地、生产运输方式、质量检验渠道等信息，增加消费者对农产品的信任度，满足消费者追求优质农产品需求。三是供应链系统建成之后，信息资源的整合可以为其他供应链主体/环节提供指导，如流通、加工环节的参与主体可以参考系统信息资源，安排自己的经营活动，实现流通效率的提高。

（三）发展模式分析

1. 农产品透明供应链模式

农产品透明供应链模式，是以信息技术为支撑，实现农产品供应链全程关键信息同步采集，确保在农产品流通过程中，可以实时为农产品生产者、经营者、消费者提供各自需求的信息，如市场供给与需求信息、优质农产品来源信息、品质保障信息等。近年来，随着北京市民消费水平的不断提升，消费者对特色农产品的需求不断增加。但真正绿色安全的农产品供不应求，农产品供应链上游环节与消费者之间真实信息不对称，使消费者缺乏对所提供农产品的信任，为解决消费者对农产品的信任问题，促进优质农产品的选取，有必要建立一种农产品透明供应链模式，促进消费者获得他们信任的优质农产品。

农产品供应链透明模式对促进农产品的流通具有重要意义，供应链上下游主体通过信息共享可以实现以下目标：一是通过加强供应链企业之间共享信息的深度和灵活度，提高农产品供应链的市场响应能力，满足消费者的个性化需求；二是提高需求预测的准确度，如各企业共享农产品库存量、销售量、订货量等数据，可以提高农产品需求预测的准确度，降低由于信息不畅导致的缺货成本和集货成本；三是整个供应链上应用先进的信息技术，可提高突发事件的处理速度和效率，如及时应对订单取消、车货事故等特殊情况等；四是通过集成各主体的核心资源，实现供应链网络上的价值增值，提高供应链竞争力。

北京天安农业发展有限公司作为典型的农业农村信息化示范基地，公司应用信息技术打造“互联网+”设施蔬菜产销体系，集蔬菜生产、加工、销售、科研于一体，是北京市第一家实现蔬菜全程质量安全追溯的企业。目前可日常供应的蔬菜品种达 150 余个，在京配送 17 个社区，月销量可达到 2. 62 万元。天安农业在供应链上游开发并应用了生产管理系统，在供应链中游应用了企业 ERP 系统，在供应链下游应用了销售管理系统、社区电商智能配送系统、质量安全追溯系统等，实现了整个供应链的全面信息化，尤其是质量安全追溯系统给消费者带来极大的便利，消费者只需要利用手机扫描二维码，就可以查询到产品的企业信息、产品信息与生产档案信息等，可以直观地了解到蔬菜的用药情况、用肥情况，进而购买安全放心的农产品。

2. 供需主体线上线下相结合交易模式

农产品线上线下结合交易模式，是指利用农产品在互联网上的营销和购买，带动农产品在线下的经营和消费，让互联网成为线下交易的前台，消费者通过线上来筛选农产品信息，带动实体店的线下客户流量，应用这种模式促进农产品规模化销售。

线上线下融合发展对农产品流通行业产生巨大的影响。第一，改变传统的农产品现场交易模式。利用互联网、大数据等先进的信息技术和平台，形成“线上引流+线下体验消费”的模式。传统的“产地种植+农产品批发市场流通+社区零售”交易模式，向“线上预订销售+产地直销+定制食材”方式转变。第二，转变农产品流通模式。近年来，农超对接、农产品电子商务、基地直销等模式的涌现，使得农产品流通模式逐渐从原有的“农产品批发市场”向“节点基地”方向发展，经营模式从传统的“批发销售”向“互联网+冷链配送+即刻快送+个性化服务”方向发展。第三，客户黏性增加，社交电商成为新趋势。消费者通过网络社交媒体，可以获得更加丰富、广泛的体验性增值服务，另外借助网络媒介的社交电商，通过网络直播、小视频展示等方式，实现与消费者在线互动、分享，极大地满足了当今主力消费人群对高品质、个性服务的需求。

北京北菜园专注于有机农业的发展，以食品安全为核心，不断优化产品创新，为减少流通环节带来的蔬菜质量安全及市场价格变动的不稳定性等问题，北菜园联合社积极开展农超对接、农社对接以及农宅对接等模式，通过建设自有的农产品官方销售网站，实现网上下单、智能配送的一站式服务。因此，北菜园目前采用的线上线下相结合的交易模式在提高农产品质量的同时还促进了农产品的高效流通，消费者不仅可以在大中型商场超市购买到该产地的有机蔬菜，还可以通过北菜园官方网站、本来生活、沱沱工社、正谷农业等电商平台等进行线上下单，然后选择线下直接收货或者快递柜暂时存货。据2018年统计数据显示，北菜园的有机蔬菜销售额，一年已经突破千万元。

3. 农产品期货交易模式

农产品期货模式，是指以农产品为资产标的的可交易标准化合约。农产品期货交易方式应用广泛，它具有价格提前发现、风险性低、农民增收效益显著等优势特点，吸引着农产品交易市场和广大农户。在当今世界农产品贸易中，期货交易随处可见，有大约85%的世界农产品价格由期货价格决定，农产品期货市场不仅可以实现将分散的信息通过价格信号进行集中，还可以实现将信息串联到农户采购、生产、加工、销售整个环节中，为农民的增收提供信息参考。北京有20多家大型期货公司，以北京首创期货有限公司、中天期货有限责任公司、中国国际期货股份有限公司、中粮期货有限公司等为代表的期货公司长期从事大豆、玉米、鸡蛋等农产品期货交易业务。

中粮期货有限公司是中粮集团全资子公司，在北京设有分公司。中粮期货有限公司专注风险管理和期货投资，长期与各行业的龙头企业保持良好的交流与合作，经过多年的发展，积累了大量优质的客户资源，确保了公司在竞争激烈的市场中快速稳健的发展。公司较强的市场把握能力，特别是专业化、个性化的套保、交割服务，获得了各类投资者的普遍认可。一方面建立高效、动态的管理平台，另一方面能够实时追踪期货市场、期货市场的发展变化，及时为客户提供专业的服务和支持。目前不仅可以为客户提供便捷高效的交易、清算、交割服务，还为客户提供分析报告、数据产品、专业投资策略、企业套期保值交易方案，以及多项定制培训、期现结合等专业服务。

4. “农邮通”服务站模式

“农邮通”服务站模式，是指在京郊农村原有村邮站的基础上，添加信息平台、监控设备等，搭载快递末端服务平台，推动京郊农副产品实现配送价格更低、速度更快、渠道更多、服务更优的一种模式。“农邮通”服务站是由北京市邮政管理局、市农委等单位联合提出的，为了解决农村物流“最初一公里”和“最后一公里”、推进北京市“农产品进城、消费品下乡”而搭建的一个开放性的服务平台。

“农邮通”服务站模式自 2016 年 6 月在北京市投入使用以来，取得了显著的效果。一是农产品的高效集散，为农产品供应链各主体信息交流平台和场所，加快了农产品的集中、分销和转运的效率。二是应用互联网直销功能，依托邮政企业的“邮乐网”“邮掌柜”以及其他“顺丰优选”“京东商城”“天安农业”等电商平台，带动农产品的上行和工业品的下乡。三是邮件快手和转投服务，通过布设智能快件箱，为农产品线上交易提供补充。四是快递路线网络优化，通过软件平台的控制，自动获取最优配送路线，合理分配各站点的快递资源，有效避免回城空载现象的发生。

“农邮通”服务站模式在北京郊区得到广泛应用，极大地促进了京郊农产品的流通，如“农邮通”为大兴西瓜、昌平草莓、平谷大桃、通州樱桃等农产品，搭建了农产品绿色快速通道，同时利用电商平台，将房山京白梨、延庆葡萄、门头沟有机香果、怀柔板栗等京郊特色农产品进行指引销售，截至 2017 年 10 月，“农邮通”服务站的邮政渠道促进京郊农产品销售 7 万余箱，累计销售额 600 万元。

（四）本章小结

本章对北京市农产品在流通过程中信息化技术和装备的应用现状进行分析，针对农产品在流通环节中存在的运输效率低下、运输成本偏高、运输质量无保障等问题，总结得出信息技术是促进农产品供需双方信息对称、降低农产品流通成本、整合供应链资源的有效手段，最后为北京市农产品的高效、高品质流通提供可供参考的发展模式。

（1）从北京市农产品批发市场信息化、农产品电子商务、农产品质量追溯、农产品物流配送信息化等角度出发，分析了信息化技术和装备在北京市农产品流通服务业中的渗透发展情况，如农产品在配送过程中信息服务平台、物流信息化技术等的应用，农产品在交易过程中电子称重、电子结算系统的应用等。并总结了不同角度下农产品流通信息化存在的问题，如信息化基础设施建设落后、供应链主体对信息技术的认识不到位等。

（2）针对北京市农产品流通环节中存在的供需主体信息不对称、流通成本居高不下、流通效率较为低下、供应链上下游资源共享性差等问题，提出利用信息化技术和设备，可增强北京市农产品供需双方对市场的把握度、减少农产品在流通过程中的不必要环节、促进供应链上下游信息资源的整合，最终降低农产品供求不平衡的矛盾，提升农产品质量和流通效率。

（3）对北京市农产品在流通过程中存在的问题进行深层次的剖析，并借鉴全国各地农产品流通业务与信息化融合程度较好的案例，探索提出适用于北京市农产品流通的新模式，即农产品供应链透明模式、供需主体线上线下结合交易模式、农产品期货交易模式、“农邮通”服务站模式，为促进北京市农产品流通业务的发展提供参考。

参考文献

［1］许海晏，张军．北京农产品批发市场疏解升级问题研究［J］．商业经济研究，2016（13）：215-217.

［2］陈丹梅．紧抓北京农业电商“牛鼻子”助力京津冀农业协同发展［J］．农业工程技术，2016，36（12）：34-36.

[3] 中华人民共和国商务部．中国电子商务报告（2016）［M］．北京：中国商务出版社，2017：32-37.

［4］农产品电商成就农村创业之梦［J］．农业工程技术，2016，36（21）：43-44.

［5］陈文倩．社交化电子商务中的口碑传播——以蘑菇街、美丽说为例［J］．新闻世界，2013（5）：167-169.

［6］李京栋，张吉国．我国农产品期货市场发展现状、问题及对策［J］．金融教育研究，2015，28（4）：74-80.

［7］孙乐，陈盛伟．我国农产品“价格保险+期货”供给分析——基于美国实践的借鉴［J］．金融理论探索，2017（6）：67-73.

［8］李世盛，李锋，付祥．基于企业视角的农产品质量追溯新模式研究——以“北京鸭”为例［J］．农产品质量与安全，2015（1）：65-68.

［9］吴舒．蔬菜供给、地区结构及供给效应研究［D］．北京：中国农业大学，2017.

［10］李仪．互联网+农业：缓解农产品供需矛盾的新思路［N］．学习时报，2017-05-19（2）.

［11］彭海红，王海波．农产品流通效率与流通成本的关系研究［J］．商业经济研究，2015（24）：12-14.

［12］工信部：加快农村宽带建设是大势所趋［J］．电子技术与软件工程，2017（6）：1-2.

［13］张学江．农产品流通市场预期与不确定性分析［J］．经济师，2008（1）：23-24.

［14］纪良纲，刘东英，郭娜．农产品供应链整合的困境与突破［J］．北京工商大学学报（社会科学版），2015，30（1）：16-22.

［15］陈占民．农产品供应链信息整合研究［D］．石家庄：河北经贸大学，2015.

［16］张驰．农产品透明供应链关键技术及其应用研究［D］．北京：中国农业大学，2017.

［17］李倩茹．全面应用信息技术打造“互联网+”设施蔬菜产销体系［J］．农业工程技术，2016，36（24）：30-32.

［18］牛文博．农产品O2O模式探析［J］．农民致富之友，2016

（12）：26.

［19］刘欢．线上线下融合发展模式下农产品流通的困境及出路［J］．商业经济研究，2016（18）：147-149.

［20］严继超，程勤阳，李华，刘瑞涵，孙静，冯伟．我国鲜活农产品拍卖模式研究［J］．商业经济研究，2017（4）：159-161.

九、现代农业服务业发展的国际比较与经验借鉴

（一）现代农业服务业创新发展的国别模式

发达国家农业发展基础好，工业化起步早，信息化基础设施完善，各国推进现代农业服务业工作各具特色，形成了不同发展模式。

1. 美国：发达农业科技支撑下的全方位服务模式

美国是当今世界农业现代化程度最高的国家。目前，美国20%的耕地、80%的大农场均实现了从耕地、播种、灌溉、施肥、中耕、田间管理、植物保护、产量预测到收获、保存、管理全过程的数字化、网络化和智能化。农业科技始终领衔和贯穿美国农业的整个发展过程，其科研、教育、推广“三位一体”的庞大体系以及完善的财政和金融扶持政策构成了社会化服务，对推动美国成为世界第一农业强国起到了关键支撑作用。

（1）发达的网络基础设施建设

几十年来，美国农业部一直在投资农村电信基础设施建设。2018年1月，农业和农村繁荣问题工作队向美国总统提交的报告总结了关于如何促进美国农村农业、经济发展、就业增长、基础设施改进、技术创新、能源安全和生活质量的初步调查结果。该报告认为，在美国农村实现电子连接是一个中心支柱。因此，特朗普总统带头创立了美国宽带倡议，2018年《农业提升法案》提出加强美国农村宽带服务；2018年3月23日美国国会通过了《2018年综合拨款法》，法案建立了一个新的宽带贷款和补助试点项目，称为农村电子连接试点项目（或重新连接项目），拨出6亿美元预

算用于加速农村地区网络基础设施建设。重新连接计划的一个基本目标是将宽带服务扩展到没有足够宽带接入的农村地区，即下游 10 兆比特/秒（Mbps）和上游 1 兆比特/秒的地区。目前实施的《再连接贷款和补助项目》，每年为农村社区现代宽带电子连接提供超过 7 亿美元的贷款和补助，为符合申请条件的农村地区建设、改进或购置宽带服务所需的设施和设备提供资金。此外，美国政府还制定了《农村经济发展倡议》，倡议明确农村资产投资战略规划，包括评估和制定电子连接基础设施的战略。

自 2009 年以来，美国为近 700 万农村居民、36.4 万农村企业和 3.2 万社区提供了新的或改进的宽带服务，在这一过程中创造或节省了 2.5 万多个工作岗位；为 2500 多万农村居民和企业提供和改善了现代化电力基础设施；为 9.1 万多英里的输电线路提供了资金。

（2）完善的农业科研系统和科技推广体系

美国没有设置科技部，美国的农业科技创新研究以农业部（USDA）为主，农业部负责与农业相关的各类科学研究，同时也包括农业现状分析与未来展望，向社会提供农业农村经济和社会方面的研究报告，以及农业信息资源的建设。农业科研系统以农业部为主导，以大学为基础，各个高校农学院在农业科技创新与推广上，实现了教育、科研、推广“产学研用”一体化，成为美国农业科研和推广体系的重要组成部分。

美国农业部下设农业营销服务局（Agricultural Marketing Service, AMS）、农业研究院（Agricultural Research Service, ARS）、动植物卫生检验局（Animal and Plant Health Inspection Service, APHIS）、营养政策和促进局（Center for Nutrition Policy and Promotion, CNPP）、经济研究院（Economic Research Service, ERS）、农场服务局（Farm Service Agency, FSA）、食品和营养服务局（Food and Nutrition Service, FNS）、食品安全和检验局（Food Safety and Inspection Service, FSIS）、外国农业服务局（Foreign Agricultural Service, FAS）、林业局（Forest Service, FS）、国家农业图书馆（National Agricultural Library, NAL）、国家农业统计局（NASS）、国家食品和农业研究所、自然资源保护局、风险管理局和农村发展局等机构。此外，2008 年美国政府发布《食品、保护和能源法》，提出设立首席科学家办公室（OCS），办公室明确、优先考虑和评估各部门范围内的农业研究、教育和推广需求，旨在为美国政府制定战略决策和政策法规提供战

略咨询和科学指导。首席科学家办公室定期召集美国农业部科学理事会，进一步促进跨部门的科学协调与合作。

（3）全面的农业信息服务体系

为促进精准农业发展，美国农业部与其他联邦机构合作，旨在消除宽带部署和精准农业技术采用的障碍，并倡导有助于扩大规模的标准。2018年10月25日，白宫发布了一份关于可持续频谱战略的总统备忘录，列出了美国各行业的频谱需求。美国农业部通过产业参与和农业光谱要求的政策分析，与利益相关者合作，详细记录精准农业的光谱要求，为频谱策略的制定提供参考。在数据共享和访问标准方面，美国农业部将支持有关设备互操作性和数据通信标准的行业讨论，使生产商更容易收集和使用由此收集的数据。同时，简化宽带技术和精准农业技术联邦许可程序，减少限制农业中使用数字技术的监管机构。

美国为农服务不仅体现在农业科技服务层面，在农业市场信息服务上也非常全面。美国农业部针对全球和国内农业市场环境开展农产品市场、进出口以及贸易政策等分析和研究，并对国内和国际农业供需进行分析与预测，并发布相应研究报告，为企业、农场主提供及时的市场信息服务。此外，美国农业部制订了市场营销和贸易援助计划，其中包括出口融资计划、农民市场推广计划、联邦州营销改进计划、市场开发计划、特殊作物块补助计划等，其中农民市场推广计划通过开发、改进、扩大和提供外联、培训和技术援助，有效增加当地和地区农产品消费和使用，为当地市场的农场和牧场经营开发新的市场机会。

2. 德国：高度机械化的农机管理专业服务模式

德国国土面积约35.74万平方公里，2016年，农业用地约占国土面积的47.68%，耕地占土地面积的33.67%，2017年，农业增加值占GDP的比重为0.78%，农村人口占全国总人口的22.74%。德国农业基本都是精细农业，已经实现了高度机械化和信息化，从事与农业相关职业的人口仅占就业人口的2%左右。德国农场以中小型家庭农场经营为主，2014年，德国1500亩以下的中小型农场占比88%。但是与美国类似，大型农场占据农业的主导地位，1500亩以上大型农场占比12%，经营土地面积超过57%。德国农村合作社有130多年历史，能提供信贷、生产资料销售和农副产品加工销售等服务，形成包含中央社、地区社和基层社在内的庞大网络。此外，还有官方的推广咨询体系免费为农民提供各种咨询服务。德国政府高度重视农业机械化，农机工业发达，农机产品制造和农机服务水平高。以德国最大的农业州为例，农机合作社社员的数量超过 10 万名，在全国占据首位。

（1）以农协为主体的农业与农机管理服务体系

德国农业实现了从播种到收获全程机械化，也基本实现了农业全品种机械化。德国农业管理部门被称为农林部，主要负责农业战略、规划等政策的制定和实施，与我国农业政务服务体系相似，德国各州也分别设有农林部，负责涉农政策的研究以及农业保险补贴农业职业教育等。值得我国借鉴的是，德国的农业科技推广和服务功能主要由农业协会来承担。德国的农协体系非常完善，服务功能、服务范围和服务效率较高，不仅有农业协会（DLG），还有专门的农民协会（DBV）。其中，DLG 由农业和食品研究中心、农机/农资检测中心、食品检测中心和展览部 4 个主要部门组成，DLG 农机/农资检测中心已建立 130 多年，是主要从事农业机械和设备农机、电子的检测及动植物产品测试的部门。DLG 农机检测中心拥有世界最先进的农业机械检测技术和设备，是欧洲最大的农机检测机构，能够迅速与农业企业、农场主和农机生产企业对接、沟通与协调，为农业机械提供最全面、最权威的检测服务。此外，农协农机检测服务中心还向农民、农场主和农业企业提供技术培训，强化农机从业人员的技能，从而提高其就业素质和服务能力。

（2）完善高效的农机研发与应用体系

德国农业极高的机械化程度来源于其高效的农机研发水平，无论是收获机、拖拉机等农业机械的整机制造、播种机、植保机等机具市场，还是变速箱、电子系统等配套供应，德国的农机制造水平和投入均居世界前列。为推进农业机械和现代信息技术的应用，德国政府实行有利于农业机械化发展的价格补贴、贷款等经济措施；同时，保证农机产品质量，不断扩大销售网点，并充分供应零部件；加强农机使用维修的培训；重视农业机械化科研工作等。为了推进农业机械化，德国对农民使用的柴油进行 23%~50%的价格补偿；对农民购置农机具等农业生产资料给予低息贷款甚至无息贷款。

（3）完备的农业职业教育与培训服务

在德国，农业教育除了通过大学来培养专业的农业人才外，还非常重视职业教育与培训。农业学科在德国属于限制学科，农业学科设置以市场需求为导向，对生源要求条件较高，学生入学后除接受几年的专业课学习外，还必须接受专业实践培训。除在校接受农业教育外，德国还拥有完善的校外职业技术培训体系。成人的职业技术培训同样包括专业理论基础知识、实践操作技能、管理能力和专业技能培训等，学员毕业后有 90%的人会进入农业企业从事与培训相关的工作。近 10 年来，德国农业协会（DLG）高度重视农业培训的普及与发展，其培训部每年为全球学员开设近 200 个培训项目。其中包括现代农业培训、农机检测培训、食品检测培训、猪业培训、牛业培训、家禽业培训、生态农业培训等。

3. 日本：高效农业发展下的专业合作组织服务模式

日本属于典型的人多地少型国家，2016 年耕地面积仅占土地面积的 11.48%，人均耕地面积仅有 329 平方米，人均不足半亩地。为尽可能地开发利用土地资源潜力，日本积极推广应用现代信息技术，发展高效智慧农业，是世界上精准农业和农业现代化的代表之一。日本农业生产的机械化、信息化水平居世界前列，每 100 平方公里耕地拥有的拖拉机数量约为 4500 台。虽然农村人口占全国总人口的比例仅为 8.47%，但农业劳动生产率达到 22653.38 元/公顷，农业生产的标准化、产业化、组织化程度较高，农产品质量安全和追溯体系健全，农村基础设施完善，城乡基本无差别。日本高效农业的发展得益于以下三方面的支撑。

（1）强大的农业科技信息支撑体系

日本政府向来重视农业发展，每年投入大量经费支持农业科技研发和推广应用，农业科研经费 GDP 占比超过 3%，而我国仅有 0.6%。日本农业信息化起步早，并非常重视农村通信和网络基础设施的建设。早在 1994 年，日本计算机在农业生产部门的普及率达到 93%。20 世纪 90 年代初建立了连接国内各大电信电话公司的实时管理系统（DRESS），DRESS 系统可收集、处理、存储和传递来自全国各地的农业信息，构成了全国农业科技信息服务网络系统。其中，利用电话网、无线网和专用通信网建立的农业技术情报网络系统形成了农业科技服务大数据平台，平台把高速计算机与农业专业网络系统和数据库，如气象情报系统、设施农业物联网系统、高效农业生产管理系统等，以及个人计算机和无线网络相连接，为农户、农业企业等提供实时信息与服务。目前，日本已将 29 个国立农业科研机构、381 个地方农业研究机构及 570 个地方农业改良普及中心全部联网，271 种主要农作物的栽培要点按品种、地区特点均可在网上得到详细的查询。其中，570 个地方农业改良普及中心与农协或农户之间可以进行双向的网上咨询。

（2）完善的信息服务组织

日本政府根据农业生产生活的市场运营周期和规律，建立了多个主题和行业的咨询委员会，委员会制定了一系列规章制度，以此来约束市场各方的行为。此外，委员会会根据农民需要和市场发展情况制定相应的发展政策，促进市场有序运行，保障农产品价值和农户收益。由于日本耕地较为分散，生产方式以农户或家庭经营为主，1947 年日本制定了《农业协同组合法》，该法律建立了从中央到地方的完整的农协组织体系。农协为农户提供农业技术培训与指导、农产品市场信息以及农业贷款保险等生产和生活服务，解决了小农户农业生产经营管理上面临的问题，有效推动了小农户与大市场对接。全国大约 99%的农户加入了农协组织。在日本，以农协为核心的合作经济组织涵盖了农资供应、农业技术推广、农产品销售、农村金融、农业保险等方面，成为全国性的农业社会化服务体系。此外，农协还参与农业信息服务设施、土地改良等其他工作，并协助当地政府加强对农民、农村各项工作的业务指导和日常管理。

（3）注重生产式、市场化的技术研发服务

为了发挥单位面积土地生产效率的最大化，日本极其重视农业生产性服务，最大限度地挖掘农业信息技术对农业生产的指导与实践作用。日本大力发展与土地规模相适应的精准农业、高效农业和智慧农业，不断加大精准农业技术、物联网、云计算、大数据等信息技术研发与应用。2013 年，日本农林水产省提出了实现智能农业的目标，设立了“实现智能农业研究会”，要求利用机器人技术及信息通信技术，实现具有高品质农业和最省力农业特征的智能农业。2014 年项目规划提出至 2018 年要实行多台有人机与无人机协调运转、同时作业；要研发出长期依靠卫星定位系统作业的无人精密农业机械；要开发出小型机器人群体协调作业系统等。目前，日本已经将遥感技术、全球定位系统和地理信息系统“3S”信息化技术及智能机器人等智能化技术应用于新型农业机械装备，开发出多种类型的智能农业机械装备，如智能变量施肥播种机、育苗机器人、收获机器人、采摘机器人和嫁接机器人等农业作业智能装备。随着日本对农业生产高精度管理水平重视程度的不断提高，日本主要农机厂商也在不断提高服务水平。2013 年以来，先后有洋马株式会社推出“智能助手”、井关农机株式会社推出运用 ICT 的农业信息管理工具“ISEK 农业支持”、久保田株式会社推出农业服务支援系统“久保田智能农业系统”（KSAS）等，借助移动互联网和移动终端，将农业信息技术融入农业生产中，从而进一步提高生产效率。

4. 印度：软件产业支撑下的农业市场信息服务模式

印度拥有世界十分之一的可耕土地，耕地面积约 1.8 亿公顷，是世界上最大的粮食生产国之一。世界银行的报告指出，该国全国农村人口约占总人口的 72%，农业处于印度经济的核心地位。印度农业农村信息化建设起步较晚，印度网络基础设施建设滞后，计算机和移动电话普及率较低，每千人宽带用户仅 13.3 个。但印度的 IT 产业发展迅速，IT 产业已经成为印度的支柱产业。在 IT 产业良好发展的基础上，印度政府积极推动电子农业的发展，形成了以下几个特点。

（1）高度发达的软件产业

20 世纪 60 年代，印度“软件之父”柯里把软件的概念引入印度，随后印度成立专业的软件服务公司，为客户提供解决方案，后来又逐步成立数据库公司。1984 年，印度前总理拉吉夫·甘地认识到电子技术对现代化进程的重要性，将信息产业作为重点发展的高科技产业，首次提出全面发展计算机产业，“用电子革命把印度带入 21 世纪”。随后又出台了《计算机软件出口、开发和培训政策》《IT 技术园区计划》和《电信港建设计划》等，这些政策推动了印度网络基础设施的建设和通信行业的发展。1998 年印度政府将信息软件产业确定为优先发展的支柱产业，出台《印度信息技术行动计划》，明确提出在 10 年内成为信息技术超级大国。同时，对现行政策进行了调整完善，对信息产业的发展给予政策和资金支持，突破软件产业发展的“瓶颈”。2008 年政府通过信息产业投资园区政策，决定由政府提供完善的基础设施与优惠的投资措施，建立信息产业投资园区，以提高印度信息产业软件服务和硬件制造水平。同时，政府很重视软件产业标准化工作，并进行教育体制改革，建立了多层次、多形式的软件教育培养体系，培养了大批软件类专业人才。

（2）稳步提升的农村信息基础设施建设

随着印度软件业的发展，世界银行不断为印度农业产业发展提供资助。在世界银行和印度政府的共同努力下，印度逐渐形成全国性、地区性的农业信息化技术网络。1988 年印度政府制定了一系列促进农村信息化发展的政策，极大地缩小了城乡数字鸿沟。在农村通信基础设施建设方面，印度积极推广信息通信网络和站点建设，极大地提高了电信网络在农村的覆盖范围；同时，印度政府不断扩大宽带网络覆盖，大力发展农村网吧、网亭计划，通过对购买计算机和软件等信息技术和产品的农户减免个税等方式提高互联网普及率，互联网网民占总人口比重从 2010 年的 7.5%提高到 2016 年的 31%。此外，印度政府通过国际交流合作，引进外资，进一步发展无线网络形式的“互联网+农业”，这种无线网络通过农村公共汽车每天至少两次向农民提供农业信息和气象信息等。

（3）多形式、全方位的信息服务

一方面，印度农民呼叫中心是印度最早实施的农业农村信息化措施，通过电话网络向农民提供免费的电话咨询服务。另一方面，印度国家信息中心建立了若干个专业性的农业信息数据库系统，通过无线网、电信网和互联网等向农民提供市场信息、自然灾害以及农业信贷服务等。在土地信息管理服务方面，印度很早就实现了土地资源信息电子化，建立了土地信息电子档案，印度全国的耕地数据都具有一整套身份识别系统，印度农民可以在网上进行土地信息的查询与交易等。在农产品市场信息服务方面，印度建立了网上农产品市场信息中心，向农民提供包括农产品市场供求信息、农产品质量安全与检验以及相关农业政策信息在内的各种信息。该平台收集了来源于印度 2800 个农产品交易市场超过 300 种农产品的供求信息，并提供全球 40 个国家的农产品批发信息，世界各国的农产品批发商也可以在该平台发布需求信息，充分保障了农产品市场信息的高效传播，有效指导了农民生产，促进了农民增收。随着互联网在印度农业上的应用，印度农产品电子商务发展较快。印度农产品网络交易平台已经覆盖了印度9个邦的3.6万个村庄，有大约350万的印度农民使用网络交易平台来销售农产品。印度农产品电子商务销售规模占全国电子商务交易总额的60%。

表9-1　2017年主要国家信息服务发展相关数据

国家	每千人宽带用户（个/千人）		信息化发展指数IDI	互联网网民占总人口比重（%）	
	2010年	2017年	2016年	2010年	2017年
世界	78.5	137.6	—	28.7	47#
高收入国家	257.2	323.3	—	71.2	84#
中国	92.9	268.6	5.6	34.3	54.3
美国	273.9	338.5	8.18	71.7	78
德国	323.4	404.5	8.39	82	84.4
日本	265.3	316.8	8.43	78.2	90.9
荷兰	379.4	423.3	8.49	90.7	93.2
印度	8.9	13.3	3.03	7.5	31#

注：表中带#数据为2016年数据。数据来源：世界银行WDI数据库、国际电信联盟《衡量信息社会发展2017》。

（二）主要扶持政策及经验借鉴

1. 政府重视网络基础设施建设，提供了强有力的支持政策

各国实践表明，发达的农业信息服务业是建立在完善的网络基础设施和通信条件基础上的。为推广农业和农村信息技术应用，各国都非常重视网络基础设施的建设，制定和发布了通信基础设施建设、宽带提升计划等。例如，美国在奥巴马经济刺激计划中有72亿美元用于宽带基础设施投资，并通过政府补助、税收优惠和政府担保等提供一系列优惠政策，刺激资本市场的运作，其宽带渗透率得到较大提高。20世纪90年代以来，日本先后颁布四项重大国家信息战略：2001年的“e-Japan战略”、2003年的“e-Japan战略Ⅱ”、2004年的“u-Japan战略”和2009年的“i-Japan

2015”，以宽带化为核心开展基础设施建设，推进 ICT 技术的广泛应用。2010 年，日本总务省制定了“智能云战略”，利用云计算技术，向全社会提供云服务，推动全社会实现海量信息和知识的集成与共享。《食品、农业和农村法（2015 年）》进一步提出要引入机器人等自动化新技术，发展无土种植的农业工厂和“屋顶种植”等城市农业。

当前，我国经济已经从高速发展阶段进入中高速发展“新常态”。在新常态下，我国提出“互联网+”和“中国制造 2025”等国家战略，意在深入推进工业化与信息化的融合，优化我国经济结构，促进产业转型升级。自“互联网+”行动计划实施以来，在国家宏观政策的指引下，互联网与经济社会各领域逐渐实现深度融合，农业、农村、农民的生产生活也在互联网环境下实现转型发展。随着现代信息技术的不断进步，人们的生产和生活等各方面对互联网的需求日益强烈。根据中国互联网络信息中心发布的第 43 次《中国互联网络发展状况统计报告》数据显示，截至 2018 年底，中国网民中农村网民占比 26.7%，规模为 2.22 亿人，农村互联网普及率上升至 38.4%，但低于城镇 36.2 个百分点，城乡差异明显。农村地区受收入、教育水平较低，互联网使用需求较为薄弱等因素影响，未来仍是我国互联网普及的重点区域，且存在很大普及空间。农村的信息网络和面向“三农”的内容应用存在刚性需求，已成为信息消费的新方向。在这种环境下，迫切需要政府提供更加全方位的政策支持，加强政策落地，推进各项工程的实施进度，提高全国泛在信息社会水平。

2. 重视农业信息资源建设，充分利用网络条件扩大农村信息服务覆盖范围

世界各国纷纷把信息技术和互联网技术优势不断向农业产业转移，形成了以网络和信息技术支撑的现代农业建设和发展的技术体系。各个国家制定了统一的农业数据标准和完善的采集体系，形成了权威的农业数据中心，具有强大的数据分析处理能力。美国以政府为主体，搭建了覆盖美国农业资源和农业生产等方面海量数据的信息中心，建立了由包括政府部门在内的农业信息收集发布系统，政府支持下的农业教育科研推广系统，融科研、生产、推广于一体的公司系统以及以农场为主体的民间自我服务组织系统 4 个系统构成的集社会性和市场性服务为一体的信息服务体系。印度建立了全国农业市场数据库系统及若干专业性农业数据库系统，具体包括农业经济和统计网络、农业市场信息网络、农业信贷信息网络、渔业信息网络、化肥信息网络、种子信息网络等。

与之相比，我国在农业基础数据资源建设方面还存在一定差距。我国应借鉴农业发达国家的经验，积极建设现代农业基准数据工程，构建新型农业数据获取体系，搭建全国性农业信息服务云平台，依据农业、农村和农民的现实需求，有针对性地做好涉农信息资源建设与服务工作，重点强化现代农业基准数据工程的标准体系构建、信息采集设备研发、网络基础设施建设、数据库建设、应用系统研发等方面的技术创新和应用。在农业基准数据建设的基础上，针对智能手机和移动互联网在农村的普及发展，充分利用移动终端如发送手机短信、开发 App 移动终端、订阅微信服务号等形式来提供信息服务。

3. 企业、运营商和社会化服务组织等纷纷发挥自身优势参与农业信息服务

从各国信息服务产业发展的成功经验来看，各国均形成了企业参与、市场化运营为主的发展模式。例如，日本电信公司提供的网络基础设施建设，美国农机企业提供的农业大数据服务，德国大型企业牵头投资研发的“数字农业”技术。其中，德国软件供应商 SAP 公司推出了“数字农业”解决方案，德国电信推出了数字化奶牛养殖监控技术，德国农业机械制造商科乐收集团（CLAAS）与德国电信开展合作，利用传感器技术、第四代移动通信技术云计算技术和大数据分析技术，并借助“工业 4.0”技术实现了收割过程的全面自动化。

农业信息服务是一项社会公益性项目，涉及主体、受体众多，不仅需要得到政府的支持，更需要企业和其他社会力量的共同参与。“十四五”时期，我国农业信息化和数字乡村建设需要进一步健全多元化投融资机制，放宽信息产业的进入条件，提高网络速度，降低网络经营和使用成本。同时，各大电信运营商要围绕国家数字乡村建设的目标，大力开发适合农村需要、贴近农民生产和生活的新业务，降低网络应用成本，提供网络速度，不断满足农业农村不同层次对信息通信条件和网络条件的需要。涉农企业应不断提高研发投入，增强技术、产品的研发能力，提高信息服

务水平。涉农行业协会、农民合作社等信息服务中介组织应充分利用互联网平台和现代通信技术，提高涉农信息服务能力，扩大服务范围，拓宽服务渠道，为农民提供及时、高效的信息服务。

4. 通过服务业提升农产品附加值，提高农产品互联网化水平

目前，农产品电子商务发展十分迅速，成为农业经济发展的新增长极，为促进农产品提质、农民增收和农业全球市场发展提供了创新发展路径。一些发达国家电子商务发展水平较高，制定了比较完善的农产品电子商务监管体系，政府在信息化、行业监管、服务评价、人才培训、政策支持等方面给予了大力支持，为农产品电子商务发展营造了良好的市场环境。美国建立了比较完善的农产品电子商务交易平台，如农产品信息公布网站、农产品期货交易市场、农产品网络零售商店等；荷兰虽然农产品电子商务规模相对较小，但是建立了十分发达的以网络超市、传统电商交易平台和大型超市互联网营销为主的线上线下相结合的农产品营销和物流网络；印度凭借农产品网络交易平台，农产品电子商务销售规模非常高，占全国电子商务交易总额的 60%。

由于农产品属于人民生活的必需品，本身价格相对较低，要提高农产品附加值，除了加大信息技术应用外，服务业也是实现农产品增值的重要渠道之一。也就是说，农产品的竞争力除了体现在数量和品质上，更多地体现在品牌、信息等服务要素上。在互联网背景下，农业电子商务是实现农产品增值的典型服务模式。农业电子商务的快速发展为农产品流通、消费带来了深刻变革，加速了互联网与农业生产经营管理服务各领域的全面深度融合，重塑了农业的产业链、价值链、供应链，为现代农业发展注入了新元素、增添了新动力。中国农产品互联网化的模式创新主要体现在农产品流通电商化、农产品服务生态化和农产品生产数字化。通过现代农业信息技术的研发、科技资本注入、生产设施建设、农产品市场营销以及冷链物流等方式增加农产品的附加值，使农业生产从产量最大化向价值最大化转变，依托服务业建立起的高附加值农产品，将是未来农业发展的重要趋势。

5. 加快信息产业发展，重视信息技术人才培养

自 20 世纪 90 年代初美国率先提出建设“信息高速公路”计划以来，

世界各国都将信息产业作为国家发展最重要的经济增长点和推动力，提升至国家战略层面，纷纷制定了发展本国信息产业、促进经济及社会信息化计划，采取各种措施鼓励信息产业的发展。美国、德国、法国相继制定了发展纲要或战略，日本、韩国、印度等国也采取了积极的措施加大信息产业的投入。其中，印度在短短十几年间，将软件产业发展成为仅次于美国的全球第二大软件出口国，这不仅得益于其大量在西方发达国家工作的软件工程人员，更重要的是它非常重视软件人才的培养。其软件人才培养形成了以政府为主导，面向应用、产学研教相结合的多层次、市场化的教育培训模式。高等学校主要培养中高级软件人才，信息技术学院和职业技术教育主要培养软件工人，与企业紧密联系。这种分层培养使印度的信息产业形成了较为合理的金字塔型人才结构。

当前，物联网、云计算、移动互联网、人工智能等新一代信息技术快速演进，信息化和智慧城市建设步伐不断加快，信息产业发展迎来新一轮变革。信息技术与农业工程、装备制造、新材料、新能源、生物等技术交叉渗透日益深化，智能控制、生物芯片等新技术新产品不断涌现，农业互联网等新业态加速突破，个性化推送、专业化服务、精准化生产、社会化协同、智能化应用等信息经济新模式快速涌现。农业正在从传统农业、机械化农业向数字化、信息化、自动化、智能化农业演变，应加快落实推进“中国制造 2025”“互联网+”现代农业、数字乡村等重大战略，集中力量突破核心技术“瓶颈”，努力打造以人工智能、智能硬件等为代表的智能农业信息产业，以产业新动能带动现代农业实现新发展。为此，应加快专业技术人才培养，建立健全信息网络和现代农业技术咨询平台，充实专业技术人员。此外，我国农村居民文化素质普遍偏低，利用信息技术的能力不足，应加强农民和农业人员的教育培训，加强对农民计算机、智能手机等终端的使用技能培训，提高其使用新技术、新产品的能力，为推进现代农业、智能农业发展提供有力支持。

（三）本章小结

本章总结分析了美国、德国、日本、印度四个国家现代农业服务业发展现状、创新发展模式与主要扶持政策，提出了对中国的经验启示。基于文献资料与国际主要经济数据统计分析，研究提出了美国发达农业科技支撑下的全方位服务模式、德国高度机械化的农机管理专业服务模式、日本高效农业发展下的农业合作组织服务模式以及印度软件产业支撑下的农业市场信息服务模式四类现代农业服务发展的国别模式。研究发现，这些国家在互联网促进现代农业服务业创新发展方面，十分重视政府引导与社会共同参与，其中政府在网络基础设施建设、农业信息资源建设、农业信息产业人才培养等方面出台了系列政策与战略计划，而企业、运营商和社会化服务组织则通过发挥其自身优势积极参与信息服务，通过互联网的平台作用，促进了服务业创新引领农产品价值链的提升，推动了本国农业现代化发展。与发达国家相比，我国农业信息化建设尚处于初级发展阶段，农民的互联网思维尚未实现转变，农业的互联网应用尚未充分挖掘，农村的互联网治理尚未积极开展。项目研究提出的国外现代农业服务业发展取得的成功实践与典型模式，对于我国在互联网环境下加快发展现代农业服务业具有重要借鉴意义。

参考文献

[1] 孙战胜. 我国精准农业发展初探 [J]. 农业机械，2018（6）：65-68.

[2] 何迪. 美国、日本、德国农业信息化发展比较与经验借鉴 [J]. 世界农业，2017（3）：164-170.

[3] 陈章全，吴勇，陈世雄，等. 德国精准农业做法及启示——以百年农场 Gut Derenburg 为例 [J]. 中国农业资源与区划，2017，38（5）：222-229.

[4] 陈章全，陈世雄，尤飞，等. 德国农业水土资源保护与可持续利用 [J]. 农村工作通讯，2017（8）：59-61.

[5] 金芳芳. 美国的农业现代服务业及其借鉴 [J]. 农村经济与科技，2016，27（14）：168-169.

[6] 李灯华，李哲敏，许世卫，等. 先进国家农业物联网的最新进展及对我国的启示 [J]. 江苏农业科学，2016（10）：1-5.

[7] 黄威，曾福生. 印度农业和农村发展经验对中国的启示 [J]. 世界农业，2014（6）：165-166.

[8] 苏畅．印度电子农业发展及对中国“互联网+”农业的启示［J］．农村经济，2016（11）：82-86.

[9] 王建忠，王斌．发达国家现代农业服务业的发展特点及趋势［J］．世界农业，2015（1）：32-35，143.

[10] 李灯华，梁丹辉．国外农业信息化的先进经验及对中国的启示［J］．农业展望，2015，11（5）：57-60.

[11] 王姣．德国农业给我们的思考［J］．农机市场，2015（5）：29-30.

[12] 王光宇，张扬．借鉴国际经验培育和扶持安徽省农业社会化服务体系探讨［J］．世界农业，2015（4）：180-183.

[13] 蒋倩．美国农产品电子商务模式对中国的启示［J］．世界农业，2015（10）：170-173.

[14] 戴宴清．美国、日本都市农业信息化实践与比较［J］．世界农业，2014（5）：24-28.

[15] 丁声俊．实体、实业、实效——德国农业的显著特征［J］．世界农业，2013（8）：12-16.

[16] 韩伟．美国现代农业的主要特点［J］．当代世界，2011（4）：56-57.

[17] 张忠德．美、日、韩农业和农村信息化建设的经验及启示［J］．科技管理研究，2009，29（10）：279-281.

[18] 刘丽伟．发达国家农业信息化促进农业经济增长作用研究［J］．世界农业，2009（11）：19-22.

[19] 杨艺．浅谈日本农业信息化的发展及启示［J］．现代日本经济，2005（6）：60-62.

[20] 柯查．科技进步与现代机制的有机组合——德国农机化体系现状考察报告［J］．中国农机监理，2003（6）：44-46.

[21] 谭仁忠．德国农业机械化体系考察［J］．湖南农机，2003（4）：24-25.

[22] 朱桂龙，彭有福．发达国家构建科技中介服务体系的经验及启示［J］．科学学与科学技术管理，2003（2）：94-98.

[23] 龙腾．美国“精准农业”模式经验及启示［J］．当代农机，

2017（8）：62-63.

［24］袁梦，陈章全，尹昌斌，等．德国家庭农场经营特征与制度实践：耕地可持续利用视角［J］．世界农业，2017（11）：16-20.

［25］侯廷永．美国现代农业发展及其经验借鉴［J］．上海农村经济，2017（3）：37-42.

［26］王艳平．美国现代农业发展经验对我国农业供给侧改革的启示［J］．生产力研究，2017（8）：101-104.

［27］成丽，邵文武，张波．农业生产性服务业发展对策研究［J］．农业经济，2017（11）：7-9.

［28］许红．国外农业合作社的发展经验［J］．世界农业，2016（10）：177-180.

［29］孔繁涛，朱孟帅，韩书庆，等．国内外农业信息化比较研究［J］．世界农业，2016（10）：10-18.

［30］苏畅．印度电子农业发展及对中国“互联网+”农业的启示［J］．农村经济，2016（11）：82-86.

［31］姜长云．关于发展农业生产性服务业的思考［J］．农业经济问题，2016（5）：8-15.

［32］彭超，高强．美国农业推广政策体系及其对中国的启示［J］．农村工作通讯，2015（7）：62-63.

［33］张晓．欧盟农业信息技术研发新战略及对中国的启示［J］．世界农业，2013（9）：14-18.

［34］吕韬，陈俊红．发达国家现代农业服务体系建设对我国的启示［J］．广东农业科学，2011，38（20）：175-180.

［35］张朝华．发达国家农业科技服务的主要经验及其对中国的借鉴［J］．科技进步与对策，2010，27（8）：100-103.

［36］段莉．典型国家建设农业科技创新体系的经验借鉴［J］．科技管理研究，2010（4）：23-28.

［37］黄曦．国外农产品电子商务发展及对我国的启示［J］．改革与战略，2016（6）：160-162.

十、互联网环境下北京现代农业服务业创新模式路径设计

（一）目标任务

1. 发展思路

贯彻落实新发展理念，坚持服务首都城市战略定位，充分发挥北京在互联网产业上的资源优势，以现代服务引领首都都市型现代农业高质量发展为目标，加快大数据、信息平台、社会化网络终端、智能芯片等互联网技术工具与首都农业科技服务业、农村金融业、农业流通业以及休闲农业与乡村旅游的深度融合，瞄准现代农业服务战略性产业，重点发展农业科技信息服务、农业电子商务、智慧乡村旅游、农业个性化定制、农村互联网金融等多元化、多层次、多类型的现代农业服务新业态和新模式，基本形成具有首都都市农业特色的“要素集聚、主体多元、机制高效、体系完整、服务精准”的“互联网+”现代农业服务业产业新形态，促进现代农业服务市场化、专业化、信息化，支撑北京全国科技创新中心建设，增强对全国创新发展的辐射带动作用。

2. 发展目标

力争通过5~10年的互联网创新应用探索，基于互联网环境的现代农业服务业创新发展取得明显成效，现代农业服务业信息化水平明显提升，互联网与现代农业服务业各环节实现全面深度融合，互联网成为创新驱动现代农业服务业发展的引擎，具有首都都市型现代农业特色的“互联网+”农业服务业产业体系基本形成。

（1）培育一批基于互联网的农业服务业新业态。创新互联网在首都农业服务业的应用发展，率先在农业生产性服务业、农业科技服务业、农业流通业、休闲农业与乡村旅游、农村金融服务业等行业领域开展互联网创新应用与示范，培育农业软件信息服务业、农业大数据服务业、农业电子商务、智慧乡村旅游、农村互联网金融等新业态，让“互联网+”农业服务业成为郊区农民创新创业的重要依托。

（2）创新一批基于互联网的农业服务业新模式。将共享经济、分享经济、平台经济、新零售等互联网新模式嵌入农业服务业领域，以推动农业服务业的商业模式创新与服务手段创新为主线，率先在农机作业、设施农业生产管理、休闲农业与乡村旅游用地等领域开展设备共享、土地共享、人员共享等服务创新模式，降低农业成本；在涉农科技信息传播领域，探索基于用户需求导向的一站式云平台服务模式，推动农业科技信息的精准识别、精准对接、精准服务；在农业流通领域，发展一批“App+微信+PC+WAP 端”的新零售经济模式，打造具有北京区域特色的优质农村电商平台，帮助贫困地区实现网上创业增收，推动建成全渠道农业数字化综合服务体系；在农村金融领域，发挥大北农、首农等全产业链企业的金融服务功能，以及京东金融、蚂蚁金服、宜信等 P2P 金融平台，搭建以农民征信体系为核心的普惠制农村互联网金融服务体系。

（3）发展一批基于互联网的农业服务业新平台。充分发挥互联网的信息共享平台与大数据知识发掘功能，以京津冀为服务圈，搭建首都京津冀休闲农业与乡村旅游信息平台、京津冀“菜篮子”质量安全溯源平台、京津冀农业大数据平台、京津冀农村互联网金融平台、京津冀农技推广云服务平台等重要信息化共享平台，积极推动京津冀现代农业服务业的信息共享与交流，实现现代服务业引领京津冀现代农业协同发展。

3. 重点创新领域

（1）现代农业流通业的创新领域

重点以电商平台为载体，大力发展“一村一品”+电商，鼓励供销社、农户、合作社、农业企业开展平台、自营、平台+自营等多样的模式创新，发展社交电商、“粉丝经济”“O2O”、智能菜柜等营销新模式；发挥网商集聚效应，以产权、资本和技术等为纽带，推动产品加工生产与包装、设计、美工、摄影等服务业领域深度合作，打造北京农村电商生态；深入挖掘大数据分析功能，探索发展京郊优质农产品智慧供应链创新模式，创新建立京津冀农产品产销大数据平台。

（2）现代农业科技信息服务业的创新领域

结合智慧乡村建设，加强乡村信息化基础设施建设，完善以 12316 为核心的公益服务体系，实现便民服务的精准化和个性化，推进电子商务快速发展，提升服务体验。加强农技推广服务信息化，实现科研专家、农技人员、农民的互联互通，为农民提供精准、实时的指导服务。大力推广专业型益农社建设，积极引导电信运营商、电商、IT 企业、金融机构等共同推进信息进村入户，以农业物联网、农场管理云平台、大数据分析、新能源电动冷藏车、智能控温配送柜、新型电子商务、二维码溯源等信息技术为依托，推广建立以“智慧农场管理体系+农产品全程冷链直供+智能配送+质量安全溯源+市场信息服务”为运营体系的信息服务共享体系。鼓励百度、阿里等互联网企业联同农信通、派得伟业等农业信息化企业以及北京涉农院校协同发展农业云解决方案、农业全产业链大数据平台开发与农业软件定制服务，开展服务、智能服务、开发运营一体化等新型农业信息服务模式，推动农业信息服务业发展。

（3）休闲农业与乡村旅游的创新领域

加快信息技术和休闲农业与乡村旅游在宣传推介、产品服务、园区生产等方面的深度融合，探索建立“互联网+”休闲农业与乡村旅游模式，充分发挥网络社交平台、综合信息服务平台、大型电子商务平台以及郊区融媒体中心的信息传播功能，推动京郊休闲农业与乡村旅游的线上线下宣传，扩大休闲农业与乡村旅游业的营销渠道，促进休闲农业与乡村旅游提档升级。搭建京津冀休闲农庄服务评价平台，针对排名长期靠后、投诉比例较高的休闲农庄，采取末尾淘汰制，以此提升休闲农业与乡村旅游服务质量及水平；发挥休闲农业与乡村旅游电商平台大数据功能，针对不同消费者特征提供休闲旅游攻略、精准路线规划个性化服务；重点以昌平、顺义、通州等农业科技园为载体，大力推进数字创意、虚拟现实、二维码、互联网支付、电子导游 App 等技术和休闲农业与乡村旅游的融合，助力郊区休闲农业与乡村旅游快速发展。

（4）农村金融业的创新领域

鼓励银行、保险、邮政等金融机构与村村乐、阿里、各类 P2P 网贷平台相合作，通过发展供应链金融创新共同发展农村互联网金融；搭建农村 P2P 网贷平台、农村信用网资信管理平台、新型农业经营主体征信平台等农村互联网金融平台，建立以信用为核心的普惠制农村互联网金融服务体系；开展农村金融“网络运营+渠道下沉”服务模式，解决信任、征信和贷后管理等多方面的问题。

（二）创新模式及其实现路径

1. 创新主体

从影响现代农业服务业创新发展的要素看，互联网环境下北京农业服务业创新体系主要包括创新主体、创新目标、创新手段、创新领域、创新路径等方面（如图 10-1 所示）。

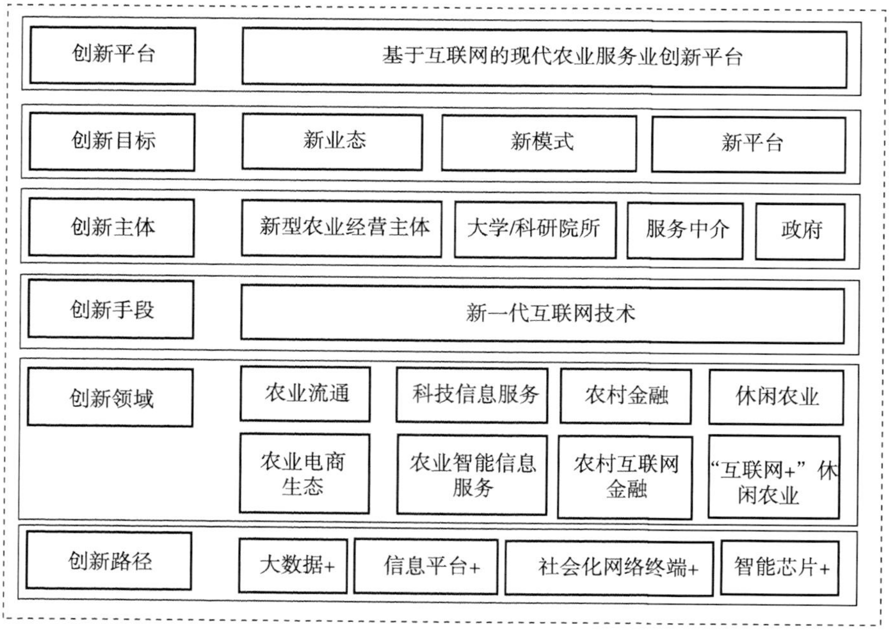

图 10-1　互联网环境下北京现代农业服务业创新体系总体框架

创新主体主要包括政府、产业主体、大专院校与科研院所、社会化服务组织等，其中产业主体、大专院校、科研机构、政府、中介机构等发挥各自的能力优势，通过政府构建的优良政策环境与中介机构提供的优质中介服务，以创新转移与创新增值的方式，推动其他创新主体与之形成“官产学研”一体化的现代农业服务产业链创新，进而整合资源，加速农业技术及成果的推广应用和产业化（如图 10–2 所示）。

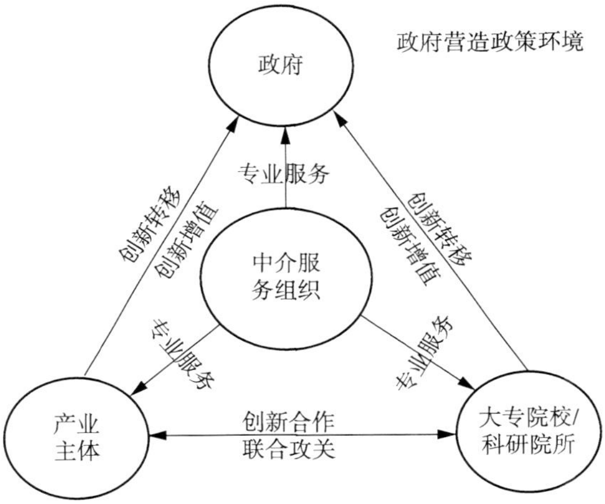

图 10–2　互联网环境下北京现代农业服务业创新主体互动关系

政府机构的创新功能在于对关于现代农业服务业的制度进行创新，如对现代农业服务业的信息化建设进行顶层设计，出台一系列法律法规对利用互联网手段实现农业服务创新的经营主体、社会化服务组织、大专院校等主体进行财税资金、科技项目、基地示范等方面进行支持，通过“一揽子”政策，鼓励与引导农业服务业市场主体开展互联网创新应用，促进科技创新资源在不同主体之间的流动，为现代农业服务业主体营造良好的创新氛围。

产业主体主要包括从事现代农业服务业的市场参与主体，包含新型农业经营主体、农业服务业企业、互联网企业、电信运营商等。其中，新型农业经营主体的服务创新活动主要表现为参与互联网创新创业，如农村电商、农业众筹、休闲农业与乡村旅游经营以及为其他农户提供服务及科技示范等，不仅是农业服务业主体，还是接受新型互联网服务的客体；农业服务业企业，则包括本研究所提出的四大服务业主体，以及农机合作社等生产性服务业企业，其作用主要表现为产生创新供需、提供创新资金、转化创新成果，具体表现为新的创新活动的产生与扩散；互联网企业、电信运营商等承担的主要功能在于为传统农业服务业提供技术创新支持，推动传统农业服务业的信息化。

科研院所与大专院校的主要功能在于科技创新与成果转化，在农业服务业创新过程中起到了技术创新与知识传播的作用，通过搭建互联网平台与农业服务业创新联盟等方式，推动服务业价值链的提升。

中介服务组织主要包括为农业服务业创新提供重点发展研究开发、技术转移、检验检测认证、创业孵化、知识产权、科技咨询、科技金融、科学技术普及等专业科技服务和综合科技服务的机构，以及民间私人组织、专业协会、产业联盟等社会化服务组织，其作用为通过专业化的科技服务提升农业服务业创新和产业发展的支撑能力。

2. 创新模式与路径

现代农业服务业是北京市“十三五”时期发展都市型现代农业，推进京郊乡村地区全面振兴的重要组成部分，是首都城市功能定位的重要产业支撑，更是北京市建设服务业开放综合试点的重要内容，迫切需要通过创新引领驱动产业价值链创造。互联网作为一种创新手段，为农业服务业创新提供了重要平台。针对当前北京市农业服务业存在的规模小而效益低、服务质量不高、产业价值链挖掘不足等问题，在全面建成小康社会之际要不断创新农业服务业，充分发挥首都互联网科技资源，积极推动大数据、信息平台、社会化网络终端、智能芯片等新一代信息技术与现代农业服务业的融合创新，率先在农业流通业、休闲农业与乡村旅游业、农业科技与信息服务业、农村金融服务业等领域实现互联网成果的创新应用与深度发展，为“十三五”时期全面建成全国科技创新中心奠定产业基础。

（1）“农业服务业+大数据”

当前，大数据正快速发展为发现新知识、创造新价值、提升新动能的新一代信息技术和服务业态，成为农业服务业创新的“神经系统”和重塑农业服务业价值的核心要素。针对北京市农业服务业管理效率不高、服务手段单一、产业附加值低等问题，迫切需要发挥大数据在解决农业服务业生产要素配置、业务创新增值、企业核心价值提升等方面的作用，面向农业经营主体生产经营需求与农村居民生活、生态需求，建议涉农政府部门、大数据服务商、电信运营商、农业社会化服务组织等主体积极将人工智能、数据挖掘、深度学习等前沿技术与农业服务深度融合，通过建立科技资源大数据共享平台、产销大数据平台等大数据平台，重点实现在科技服务领域广大农民、农业专家、农业科研工作者、信息服务人员的科技资源共享与精准匹配；在农业流通领域实现流通交易服务闭环以及市场的实时监测预警；在市场营销领域实现产销主体精准对接与市场信息动态监测预测。通过“大数据+”与北京农业服务业的融合发展，培育首都高端智能、新兴繁荣的农业服务业发展新生态，大幅提高北京市现代农业服务业的决策管理水平，辐射带动京津冀地区现代农业服务业的创新发展。

构建农业科技成果大数据，促进科技成果的快速应用与及时转化。针对北京地区多层次的农业科技资源精准调配难问题，建议组建由涉农科研院所、高校、企业和科技服务组织等农业科技服务主体构成的产业联盟，建立包含技术项目、机构、专家、专辑出版、成果示范等在内的农业科技成果大数据平台，为各级农业管理部门、农业专家、农技推广人员及广大农民提供在线学习、互动交流、成果速递和服务对接与定制服务，促进科技成果的快速应用与及时转化。整合期刊、论文、标准和专利等文献资源，通过知识化的组织，为服务主体提供科技成果情报化信息服务。

采集全产业链价格大数据，实现农产品价格数据动态预警。针对农业流通业环节面临的农产品价格波动大、农业市场风险不稳定等问题，建立北京地区全产业链价格大数据采集体系，通过物联网、无线网络传输等技术以及电商平台多维度采集农产品生产、流通、销售等环节大量的监测数据，融合、集成多维关联的数据，通过分析不同种类数据之间的相关关系，提供更精准、更具有参考价值的监测预警信息。以大北农、天安农业等产业化龙头企业为引领，完善以消费趋势为导向的生猪等单品种全产业链数据监测，建立京津冀“菜篮子”产销大数据云平台，开展面向产销消精准对接的智能调配服务创新。在市场价格采集环节，应用手机 App、物联网传感器等设施，实现简单输入、标准采集、全息信息、实时报送、即时传输、及时校验和自动更新的全流通环节价格采集。

应用农业流通大数据，形成电商交易服务闭环。充分挖掘农业大数据潜在价值，以首都本地农业电商为切入点，将北京地区农产品流通、交易大数据运用到电商交易平台，开展基于农业电商平台的农产品销售、商家交易大数据监测分析，建立产销提报机制、个性化推荐机制与商业智能机制，通过精准分析用户需求和个性化推荐技术的应用，为海量生产者、消费者提供个性化产品与服务，推动首都农产品的精准营销。依托农产品管理和交易平台积累的大量生产、交易、资产等数据，对客户信用、风险情况进行评估与分级，加快形成基于大数据的农产品交易征信服务体系，以此作为农户贷款额度信用保障，提升农户金融服务的可获得性。探索运用大数据技术构建京郊休闲农业与乡村旅游信息智能推送平台，进一步引领京郊休闲农业与乡村旅游持续健康科学发展。

推动农业大数据服务的产业化，培育一批农业服务新业态。开展涉农大数据应用试点，先行整合农业资源、市场信息及行业管理等数据，力争在支撑农业调转节、农产品预警监测、农业行政监管等方面取得实效。组织实施首都农技推广大数据、农机应用大数据、农业大数据智能服务等产业化项目，培育一批基于大数据的农业个性化定制服务、农业云服务、农业生产数据采集监测服务、农业气象保险服务等领域新兴服务业态，提高农业生产管理、指挥调度等数据服务能力。

（2）“农业服务业+信息平台”

针对农业科技服务、信息服务存在的服务效果不接、服务对接不畅、服务内容缺乏针对性等问题，紧抓“互联网+”引领首都农业服务业变革发展机遇，全面推进以信息进村入户为主的数字乡村信息服务，推广应用云计算、大数据、物联网、5G 等新一代信息技术与农业服务业的深度融合，推动农业信息服务普惠便捷，加快非基本公共服务业市场化、社会化进程步伐。结合北京市发展“北京服务”品牌效应的目标，在农业信息服务业领域率先实现标准型益农信息社全覆盖，形成区域性综合服务网络的服务创新；在农业科技服务业领域，面向京津冀农业产业发展需求，构建农业信息服务一体化网络，实现三地涉农资源的共建共享；在农业流通服务业领域，重点发展农村电子商务，在全市培育一批农业电子商务企业和品牌、农村电子商务示范合作社，探索农产品、农业生产资料和休闲农业与乡村旅游电子商务创新发展路径；在休闲农业与乡村旅游领域全面推进休闲农业与乡村旅游触网，培育一批智慧乡村，加快形成京津冀休闲农业与乡村旅游的互联网生态圈。通过“信息平台+”农业服务业的创新融合发展，推动城乡信息服务均等化基本实现，加快形成能够满足多层级、多元化商品和服务消费需求的新格局，使农业服务业成为支撑北京充分发挥首都核心功能的重要保障，成为建设国际一流和谐宜居之都的重要推动力，助力北京率先全面建成小康社会。

推进标准型益农社全面覆盖，打造区域性综合服务网络。以标准型益农信息社为切入点，全面实施信息进村入户工程，完善北京移动农网、“12316”与“12396”服务热线、农村党员干部远程教育平台的信息服务效能，并逐步整合形成多渠道多平台的服务体系。充分利用现有信息服务站、农村金融网点、农资店、农村超市、村委会等载体，设立农村信息服务社，为农户提供公益服务、便民服务、电子商务服务、培训体验服务，提高农民现代信息技术利用技能，实现普通农户不出村、新型农业经营主体不出户就可享受到便捷、经济、高效的生活信息服务。搭建集农资供应、技术指导、动植物疫病防控、土地流转、农机作业、农产品营销、农村便民生活等服务于一体的区域性综合服务平台，为农业生产经营主体提供科学生产、农事管理、病虫害预防、质量追溯、农商对接、便民服务等服务。

发挥北京优质科技资源优势，构建农业科技信息资源共建共享模式。以政府为主导，引导社会资本汇聚农业科技服务领域，发挥北京农科城农业科技网络服务中心国家高端服务平台作用，整合北京信息服务平台，集聚北京优势科技资源，打造首都农业信息服务平台集群，服务涵盖农村信息管理、土地流转、休闲旅游、科技服务、农业金融、保险等领域，贯穿农业产前、产中、产后全产业链条，实现互联网与科技服务融合创新。面向京津冀农业产业发展需求，充分发挥北京在农业科技信息服务方面的专家、资源、技术及经验优势，通过搭建统一高效、互联互通的农业科技研发平台、科技资源共享平台、成果转化平台等信息服务平台，探索京津冀农业科技服务一体化服务网络与农业科技信息资源共建共享模式，不断提升综合服务的集约化水平。

推进农村电子商务发展，拓宽农产品销售渠道。鼓励支持大型电商、物流快递企业向农村延伸经营网络，在乡镇、中心村设立物流配送、快递分支机构，增加营业网点。引导生产、流通企业向农村设立营销网点，建立完善的电子商务网络体系。支持专业大户、家庭农场、合作社、农业产业化龙头企业等新型农业经营主体开展 B2C、B2B、O2O 等多种形式的网络销售，通过探索线上线下融合的农业电子商务流通模式，促进本地大宗农产品销售和名特优新农产品实现优质优价。健全“优农佳品”等农产品信息服务门户网站，在全市培育一批具有重要影响力的农业电子商务企业和品牌，以及具有典型带动作用的农村电子商务示范合作社，塑造一批优秀的农产品品牌。探索农业电商标准体系、全程冷链物流体系、休闲农业与乡村旅游质量监督体系等一系列运营模式和制度规范，健全数字农业农村经济发展。

全面推进休闲农业与乡村旅游触网，搭建京津冀农村休闲旅游生态圈。推广休闲农业与乡村旅游和百度地图等导航软件合作模式，通过搭建京津冀休闲农业与乡村旅游综合信息服务平台，积极推进乡村旅游产品与互联网的全面对接。开展形式多样的线上线下宣传活动，加快建立覆盖京津冀休闲农业与乡村旅游融媒体平台，加强各类信息平台在乡村休闲旅游品牌推广的宣传。建立休闲农业与乡村旅游互联网服务一站式电商平台，实现网上宣传、预约、订购、结算等功能。鼓励有条件的休闲农场探索建立虚拟农场体验平台，增强体验性。建立休闲农庄服务评价平台，经营者通过游客的反馈，及时对出现的问题做出调整，努力为游客提供更加优质的旅游体验，促进休闲农业与乡村旅游业的良性竞争。

完善农村金融监管体制，搭建农村互联网金融服务体系。加强对各大银行和新型金融机构组织的监管和风险控制，完善农村金融监管体制，完善各大金融机构的考核评价机制，鼓励国有银行、农村信用社等发展农村普惠金融。创新银行、保险、邮政等金融机构在农村互联网金融的服务，通过拉卡拉等第三方支付技术为村民提供日常生活所需的金融服务；鼓励农村电商企业、各类 P2P 网贷平台以及众筹等互联网平台参与农村金融服务，通过搭建农村 P2P 网贷平台、农村信用网资信管理平台等，建立以信用为核心的普惠制农村互联网金融服务体系，推动农村金融的普惠化、便捷化。

（3）“农业服务业+社会化网络终端”

结合北京农业信息化发展基础与融媒体发展趋势，针对当前农业服务业面临的服务模式单一、服务效率不高、主客体互动性不强等问题，充分发挥微信、微博、微视频等社会化网络媒体以及各类移动 App 等终端在农业生产经营、农村居民生活中的信息生产、传播、利用与反馈的作用，积极推进社会化网络终端与农业服务业的深度融合，推动农业服务手段便捷化、普适化。结合北京市农业服务业助力农村信息传播能力提升的需求，重点在农业公益性服务领域，推广基于“三微一端”的新媒体服务模式创新，推动传统农业信息服务与现代农业信息服务相结合；在休闲农业与乡村旅游、农村金融服务业等市场化农业服务领域，鼓励服务商积极探索运营农业服务移动 App；在农业流通服务领域，探索微商的营销盈利新模式，推动农业流通服务的营销渠道创新。通过“社会化网络终端+”与北京传统农业服务业的融合发展，大幅提升北京市现代农业服务业企业综合效益与服务效能。

基于“三微一端”的农业服务业创新。充分发挥微信、微博、微视频与移动客户端等新媒体的移动信息传播功能，推动传统农业服务与现代农业服务相结合，为农业生产经营主体提供立体化的服务。重点针对基本公共服务领域，建议政府通过借助已有新媒体平台对地方新媒体上的农业信息资源进行整合，积极利用官方微博、微信公众号，农业推广员的微博、QQ 空间等，将国家的最新农业政策方针、农业新技术、农产品价格、科教文卫、就业指导、社会保障等涉农信息以课件、通信、公告栏、标语等传统媒体内容发布到新媒体平台，推动基本公益性服务的普惠便捷化。同时积极利用好农业推广人员的桥梁作用，辅助农民朋友充分利用新媒体便利化、实时化、感知化、智能化等优点，引导其主动在新媒体上通过视频影像传播、音频传播和图文传播等方式，得到有价值的涉农信息，使得农民可以有针对性地将科技市场信息转换为生产力，从而有助于农业生产要素配置更加合理化、生产经营管理更加科学化。

基于移动 App 的农业服务业创新。鼓励农业信息服务企业开发适合不同需求的农业类 App，充分享受 App 带来的智能便捷服务。加快推动基于 App 应用的农资监管、农业生产管理、农业智能决策、冷链物流、农技推广等软件终端的研发及推广应用，通过将移动 App 等社会化网络终端植入各环节，使生产可视化、管理信息化、服务便捷化。在农业科技服务领域，开展基于移动 App 的农业生产科技服务创新，为农民提供资讯新闻服务、农业专家问答服务、农产品信息服务、植保服务和记录田地日志服务等农业生产科技的定制化服务，推动农业科技服务的便捷化；在休闲农业与乡村旅游服务领域，为更好满足首都居民对乡村生活的体验需求，解决游客“去哪玩、咋好玩的问题”，鼓励支持相关企业建立集农旅资讯、农旅景点、休闲农业与乡村旅游、农旅百科、农业旅游、精品图库、票务等于一体的首都休闲农业与乡村旅游 App 客户端，通过 App 终端的大数据信息反馈，推进休闲农业与乡村旅游服务的个性化推送，促进首都休闲农业与乡村旅游的提档升级。

基于微信等网络社交平台的农业服务创新。推动微营销、自媒体营销、移动支付等现代社交网络平台与农业流通服务业的深度融合，探索、培育一批以微商营销模式为主的农产品流通新业态。鼓励农业经营主体广泛使用微信等社交平台，以“一村一品”为切入点，培育一批农特优微商品牌。推动基于社交网络平台的营销推广策略创新，引导农产品微商借助物流平台、交易平台和社区平台，以及朋友圈、微信群、订阅号、小程序等方式展开相应品牌传播。研发推广农产品流通信息管理 App，推动基于移动互联网的物流信息、客户信息、售后信息等的流通信息的管理。做好基于微信标签、群发、朋友圈、地址栏等的流通服务互动工作，以此提高客户的满意度和黏性。

（4）“农业服务业+智能芯片”

充分发挥北京市互联网企业优势资源，针对农业服务业领域存在的生产经营管理手段落后、服务受体征信体系缺失、服务内容与模式雷同等问题，积极推进人工智能、大数据、智能传感器、神经网络芯片和开源平台等技术与农业服务业融合，促进农业服务业的智能化。一是“农业金融+智能芯片”，结合北京市建设全国科技创新中心的需求，在农业金融行业先试基于智能语音、人脸识别、智能监控的金融体系创新；二是“农业流通+智能芯片”，基于 RFID、移动互联网智能配送柜、EPC、区块链，构建京津冀“菜篮子”透明供应链体系创新；三是“农业科技信息服务业+智能芯片”，探索基于北斗卫星导航芯片的农业植保服务、基于 IC 卡的用水管理服务创新；四是在休闲农业与乡村旅游推广基于一卡通的智慧乡村旅游试点。通过“智能芯片+”与北京传统农业服务业的融合发展，大幅提高北京市现代农业服务业信息化水平，辐射带动京津冀地区现代农业智能服务的快速发展，推动京津冀农业服务业高质量发展。

基于“人工智能+机器学习芯片”的农村金融创新路径。针对传统农业金融贷款人（大多数为农民）征信体系不健全、单笔贷款金额小而分散、抵押物缺乏等问题，建议传统金融机构、农村信用社、农村资金互助社等农村线下金融机构，以及以宜信等为代表的线上 P2P 农村互联网金融机构、以大北农等全产业链型农业产业化龙头企业为代表的企业衍生型金融部门，以“人工智能+机器学习芯片”为核心，建立农村金融风险智能预警与防控系统、农村金融征信体系，实现快速精准的信用评估决策，撮合个人用户和金融机构快速高效完成交易，帮助首都乃至京津冀农户享受更便捷、更低成本的普惠金融服务。

基于“RFID 智能芯片+在线感知终端”的农业流通创新路径。针对农产品流通效率低、流通环节多、产品质量安全不保障等问题，以服务首都“菜篮子”质量安全为目标，鼓励农产品批发市场、农业流通企业、农产品电商企业等服务业主体，在京津冀地区推广应用基于 RFID 智能芯片、物流微环境信息在线感知终端的农产品全生命周期追溯体系，形成一个完善的来源可追溯、去向可查证、责任可追究的安全信息追溯闭环，确保供首都设施“菜篮子”基地农产品农田到餐桌的质量安全。

基于“VR+一卡通+电子支付”的休闲农业与乡村旅游。利用计算机图像学、传感网络、智能芯片等技术将计算机虚拟场景与实际场景相结合，选择四星级以上休闲农业与乡村旅游示范基地推广 VR（虚拟现实）技术的应用。鼓励广大休闲农业与乡村旅游经营主体大力发展智慧乡村旅游，推广应用集门票、游玩、商城、餐饮、住宿等于一体的休闲农业与乡村旅游一卡通智能化管理系统，实现休闲农业与乡村旅游智慧化订购、智慧化服务、智慧化休闲、智慧化管理；积极推进北斗芯片在休闲农业与乡村旅游园区定位导航方面中的应用，促进园区的智慧导航，实现旅游服务的便利化。

基于北斗卫星导航芯片的农业植保与科技服务。支持农业生产社会化服务组织、农机植保企业积极推进北斗卫星导航芯片在农业航空植保、航空遥感、农机导航等定位导航中的应用，以服务京津冀农业生产为落脚点，推动京津冀农业精准施肥、施药等植保服务的在线化、共享化；全面推广基于 IC 卡的农业灌溉及地下水管理系统，推动郊区高效节水农业发展。

（三）本章小结

本章结合北京市现代农业服务业的现状、问题与需求，立足北京市首都城市功能，重点剖析了利用互联网手段实现现代农业服务业模式创新的目标任务、创新主体、创新模式与路径，为数字乡村背景下加快推进北京现代农业服务业信息化进程提供了重要思路。主要结论与观点如下：

（1）提出了互联网环境下北京农业服务业创新发展的目标任务。研究结合北京农业服务业现状需求，从服务业引领现代农业创新发展层面，提出了互联网环境下加快推进北京现代农业服务业创新的发展思路、目标与重点创新领域。研究认为，未来 5 年，需要深度把握互联网环境下农业服务业创新发展的新产业、新业态与新模式要义，创新的关键手段在于加快大数据、信息平台、社会化网络终端、智能芯片等互联网技术工具与首都农业科技服务业、农村金融业、农业流通业以及休闲农业与乡村旅游的深度融合，创新的重点领域在于通过培育一批基于互联网的农业服务新业态、创新一批基于互联网的农业服务新模式、发展一批基于互联网的农业服务新平台，推动现代农业流通业、现代农业科技信息服务业、农村金融服务业、休闲农业与乡村旅游等农业服务业向高精尖产业结构方向转变的创新发展。

（2）构建了互联网环境下北京现代农业服务业创新体系总体框架。从影响北京现代农业服务业创新要素和过程角度，构建了包含创新平台、创新目标、创新主体、创新领域、创新手段、创新路径在内的基于互联网环境的北京现代农业服务业创新体系框架，重点对涉农政府机构、农业企业、大专院校、科研院所、中介组织等现代农业服务业主体的互动关系进行了分析，提出了这些创新主体作为创新要素所发挥的作用。

（3）提出了互联网环境下北京农业服务业创新的模式与路径。立足北京市现代农业服务业创新需求，结合首都互联网技术发展趋势，提出了“农业服务业+大数据”“农业服务业+信息平台”“农业服务业+社会化网络终端”“农业服务业+智能芯片”四个创新模式的具体实施路径。

参考文献

[1] 肖建中，雷涛．浙江欠发达地区现代农业服务业发展中存在的问题与对策［J］．浙江农业学报，2012，24（3）：517-522.

[2] 肖建中，何永达．浙江农业服务业发展问题研究［J］．浙江农业学报，2011，23（3）：629-633.

[3] 周启红，谢少安，陈万卷．基于现代农业视角的我国农业服务业研究［J］．调研世界，2010（2）：30-31+5.

[4] 郝希亮．农业服务业的含义及其拓展空间［J］．开发研究，2008（6）：85-88.

[5] 杨波．促进甘肃农业服务业发展的对策探析［J］．开发研究，2008（6）：93-96.

[6] 王丽平，李菊香，李琼．科技服务业创新生态系统价值共创模式与协作机制研究［J］．科技进步与对策，2017，34（6）：69-74.

[7] 张鹏，田侃．服务业创新对厦门经济发展模式转型的影响研究——创新能力评估及其对经济转型的启示［J］．福建论坛（人文社会科学版），2016（9）：165-175.

[8] 王建冬．专题研究：我国信息服务业模式创新与发展路径研究［J］．现代情报，2016，36（6）：3.

[9] 谢泗薪，戴雅兰．经济新常态下科技服务业与现代产业联动模式创新研究［J］．科技进步与对策，2016，33（5）：9-15.

[10] 胡雅蓓．现代服务业集群创新网络模式研究——以江苏百家省级现代服务业集聚区为例［J］．华东经济管理，2014，28（2）：5-9.

[11] 陈艳艳，王萌．共享心智模式对团队创新绩效的影响机制研究——基于知识密集型服务业研发团队的实证分析［J］．华东经济管理，2014，28（1）：133-137.

[12] 熊太纯．信息服务业运营模式创新的理论与实践研究［J］．图书情报工作，2012，56（22）：112-116.

[13] 王婷．互联网服务业的内涵和创新模式研究［J］．科研管理，2012，33（7）：24-32+105.

[14] 王红军．知识密集型服务业全面创新管理模式研究［J］．科技

管理研究，2012，32（8）：166-169.

［15］郭伟展．产业合作机制、模式创新视角下的浙台生产性服务业合作研究［J］．国际商务（对外经济贸易大学学报），2011（5）：79-91.

［16］韦福祥，宋琳曦，李金凤．互联网环境下中国服务业创新模式研究——以天津滨海新区服务业为例［J］．现代财经（天津财经大学学报），2011，31（7）：101-107.

十一、结论、对策建议与展望

农业服务业在推进农业农村现代化进程中具有不可或缺的作用和举足轻重的战略地位，是建立农民增收长效机制和推动农村城镇化的客观需求与保障。伴随互联网在农业服务业的深度融合与应用，农业服务业创新的内涵随之变化，创新模式、创新路径、创新绩效等方面的研究逐渐成为国内学术界研究的热点。本研究立足全球正进入以新一代信息技术为代表的信息时代背景，重新诠释了农业服务业创新的内涵与动力机制。以北京市为例，研究对农业服务业发展历程与趋势进行了总结分析，测算分析了信息化应用对现代农业服务业创新绩效的影响，分行业领域对基于互联网的农业服务业创新模式进行了深度剖析，结合国外现代农业服务业发展经验总结提出了互联网环境下北京现代农业服务业创新模式与实现路径，最后提出了几点对策建议。

（一）本研究结论

作为首善之区，北京是我国科技创新中心与对外交流的窗口，在互联网时代下农业服务业创新的方式方法、业态形态、模式机制在全国具有前瞻性、先导性和探索性。近年来，在市委、市政府的部署和领导下，北京市积极利用互联网手段推进农业服务业创新，不断提高服务引领都市农业发展的水平与能力，在新型农产品流通、农业科技服务与金融、休闲农业与乡村旅游以及农业信息服务等领域探索实践了一批以互联网创新应用为引领的服务业创新典型模式，互联网在推动农业服务业创新发展中的作用越发明显，逐渐成为服务业迈向“高、精、尖”产业结构的引擎。然而，需要看到的是，北京地区利用互联网手段实现农业服务业创新发展仍面临诸多问题，利用互联网“泛在的、共享的、智慧的、无界的”等特点实现农业服务业创新发展的层次、水平与模式仍需进一步提高。鉴于此，本研究以媒介环境学、产业经济学、系统工程学等学科理论为基础，将理论探索与实证考察相结合，科学提出了互联网环境下现代农业服务业的新内涵、新特征及相互作用机理。在实证研究层面，基于二手资料分析，本研究对北京市农业服务业发展现实进程与问题趋势进行回顾与剖析，进一步以休闲农业与乡村旅游为例定量评价了互联网环境下现代农业服务业创新绩效及其影响因素，进一步聚焦农产品流通业、休闲农业与乡村旅游、农村金融服务业、农业信息服务业四大农业服务业领域，基于典型调研深入剖析了互联网环境下现代农业服务业创新的发展模式，最后结合互联网的特点提出了互联网环境下北京市农业服务业创新的实施路径。研究形成的系列成果为深化服务业创新理论体系、制定新时代首都现代农业服务业发展的重点领域和任务提供了科学的理论依据与实证参考。研究主要内容与结论如下：

（1）提出了现代农业服务业的行业领域划分框架，分析了互联网环境下现代农业服务业创新的新内涵、新特征与新模式。基于文献资料分析，研究认为现代农业服务业是以现代科学技术为支撑，以推动农业农村现代化服务为目标，建立在新的产业技术、管理模式、经营理念、服务方式基础之上的农业服务产业，由农业基础性服务业、农业生产和市场化服务产业、农业公共服务产业、农业衍生服务产业四大类和 12 个中类产业构成。伴随互联网与各行各业的融合发展，在各类信息技术的推动下，农业服务业实现了服务观念、服务技术、服务流程、服务产品、服务方式、专业化程度、服务市场等方面创新，推动了信息、科技、资金、人才等各类要素向农业行业聚集，支撑了农业农村现代化建设。互联网环境下，农业服务业创新呈现以互联网技术平台为基础、创新周期短、发展潜力大等特点，涌现了共享经济模式、专业化服务模式、平台化服务模式、产业融合的服务模式、服务主体升级模式五类新模式。

（2）回顾了北京农业服务业的发展历程，对北京市主要农业服务业的发展现状、成效与存在问题进行了剖析，提出了未来农业服务业创新发展的趋势。基于历史比较分析，研究对北京农业服务业的发展历史阶段进行了划分，认为新中国成立以来，北京市农业服务业经历了“萌芽期—初步发展期—深化改革期—稳步发展期—高速发展期”五个阶段，目前正处于信息技术与农业服务融合发展的农业全产业链服务创新阶段。总体来看，北京农业服务业的发展围绕首都城市功能定位，在产业结构转型、区域特色模式培育、生产性服务业创新等方面取得较大成效，形成了以农业科技服务业、农产品流通服务业、农村金融服务业、休闲农业与乡村旅游、农业信息化服务业等为主要内容的现代农业服务业体系。然而，首都农业服务业在创新发展的同时，仍面临服务质量与社会效益不高、产业链价值挖掘不足、创新的体制机制不完善等问题。结合互联网技术发展趋势，笔者认为未来北京农业服务业创新将聚焦在服务业态创新、服务方法与技术创新、服务模式创新等方面。

（3）基于系列基础理论，揭示了互联网环境下农业服务业创新的作用机理与动力机制。结合国内外形势和政策要求，通过梳理社会分工理论、产业融合理论、产业链理论等服务业发展理论，农业多功能性理论、城乡统筹发展理论等现代农业发展理论以及“互联网+”理论、信息经济理论和媒介环境学理论等互联网经济理论，研究从农业服务模式创新、农业服务内涵创新两个层面的分析表明，互联网通过变革传统的信息传递方式、突破传统农业服务业的技术“瓶颈”、改变传统农业资本运营方式，实现了农业服务业行业间的劳动力、技术、资本等要素的合理流动与配置，通过基于互联网的跨界融合、资源配置、业态创新等手段，加速农业服务业创新。进一步地，研究提出了农业服务业创新的动力机制主要在于互联网、物联网、大数据、云计算等新一代信息技术外生动力，以及服务供给结构优化、农业服务需求结构升级等内生动力共同作用。研究形成的相关理论丰富了已有的研究成果，为国家制定现代农业服务业相关政策提供理论参考。

（4）互联网作为一种技术创新手段，对于京郊农业服务业创新绩效的正向推动效应得到一定程度发挥。以 81 家京郊休闲农业与乡村旅游企业为例，采用层次分析法对休闲农庄信息化发展水平进行了测算，研究结果表明，目前京郊休闲农庄信息化发展水平尚处于中等发展阶段，农庄信息化基础设施建设与信息化综合应用水平仍有待进一步提高。采用超效率 DEA-Tobit 模型对互联网关于现代农业服务业企业投入—产出绩效影响程度分析表明，农业服务业企业信息化发展水平的提高对其创新产出绩效的增长具有正向促进作用，其中信息化发展水平每增加 1 个百分点，可促使企业创新产出绩效增长2.6918%。这一结果为京郊现代农业服务业开展创新活动提供了重要的科学依据，尤其对于大部分创新产出绩效处于无效状态的农业服务业企业而言，研究为其加快自身信息化建设，从技术创新层面实现服务创新等方面提供了决策参考。

（5）基于典型调研，提出了北京市“互联网+”农业科技服务业融合发展现状、发展需求、发展模式。互联网环境下的农业科技服务业，主要包括农业科技研发、技术成果转化、检验检测认证、创业孵化、科技咨询等农业科技服务领域，是农业生产性服务业与互联网、“中国制造2025”、现代化农业发展深度融合的新兴产业。近年来，北京市在国家现代农业科技城、现代农业示范区、国家农业科技园区等载体的高端服务功能引领下，建成了农业科技成果转化交易平台、农业科技创业孵化平台、农业科普教育服务平台等一批互联网平台，涉农领域检验检测认证服务等“互联网+”农业科技服务业创新领域取得了重大成效，涌现了益农信息社服务、农业远程教育服务、第三方中介服务、农业科技众创空间以及“专业服务市场联盟+”等模式。结合昌平益农信息社、北京市农村现代远程教育平台、北京农科城科技创新服务联盟以及新农村服务热线“12396”等科技服务主体的典型调研表明，互联网环境下，北京市农业科技服务业创新的突破口应聚焦在高端前沿的研发创新科技共享平台、企业创新创业孵化服务平台、农业全产业链科技服务等方面。

（6）基于典型调研，提出了北京市“互联网+”休闲农业与乡村旅游融合发展现状、发展需求、发展模式。互联网环境下的休闲农业与乡村旅游业，主要指休闲农业与乡村旅游业依托互联网技术实现服务主题多样化、服务内容互动化，依托互联网平台实现资源上线、网络宣传推广、网络营销、电子支付等产销互联网化的服务业创新。目前，北京市休闲农业与乡村旅游正进入利用互联网实现提档升级阶段，在休闲农业与乡村旅游基地信息化基础设施建设、主题综合服务平台建设、企业门户网站建设、电商营销、“互联网+”会展农业、互联网支付等领域取得了较大成效。结合北京农业嘉年华、北京密农人家、中粮智慧农场等休闲农业与乡村旅游服务主体典型调研，研究提出互联网环境下，北京休闲农业与乡村旅游创新的需求包括休闲农业与乡村旅游规范管理，高端、便捷、参与式消费、旅游产品精准开发、服务供需双方沟通反馈等方面，而创新发展的模式可因地制宜地选择基于品牌宣传推介的创意体验模式、基于休闲产品营销的电子商务模式、基于产业链服务的个性化定制模式以及基于科技前沿引领的科普展览模式。

（7）基于典型调研，提出了互联网环境下北京市农村金融服务业创新发展现状、发展需求、发展模式。互联网环境下的农村金融服务业创新，包括农村 P2P 借贷、农业众筹、农村大数据金融、电子支付等农村金融服务领域。由于农村互联网金融起步晚，目前仍存在农村金融整体供需失衡、农村金融生态环境尚未改善、农村地区信用建设不完善、农村互联网金融人才缺乏等“瓶颈”问题，结合蚂蚁金服等金融机构典型调研的研究表明，针对农村普惠金融服务、农村金融产品创新、农村金融生态环境建设以及农村信用体系建设等方面的需求，北京市农村金融服务创新可借助互联网环境，在第三方支付、P2P 网络贷款、大数据金融、农业众筹以及信息化金融机构等方面实现模式创新，推动农业金融服务的普惠性。

（8）基于典型调研，提出了互联网环境下北京市农产品流通服务业创新发展现状、发展需求与发展模式。互联网环境下北京市农产品流通服务创新融合主要体现在批发市场信息化、农产品电子商务、农产品期货、农产品质量追溯以及农产品物流配送信息化等领域，如新发地农产品批发市场的蔬菜价格信息采集和发布系统、密农人家电商平台、北京快行线冷链物流等均在推动北京市农产品流通服务业创新中发挥了重要作用。然而，当前北京市农产品流通服务业创新进程中仍面临供需信息不对称、流通成本偏高、供应链资源整合不强等问题，迫切需要利用互联网手段。为此，本研究提出通过搭建产销信息共享平台、产销互联网交易平台、农产品全程供应链信息服务云平台等技术创新手段，以满足供需信息对称、流通效率提升、生产—流通农产品供应链资源整合共享的发展需求。进一步地，结合典型案例分析，研究提出了农产品透明供应链模式、供需主体线上线下结合交易模式以及期货、拍卖、仓单、远程合约等电子商务模式在内的三种北京市农产品流通服务业创新发展模式。

（9）对美、德、日、荷、印五个国家的现代农业服务业发展现状、创新发展模式与主要扶持政策进行了比较分析，提出了对中国的经验启示。基于文献资料与国际主要经济数据统计分析，研究提出了美国发达农业科技支撑下的全方位服务模式、德国高度机械化的农机管理专业服务模式、日本高效农业发展下的农业合作组织服务模式、荷兰集约化发展的创意农业服务模式以及印度软件产业支撑下的农业市场信息服务模式五类国别模式。研究发现，这些国家在互联网促进现代农业服务业创新发展方面，十分重视政府引导与社会共同参与，其中政府在网络基础设施建设、农业信息资源建设、农业信息产业人才培养等方面出台了系列政策与战略计划，而企业、运营商和社会化服务组织则通过发挥其自身优势积极参与信息服务，通过互联网的平台作用，促进了服务业创新引领农产品价值链的提升，推动了本国农业现代化发展。

（10）提出了未来3~5年互联网环境下北京现代农业服务业创新发展的目标任务、创新模式与实现路径。结合北京农业服务业现状需求，研究提出未来北京市推动农业服务业创新的关键手段在于加快大数据、信息平台、社会化网络终端、智能芯片等互联网技术工具与首都农业科技服务业、农村金融业、农产品流通业以及休闲农业与乡村旅游的深度融合，重点领域在于培育一批基于互联网的农业服务业新业态、创新一批基于互联网的农业服务业新模式、发展一批基于互联网的农业服务业新平台。结合创新主体的需求，研究构建了互联网环境下北京现代农业服务业创新体系总体框架，提出了“农业服务业+大数据”“农业服务业+信息平台”“农业服务业+社会化网络终端”“农业服务业+智能芯片”四个创新模式的具体实施路径。即通过构建农业科技成果大数据、农业全产业链价格大数据、农业流通大数据等大数据平台和农业大数据产业，实现农业服务业的资源整合与服务运营的决策分析农业大数据服务的产业化；通过全面推进京郊标准型益农社、农村电子商务、“互联网+”休闲农业与乡村旅游、农村互联网金融服务体系建设，推动城乡信息服务均等化基本实现；通过推进微信、微博、微视频、农业类App等社交网络平台新媒体的应用，大幅提升北京市现代农业服务业企业服务效能；通过农村金融领域的“人工智能+机器学习芯片”、农产品流通领域的“RFID智能芯片+在线感知终端”、休闲农业与乡村旅游领域的“VR+一卡通+电子支付”以及农机作业与科技服务的“北斗卫星导航芯片+”等“智能芯片+”与北京传统农业服务业的融合发展，提高北京现代农业服务业信息化水平，推动京津冀服务业引领的现代农业高质量发展。

（二）对策建议

1. 建立互联网促进农业服务业创新的长效运营机制

（1）加强农业网络化基础设施建设

加快推进农村互联网全覆盖，优化升级农村家庭宽带、无线网络，分类分阶段实施数字乡村战略，努力实现政务光纤网络“村村通”全覆盖、网络基础设施安全零风险、城乡信息资源共享交换上下通，逐步形成方便快捷、安全可靠的农业高速宽带网络服务体系。扩大对农业物联网、大数据、农村支付结算等信息化设施建设的投资。强化农业电子商务基础设施建设，推进基层网点、批发市场、物流仓储、邮政等支点的信息化升级。加快农业仓储物流等生产性服务设施以及乡村医疗、文化活动中心等乡村公共服务设施，激活农村服务业消费市场。鼓励中国邮政等物流企业下沉建立网（站）点，实现乡村电商站点在郊区县的全覆盖。

（2）加大政府的投融资支持力度

设立基于互联网的现代农业服务业新兴产业发展专项资金，明确专项资金的应用范畴，重点向新型农业经营主体利用互联网开展休闲农业与乡村旅游宣传推介、银行机构创新发展农村互联网金融等倾斜，支持农业科技与信息服务业、新型农产品流通业等新产业、新业态，打造一批互联网引领的现代农业服务业创新发展的“三产创新园”集群。借鉴中关村国家自主创新示范区、杨凌农业高新技术产业示范区、黄河三角洲农业高新区等相关政策，研究制定促进北京市现代农业服务业信息化发展的财税、金融、保险、土地、人才、招商项目等“一揽子”产业政策，综合采取以奖代补、先建后补、政府购买服务等方式，对采用互联网思维引领现代农业服务业创新，并取得显著成效的农业服务业企业给予积极支持。

（3）鼓励市场主体共同参与创新

鼓励引导金融机构开展符合农业生产性服务企业特点的金融产品和服务模式创新，深化信用贷款、信用保险、产业链融资等各类信贷创新试点。支持社会资本在农业科技金融、农村创新创业、非基本公共服务等领域发起设立多主体、多领域、多层级的产业投资基金群。探索 PPP、服务外包、项目代建模式等市场化投资、建设、运营机制，按照“利益共享、风险共担、全程合作”的原则，引导新型农业经营主体和工商资本积极投资农业服务业信息化基础设施建设。鼓励和支持建立多种形式的农业服务业创新投资风险补偿基金，完善政府与社会投资机构风险共担机制。

（4）引导现代农业服务业规范发展

加快完善农业服务业领域的标准体系、质量监管体系、信用环境，建立、完善农业科技信息化、标准化服务体系，创新农产品市场流通体系，引导农业服务规范发展，提升“北京服务”品牌价值。大力发展农产品ISO系列咨询、标准检索、质量认证等第三方标准服务机构，促进农产品标准和检验检测认证服务业快速发展。加快推动农产品全产业链、全过程、全环节的数字化、信息化改造和标准化应用，有效推动首都现代农业发展。

2. 建立互联网促进农业服务业创新的科技支撑体系

（1）完善基于互联网的农业服务业产学研创新体系

大力实施创新驱动发展战略，坚持战略前沿导向，立足全国科技创新中心建设，积极对接国家重点研发计划、科技重大专项，力争在“互联网+”农业服务业领域取得一批具有国际竞争力的研发创新成果。健全农业服务业科技创新与成果转化机制，培育一批服务于农业农村的软件与信息服务、科技服务、人工智能服务等企业，推动服务业创新成果在郊区县发展的示范应用。建设涉农科技资源开放共享信息平台，搭建跨领域、跨行业的技术协同创新平台网络，积极推进以企业为主导的农业服务业产学研用协同创新，提高农业服务业信息化科研基础设施、科研数据、科研人才等资源的共享水平。联合组建京津冀“互联网+”现代农业服务业产业技术创新战略联盟，建立一体化的技术交易市场，建立跨京津冀区域的科技成果收益分配体制，推动京津冀休闲农业与乡村旅游、农产品电商、农业信息服务、农业科技服务、农村互联网金融等新产业、新业态的产业链整合和供应链管理。

（2）加强基于互联网的农业服务业创新成果知识产权保护

建立有利于人才自主创新的评价、使用、激励制度，加强对“互联网+”引领现代农业服务业创新成果的知识产权保护与创新成果转化应用的支持。

加强对现代农业服务的新模式、新内容、新技术等方面创新成果保护。加快建立资源共享、服务共享的京津冀现代农业知识产权信息服务平台，为三地取得重大科技成果突破的农业产业化龙头企业、涉农科研院所、大专院校等机构提供知识产权培训、托管、咨询、维权等自主知识产权专业化服务与交易，优化服务业创新环境。

（3）加强农业服务业创新人才培养和技能培训

积极引进、培训、培养相关领域的技术、管理以及复合型人才。依托“三园”（即产业园、科技园、创业园），面向科特派、大学生、返乡人员等创新创业主体，集中打造一批“星创天地”，利用“星创天地”平台条件，打造一支结构合理、经验丰富、相对稳定的“互联网+”农业服务业创业服务团队和创业导师队伍。鼓励涉农企业、第三方农业服务机构或农业社会化服务组织定期开展人才培养、岗位技能培训、服务技能大赛或制订大学生定向工作计划，提高农业服务业从业人员综合素养。支持跨京津冀、跨行业、跨学科农业服务业创新产学研创新团队建设，推动人才合理流动，促进人才市场发育。实施互联网促进农业服务业创新领军人才行动，聚焦农村互联网金融业、休闲农业与乡村旅游、现代农产品流通业等重点领域建设一批创新人才培养示范基地。积极发展农业职业教育，大力培养新型职业农民。

3. 培育基于互联网环境的农业服务业新产业、新业态

（1）鼓励新型农业经营主体积极参与“互联网+”现代农业服务业

鼓励各区县积极探索政府购买服务、先服务后补助、政府与社会资本合作（PPP）等方式农业服务业创新方面的应用，鼓励各类新型农业经营主体与社会化服务组织积极承担“互联网+”农机作业、农业市场信息服务、农产品电商营销服务、农业科技信息服务等农业生产性服务。鼓励和支持农业信息化企业、信息服务商以及各类农业服务性机构积极参与信息进村入户、农村电商、农村远程教育等数字乡村建设，为各类涉农主体提供科技、信息、便民、培育等服务，推动城乡信息服务与公共服务的均等化。鼓励社会力量以及工商企业投资农村电子商务、农村互联网金融、“互联网+”休闲农业与乡村旅游、农业信息共享服务等新型业态与商业模

式，促进一二三产业融合发展。

（2）培育具有竞争力的“互联网+”农业服务业新业态产业集群

立足首都城市战略定位与京津冀协同发展，充分发挥北京区位优势、产业基础和资源禀赋优势，着力建设以服务农业全产业链为主线，以高质量农业生产性服务业与高品质农村生活性服务业为核心的现代化农业服务业体系，围绕“高、精、尖”产业结构加快推动现代农业服务业创新。推进互联网与生鲜农产品营销、农业科技服务、休闲农业与乡村旅游、农机智造、现代种业、农村金融等多产业融合发展，鼓励各类服务组织围绕农业产前、产中、产后各环节，开展众筹、农产品个性化定制服务、农村电商帮扶等专业化的专项服务和全方位的综合服务，集中打造“互联网+”现代农业服务业高端产业集群，推动形成以品牌企业为主导、专业市场为导向，具有鲜明特色、可复制性强、技术扩散性强的“互联网+现代农业服务业”产业融合新业态聚集区，不断加快农业生产性服务、农村生活性服务产业各环节的互联网化。支持和鼓励市场主体利用互联网手段发展农业信息服务定制、农村居民出行共享、农业科技服务共享、农业航空植保/农机设备共享等分享经济模式和业态。

（3）加强基于互联网的京津冀现代农业服务业创新协同发展

在京津冀三地农业互补性突出前提下，加快落实“宽带中国”战略，推进与津冀三网融合进程，搭建京津冀农业服务业创新大数据，建设一体化网络基础设施，推动京津冀农业服务业信息化基础设施共建共享。围绕非首都功能有序疏解、产业一体化发展、区域性项目合作及共建协同发展环境等重点，推动京津冀休闲农业与乡村旅游、科技服务、农产品流通一体化发展。重点加强与京津产销信息对接平台、物流信息共享平台、农业科技信息服务共享平台等方面的信息化建设，推进京津冀农业服务业供应链的上下游协作，加快推动京津冀农业信息服务市场一体化建设。

（三）研究不足与展望

1. 研究不足

尽管本研究在理论与实证研究层面尽可能全面、系统、深入地开展研究，但由于课题组水平有限以及课题时间较紧，对互联网促进农业服务业创新的模式与路径研究仍存在一些不足，主要体现在三个方面。

(1) 基于宏观层面，从理论视角揭示互联网促进农业服务业创新的深度不够

本研究基于主要的基础理论对互联网促进农业服务业创新的内涵、特征、动力机制与作用机理进行了剖析，提出了本研究的理论范畴。但从研究深度看，本研究与国际先进水平相比存在理论模型构建的缺乏，研究更侧重的是一般抽象与具体分析相结合，而采用数量模型推理理论机理与动力机制的研究能力仍有待提升，尤其是针对互联网促进农业服务业创新的理论影响效应的研究尚显不足。

(2) 基于微观层面，从定量角度揭示互联网促进农业服务业创新的影响效应测算不够全面

本研究基于超效率 DEA-Tobit 模型对互联网关于休闲农业与乡村旅游创新的产出绩效影响进行了定量分析，具有一定的创新性，为本领域的研究提供了一定借鉴。但定量的研究仍不够全面，主要表现在：一是关于不同郊区县的影响效应研究缺乏；二是关于互联网对不同农业服务业行业领域的影响效应的比较分析研究缺乏；三是关于不同农业服务业创新模式的影响效应比较分析缺乏。

(3) 基于中观层面，基于案例比较提出互联网促进北京现代农业服务业创新的模式研究有待进一步丰富

本研究基于大量的案例凝练了郊区县基于互联网环境的农业服务业创新发展现状、发展需求与发展模式，取得了一定的成果，为本领域的研究提供了大量翔实的案例支撑。但从研究内容的丰富性看，本研究尚缺乏对不同模式的标准、对于不同行业主体、不同行业领域、不同区域的适用范围进行科学的考量。

2. 未来展望

在新时代，互联网促进农业服务业创新模式研究的论题具有理论前沿性与实践操作性，开展该论题的理论经济研究与实践探索研究不仅有利于丰富习近平新时代中国特色社会主义思想下的现代农业建设理论与服务业

创新理论，而且有利于推动各地形成具有区域特色、可复制、可推广的服务业引领现代农业创新发展模式。针对本研究的创新与不足，今后本论题领域将在以下几方面得到创新发展。

（1）互联网环境下农业服务业创新的理论体系架构与动力模型构建问题研究

结合相关基础理论，在本研究提出的理论范畴基础上通过一般抽象凝练出本研究领域的理论体系架构、研究范式，基于高级微观经济学以及演化经济学理论逻辑构建动力模型等的研究将有所突破。

（2）互联网促进农业服务业创新的影响效应测算研究

结合农业服务业信息化评价指标体系，将信息化发展水平作为影响变量之一，通过构建关于不同农业服务业行业领域的创新绩效影响回归模型，尤其是将空间区域变量纳入模型测算出互联网对不同区域、不同行业服务创新的扩散效应、空间溢出效应、区域影响效应的研究将得到突破。

（3）互联网环境下农业服务业创新的模式与解决方案研究

针对不同区域的需求，以农业服务业主体需求为导向，提出互联网促进农业服务业创新发展的模式标准、规范及适宜性，并结合不同区域特色，基于利益相关者，从创新主体、服务受体、创新要素、创新环境等方面构建互联网促进农业服务业创新发展的运行机制以及可操作性解决方案等方面的研究将有所突破。